精品课程配套教材

21 世纪高职高专规划教材

"双创"型人才培养教材

U0736401

SHICHANG
YINGXIAO
SHIWU

市场营销实务

双色版

主 编 高技师 邹 涛 史豪慧

中国海洋大学出版社
CHINA OCEAN UNIVERSITY PRESS

图书在版编目（CIP）数据

市场营销实务 / 高技师，邹涛，史豪慧主编 .—青岛：中国海洋
大学出版社，2021.5
ISBN 978-7-5670-2819-7

Ⅰ.①市…　Ⅱ.①高…②邹…③史…　Ⅲ.①市场营销学 Ⅳ.
①F713.50

中国版本图书馆 CIP 数据核字（2021）第 092847 号

出版发行	中国海洋大学出版社
社　　址	青岛市香港东路 23 号　　　　　　邮政编码　266071
出 版 人	杨立敏
网　　址	http://pub.ouc.edu.cn/
电子信箱	2880524430@qq.com
订购电话	010-82477073（传真）　　　　　电　话　0532-85902349
责任编辑	王积庆
印　　制	北京俊林印刷有限公司
版　　次	2021 年 5 月第 1 版
印　　次	2021 年 5 月第 1 次印刷
成品尺寸	185 mm×260 mm
印　　张	16.5
字　　数	322 千
印　　数	1—10000
定　　价	45.00 元

版权所有　侵权必究
告读者：如发现本书有印装质量问题，请与印刷厂质量科联系。
联系电话：010-82477073

《市场营销实务》编写委员会

主　编：高技师　　邹　　涛　　史豪慧

副主编：张燕军　　戴　华　　张　　凤　　刘永红

　　　　田艳霞　　朱芳香　　曹　洁　　龙　　霞

　　　　丁　炎　　陈霞芳　　连道萍　　冯荣欣

　　　　盛乐音　　杨　然　　刘　芳　　王静维

　　　　葛文全

前　言

近年来，我国经济发展出现了很多新的增长点，互联网经济的迅速发展带来了许多新的商业机会。市场营销的新理论、新思想、新观念层出不穷，市场营销活动实践也不断涌现出很多亮点。因此，市场营销实务的教材也应该不断更新。

本教材通过理论教学和实践操作，使学生树立正确的营销观念、掌握市场营销的基本策略，拓展学生的思维空间，为学生后续的学习和实际应用打好坚实的基础。

本教材具有以下特点：

1. 系统性。本教材由浅入深，分量适中，结构合理，全面系统地介绍市场营销的基本概念、理论和方法。

2. 科学性。本教材采用定性和定量结合的方法，准确地阐述市场营销原理，充分体现市场营销学科的科学性。

3. 新颖性。本教材强调以实例为引导，以实际技能为目标，深入浅出，简明扼要。

4. 实践性。本教材在阐述市场营销的基本原理和方法后，每个任务都设有训练营，全面地培养和锻炼学生的营销技能。

本教材可以作为高等院校商科类的专业教材，也可供市场营销相关专业人员作为参考书使用。

本教材在编写过程中参考和引用了国内外学生专家的珍贵资料，因体例有限，未能一一注明，在此一并致以诚挚的谢意。由于相关理论的不断发展与更新，加之时间仓促，编者专业水平又有限，书中难免有不妥或遗漏之处，请广大读者和专家给予批评指正。

编　者

CONTENTS | 目录

目录 | CONTENTS

项目一

市场营销概述

学习目标

知识目标：

1. 准确理解市场和市场营销的内涵，掌握市场营销及其相关概念。
2. 了解现代市场营销观念。
3. 明确市场营销的研究对象与任务，树立市场营销观念。

能力目标：

1. 能结合实践探讨市场营销的内涵。
2. 能运用营销理念分析企业的市场营销活动。

任务一　认识市场营销

案例先导

三个不同表现的业务员

　　美国一个制鞋公司要寻找国外市场，公司派了一名业务员去非洲一个岛国，让他了解一下能否将本公司的鞋推销给他们。这个业务员到非洲一天后，发回一封电报："这里的人不穿鞋，没有市场。我即刻退回。"公司又派出了一名业务员。第二个人到非洲待了一个星期后，发回一封电报："这里的人不穿鞋，鞋的市场很大，我准备把本公司生产的鞋卖给他们。"公司总裁得到两种不同的结论后，为了解到更真实的情况，于是又派去了第三个人。此人到非洲待了三个星期后，发回一封电报："这里的人不穿鞋，是因为他们脚上长有脚疾。他们也想穿鞋，过去不需要我们公司生产的鞋，是因为我们的鞋太窄。我们必须生产较宽的鞋，才能适合他们对鞋的需求。这里的部落首领不让我们做买卖，除非我们借助于政府的力量和公关活动搞大市场营销。我们打开这个市场需要投入大约 1.5 万美元。这样我们每年能卖出大约 2 万双鞋，在这里卖鞋可以赚钱，投资收益率约为 15%。"

　　（资料来源：李情民，《市场营销》，北京出版社 2019 年 3 月修订版，第 2 页。）

请思考：

1. 三名业务员的不同表现带给你什么启示？
2. 根据此案例，请思考类似问题：
   到没通电的村庄如何销售电脑？

知识库

一、市场含义

　　市场，是指具有特定需要和欲望，而且愿意并能够通过交换来满足这种需要或欲望的全部现实与潜在顾客。市场的大小，取决于那些有某种需要，并拥有使别人感兴趣的资源，同时愿意以这种资源来换取其需要的东西的人数的多少。从销售企业的角度来讲，市场是指某种产品的现实购买者与潜在购买者需求的总和。市场包含三个主要因素，即市场 = 人口 + 购买力 + 购买欲望。

　　人口是构成市场最基本的条件。

购买力是消费者支付货币、购买商品或劳务的能力。有支付能力的需求才是有意义的市场，所以购买力是构成市场的又一重要因素。

购买欲望是指消费主体购买商品的动机、愿望或要求，是消费者把潜在购买力变成现实购买力的重要条件，因而也是构成市场的因素。人口再多，购买力水平再高，如果对某种商品没有需求的动机，没有购买的欲望，也形成不了购买行为，这个商品市场实际上也就不存在。从这个意义上讲，购买欲望是决定市场容量最权威的因素。

市场的这三个因素是相互制约、缺一不可的，只有三者结合起来才能构成现实的市场，才能决定市场的规模和容量。例如，一个国家或地区人口众多，但收入很低，购买力有限，则不能构成容量很大的市场；又如，购买力虽然很大，但人口很少，也不能成为很大的市场。只有人口既多，购买力又高，才能成为一个有潜力的大市场，所以，市场是上述三个因素的有机统一。

二、市场类型

（一）根据市场范围划分

根据市场范围划分，可以把市场划分为区域市场、国内市场和国际市场。

（二）根据市场客体划分

根据市场客体，在商品经济发展的初级阶段，可以把商品市场分为生产资料市场和生活资料市场。在商品生产发展的第二阶段，根据市场客体，可以把市场分为劳动力市场、房地产市场、金融市场、资本市场等。在商品经济发展的第三阶段，根据市场客体，资本市场又细分为技术市场和信息市场。在这个阶段，实现了财产的社会化，生产力得到了较快的发展，财产社会化大大丰富了资本市场的内容，其范围和机制都发生了显著的变化。

（三）根据市场供求状况划分

根据市场状况，可以把市场分为买方市场和卖方市场。市场状况是由市场供求关系决定的，在商品供不应求的条件下，卖方把持市场主动权，由此形成卖方市场；在供求大体平衡或供大于求的条件下，买方具有市场主动权，从而形成了买方市场。

（四）根据商品流通环节划分

根据商品流通环节，可以把市场分为批发市场和零售市场。批发市场是指个人或企业单位把自己的商品或替委托人把商品卖给最后消费者以外的任何购买者的交易活动。零售市场是指个人或企业单位把商品直接卖给最后消费者的交易活动。

（五）根据竞争程度划分

根据竞争程度，可以把市场分为完全竞争市场、完全垄断市场、寡头垄断市场和不完全垄断市场。

1. 完全竞争市场

完全竞争市场是指一个行业中有非常多的独立生产者，他们以相同的方式向市场提供同类的、标准化的产品，每个生产者只供应市场需求量很小部分。商品的价格是在市场自由竞争过程中形成的。企业的商品大体相似，略有差别，以满足市场不同层次的消费需求。没有任何买者和卖者能独立地影响价格、控制市场。完全竞争市场的例子并不多见，一般的日用杂品、粮食、蔬菜、棉花等市场比较接近这种类型。

2. 完全垄断市场

完全垄断市场是指一个行业只有一家企业，或一种产品只有一个销售者或生产者，没有或基本没有别的替代者，如电力公司、自来水公司等。完全垄断有三种情况：

（1）政府性垄断。主要集中于一些与国家安全有关的行业。

（2）私人管制垄断。即允许私营但价格受政府管理的行业，如公用事业。

（3）竞争性垄断。即完全依赖竞争而获得的市场优势，如微软。

3. 寡头垄断市场

寡头垄断市场是指一种产品在拥有大量消费者或用户的情况下，由少数几家大企业控制了绝大部分生产量和销售量，剩下的一小部分则由众多小企业去经营。每家大企业的产销量在整个市场的份额都很大。各寡头间的竞争主要表现在树立形象而不是价格上。在制定和改变营销策略时，都要彼此考虑相互间的影响以及对手的反应。水泥、钢铁、石油、汽车等商品的寡头垄断特征都很强。

4. 不完全垄断市场

不完全垄断市场是指一个行业中有许多企业生产和销售同一种商品，每一个企业的产量或销量只占总需求量的一小部分。该市场主要强调商品差别化的竞争，其特点是：

（1）某种商品同时存在很多买主和卖主，其市场份额都较小，竞争激烈。

（2）企业进入行业比较容易，市场供给的伸缩性较大。

（3）每个企业所生产的商品都存在着质量、包装、服务等方面差别，形成不同的特色。

由于不同消费者对不同企业的商品特色偏好不同，企业便可以利用消费者的偏好对商品进行一定程度的垄断。很多商品都是不完全垄断的，如食品、服装、化妆品等。

三、市场营销

（一）市场营销的含义

著名营销学家菲利普·科特勒教授关于市场营销的定义为：市场营销是通过创造和交换产品及价值，从而使个人或群体满足自身欲望和需要的社会过程和管理过程。根据这一定义，市场营销包含下列内容：

（1）市场营销的目标是满足消费者需求和欲望。

（2）交换是市场营销的核心，交换过程是一个主动、积极地寻找机会满足双方需求和欲望的社会过程和管理过程。

（3）交换过程能否顺利进行，取决于企业创造的产品和价值所能满足消费者需求的程度和交换过程管理的水平。

因此，本书认为，市场营销是指企业为从顾客处获得利益回报而为顾客创造价值并为之建立稳固关系的过程。

（二）市场营销的相关核心概念

1. 需要、欲望和需求

需要和欲望是市场营销活动的起点。需要是指人们与生俱来的、没有得到某些基本满足的感受状态，如人们为了生存对食品、衣服、住房、安全、归属、尊重等的需要。这些需要存在于人类自身生理和社会生活中，市场营销者可用不同方式去满足。

欲望是指想得到上述基本需要的具体满足品的愿望，是个人受不同文化及社会环境影响表现出来的对基本需要的特定追求，如为满足"解渴"这一生理需要人们可能选择追求喝开水、茶、汽水、果汁、绿豆汤或者蒸馏水等。市场营销者无法创造欲望，但可以影响欲望，并开发及销售特定的产品和服务来满足欲望。

需求是指人们购买某个具体产品（服务）的愿望和能力。市场营销者可以通过各种营销手段影响需求，并根据对需求的预测结果决定是否进入某一产品（服务）市场。

2. 产品

产品是指能够满足人们需要和欲望的任何东西。产品的价值不在于被人拥有，而在于它给人们带来的对欲望的满足，如人们购买汽车不是为了观赏，而是为了得到它所提供的交通服务。产品实际上只是获得服务的载体。这种载体可以是物，也可以是"服务"，如人员、地点、活动、组织和观念。当人们心情烦闷时，为满足轻松、解脱的需要，可以去参加音乐会，听歌手演唱（人员）；可以到风景区旅游（地点）；可以参加希望工程（活动）；可以参加消费者假日俱乐部（组织）；也可以参加研讨会，接受一种不同的价值观（观念）。市场营销者必须清醒地认识到，其创造的产品不管形态如何，如果不能满足人们的需要和欲望，必然会失败。

3. 效用

效用是消费者对产品满足其需要的整体能力的评价。消费者通常根据对产品价值的主观评价和需要支付的费用做出购买决定。例如，某人为解决其每天上班的交通需要，会对可能满足这种需要的产品（如自行车、摩托车、汽车、出租车等）选择组合和他的需要（如速度、安全、方便、舒适和费用等）组合进行综合评价，以确定哪一种产品能提供最大限度的总满足。假如他主要对速度和舒适感兴趣，也许会考虑购买汽车，但是汽车的购买与使用费用要比自行车高许多，若购买汽车，他必须放弃凭借其有限收入可购置的许多其他产品（服务）。因此，他将全面衡量产品的费用和效用，选择购买能使每笔花费都带来最大效用的产品。

4. 顾客让渡价值

顾客让渡价值的内涵为：现代营销理论的前提是买方将从企业购买他们认为能够提供最高顾客让渡价值的商品或服务。商品价值是指消费者对商品满足自己需要的能力的评价，不仅是商品的实际（营销角度）价值，而且包括消费者的主观评价。

顾客让渡价值是指顾客从给定产品和服务中所期望得到的全部整体利益，即总价值，包括产品价值、服务价值、人员价值和形象价值，以及去掉购买产品或服务所耗费的总成本而获得的价值。

顾客让渡价值由顾客总价值和顾客总成本两部分组成。顾客总价值和顾客总成本各自的构成如下。

顾客购买的总价值：

（1）产品价值包括产品的功能、特性、品质、样式等，是顾客需要的中心内容。

（2）服务价值是指随产品出售提供的附加价值，如介绍、送货、安装、修理等。

（3）人员价值是指产品生产企业的素质和能力，影响产品和服务价值。

（4）形象价值是指产品品牌和企业形象。

顾客购买的总成本：

（1）货币成本。购买商品所支付的金钱。

（2）时间成本。购买商品所花费的时间。

（3）精力成本。购买商品所花费的精力。

（4）体力成本。购买商品所消耗的体力。

5. 交换、交易和关系

交换是指从他人处取得所需之物，并以某种东西作为回报的行为。交换的发生必须具备五个条件：

（1）至少有交换双方；

（2）每一方都有对方需要的有价值的东西；

（3）每一方都有沟通和运送货品的能力；

（4）每一方都可以自由地接受或拒绝；

（5）每一方都认为与对方交易是合适或称心的。

交易是交换的基本组成单位，是交换双方之间的价值交换。交换是一个过程，在这个过程中，如果双方达成一项协议，就代表发生了交易。

交易通常有两种方式：一是货币交易，如甲支付800元给商场而得到一台微波炉；二是非货币交易，包括以物易物、以服务易服务的交易等。一项交易通常要涉及多个方面：至少两件有价值的物品；双方均同意的交易条件、时间、地点；有法律制度来维护和强制交易双方执行承诺。一些学者将建立在交易基础上的营销称为交易营销。

关系是指关系营销，企业若要获得较之交易营销所得更多的利润，就需要进行关系营销。与顾客建立长期合作关系是关系营销的核心内容：与各方保持良好的关系要靠长期承诺和提供优质产品、良好服务和公平价格，以及加强经济、技术和社会等各方面联系来实现。关系营销可以节约交易的时间和成本，使市场营销的宗旨从追求每一笔交易利润的最大化转向追求各方利益关系的最大化。

（三）市场营销的形成和发展

市场营销学作为一门独立的学科是 20 世纪初在美国形成的。营销学家将营销过程分为萌芽、成长、形成和成熟 4 个阶段。

1. 萌芽期

19 世纪末到 20 世纪 20 年代，是市场营销学的萌芽阶段。这个时期，美国等主要资本主义国家先后完成了工业革命，并从自由竞争的状态向垄断阶段过渡。由于生产过剩导致商品积压，很多企业不得不重视销售工作。早在 19 世纪，美国研究市场营销的学者已经出版了一些论述推销的著作，但直到 20 世纪初，市场营销学才真正诞生。1912 年，美国哈佛大学教授赫杰特齐撰写了世界上第一本以"Marketing"命名的教科书。这标志着市场营销学作为一门独立的学科正式从经济学中分离出来。从此，市场营销学正式形成。

2. 成长期

20 世纪 30 年代到第二次世界大战结束，是市场营销学应用并得到进一步发展的阶段。1929—1933 年，资本主义国家发生了经济危机，生产严重过剩，企业大量倒闭，幸存企业的产品销售成为一个头等重要的问题。这迫使企业普遍关心产品的销售活动，市场营销学开始获得企业家的青睐。1926 年，"全美广告协会"更名为"全美市场营销学和广告学教员协会"；1937 年，全国性的"市场营销学会"成立。这时的市场营销学已进入流通领域，且被广泛应用。

3. 形成期

20 世纪 50—70 年代，是市场营销学的形成阶段。第二次世界大战之后，以美国为首的资本主义国家纷纷将军事工业转为民用工业，使民用产品在短时间内出现严重的过剩；加之第三次科技革命成果的应用，最终造成商品堆积如山，产销矛盾日益突出。于是，美国政府推行"三高政策"来拉动需求、刺激经济。通过政府采取高工资、高福利、高消费政策，人们的收入水平很快得到了提高，整个社会的消费水平和消费结构发生了明显变化。此时，市场学开始变革，从流通领域扩展到生产领域和消费领域。

4. 成熟期

市场营销学作为一门成熟的学科，始于 20 世纪 70 年代。由于科学技术的飞速发展，市场营销学进一步与部门经济学、管理学、心理学、社会学和系统论等学科结合起来，形成一门综合性的经济学科，被广泛应用于社会各个领域。它不再局限于经济部门，政府、学校、医院等各领域都离不开市场营销。

🏠 训练营

训练任务：营销从自我推销开始——自我介绍。

训练目的：教师初步掌握全班学生的情况，有针对性地组织教学与实践活动；锻炼学生自我认知、语言组织与表达能力。

训练步骤：

1. 收集优秀自我介绍的范例。
2. 学生事先拟写自我介绍并进行自我演练。
3. 选部分学生到讲台前进行 2 分钟左右的自我介绍，突出自己的特点。
4. 学生互评。
5. 教师进行适当点评并进行总结。

表 1-1 训练成绩考核表

训练评估指标	评估标准	分项成绩
准备工作 10%	1. 确定自我介绍的目的与对象 5% 2. 掌握不同场合自我介绍的主要内容、技巧 5%	
自我介绍语言表现 40%	1. 声音洪亮 20% 2. 语言流畅 20%	
自我介绍行为表现 40%	1. 表情自然，大方 20% 2. 没有不必要的小动作 20%	
个人简历 10%	1. 文字简洁、流畅 5% 2. 特点突出、针对性强 5%	
总成绩 100%		

🏠 超链接

学习市场营销的作用

第二次世界大战后许多国家的经济发展情况表明，市场营销观念已经是经济发展的助推器。认真学习市场营销学，对于借鉴国内外经营现代企业的经验和方法具有重要的现实意义。具体作用如下。

1. 在促进经济总量增长方面发挥着重要作用

市场营销以满足客户需求为核心，强调不断开拓新的市场，为经营者提供不断向新的价值领域拓展的手段和方法，有效地促进经济总量的迅猛增长。

2. 能促进企业提高市场竞争力

市场营销以满足客户需要为宗旨，引导企业树立正确的市场营销观念，面向市场组织生产过程和流通过程，不断从根本上解决企业发展中的关键问题。在实践中运用市场营销原理，分析市场营销环境，制定科学的市场营销策略，必将极大地提高企业的营销水平，提高市场竞争力。

3. 有利于进一步开拓国际市场

扩大国际贸易与国际经济技术合作，是加快社会主义现代化建设，逐步缩小同发达国家差距的一条重要途径。国际市场情况复杂，需求多变。只有学习市场营销，不断开展国际市场调研，制定国际营销策略，才能更有效地开拓国际市场。

4. 有利于更好地满足社会需要

生产的最终目的是为了满足人们日益增长的物质和文化生活的需求。市场营销观念强调以客户的需求和利益为中心，按市场需求配置资源，这必将带来市场的繁荣与发展。

任务二　市场营销观念

案例先导

鲁国夫妇该不该去越国做生意

古代鲁国有一对巧手夫妻，男的能编制麻鞋，女的则善织生绢，而且他们的产品质量都非常好。当时，他们准备靠自己这套本领到越国去谋生。这时，一个好心人却对他们说："如果你们到越国去，很可能成为穷光蛋，无法生活下去。"这对夫妻听了后，大为不解，就问这是为什么。那人说："道理也很简单。因为鞋子是穿在脚上的，但是越国人却喜欢光着脚走路；生绢是用来做帽子的，而越国人却习惯于披发，不戴帽子。因此，尽管你们有精巧的技艺，但在越国却派不上用场。你们怎么会不成为穷光蛋呢？"

（资料来源：邵尉，《市场营销实务》，武汉理工大学出版社 2019 年版，第 1 页。）

请思考：

同样的环境下，为什么有的人认为是赚钱的机会而有的人则认为产品没有市场？这个好心人的市场营销观念属于哪种类型？

知识库

一、市场营销的五种观念

所谓营销观念（即市场营销管理观念），是指企业在一定时期、一定生产经营技术和市场环境条件下，进行全部市场营销活动，正确处理企业、顾客和社会三者利益方面的指导思想和行为的根本准则。一定的市场营销环境要求一定的思想观念与之相适应。

市场营销观念随着经济增长和市场供求关系的变化，大致经历了生产观念、产品观念、推销（销售）观念、市场营销观念和社会营销观念五个阶段。前三个阶段的观念一般称为旧观念或者传统观念，是以企业为中心的观念；后两个阶段的观念是新观念或者现代观念，可分别称为顾客（市场）导向观念和社会营销导向观念。营销观念对比如表1-2所示。

表 1-2　营销观念对比

	营销观念	市场状况	营销出发点	营销策略	营销目标
传统观念	生产观念	卖方市场	既有产品	增加生产产量	通过增加产量、降低成本取得利润
	产品观念	卖方向买方市场转变	既有产品	提高产品质量	通过提高产品质量扩大销量
	推销观念	供过于求，买方市场	既有产品	努力促销	通过促销扩大销量，达到获利的目的
现代观念	市场营销	买方市场	消费者需求	整体市场营销活动	通过满足市场需求达到长期获利的目的
	社会市场营销观念	买方市场	消费者需求和社会公众利益	综合性市场营销活动	通过满足市场需求，增进社会利益，达到长期获利的目的

（一）生产观念

这是一种最古老的营销观念，产生于 19 世纪末 20 世纪初。生产观念认为，消费者总是喜欢那些可以随处买得到而且价格低廉的产品，企业应当集中精力提高生产效率和扩大分销范围，增加产量，降低成本。生产观念是一种重生产、轻市场营销的商业哲学，其典型表现是生产什么就卖什么，就像美国福特汽车公司创始人所说："不管顾客需要什么颜色的汽车，我只有一种黑色的。"

生产观念在西方盛行于 19 世纪末 20 世纪初。当时，资本主义国家处于工业化初期，市场需求旺盛，企业只要提高产量、降低成本，便可获得丰厚利润。因此，企业的中心问题是扩大生产低廉物美的产品，而不必过多关注市场需求差异。在这种情况下，生产观念为众多企业接受。

除了物资短缺、产品供不应求的情况之外，还有一种情况也会导致企业奉行生产观念：某种市场前景良好的产品，由于生产成本很高，必须通过提高生产率、降低成本来扩大市场。例如，福特汽车公司于 1914 年开始生产的 T 型汽车，就是在福特的"生产导向"经营哲学（提高 T 型汽车的生产效率，降低成本，使更多人买得起）的指导下创出奇迹的。到 1921 年，福特 T 型汽车在美国汽车市场上的占有率高达 56%。生产观念是一种重生产、轻市场的观念，在物资紧缺的年代也许能"创造辉煌"，但随着生产的发展和供求形势的变化，这种观念必然会使企业陷入困境。例如，福特汽车公司在其 T 型车长足发展后，宣称"不管顾客需要什么颜色的汽车，我只有一种黑色的"，不久便陷入困境，几乎破产。

（二）产品观念

产品观念认为，客户喜欢高质量、多功能和具有某些特色的产品，并愿意为之支付较高的价格。在产品观念的指导下企业的经营重点是致力于改进产品质量。

以产品观念为指导思想的企业，其常见的现象是整天忙于发明、改进和制造高质量产品，却忽视了市场的实际需求，未考虑客户需求的变化，这种现象叫营销近视症。

20 世纪 80 年代以来，国内很多企业重视提高产品质量，这固然是好事，但是据笔者调查，一直到现如今，有一些企业还停留在这个阶段，重视产品质量工作，却忽视客户需求的变化，不能投客户所好。实际上，"酒香不怕巷子深"的时代已经过去，企业现如今应树立市场营销观念和社会市场营销观念。

（三）推销观念

推销观念产生于 20 世纪 30—40 年代。当时由于西方各国科学管理和大规模生产盛行，因此，社会生产力有了巨大发展，市场由卖方市场向买方市场过渡。在 1929—1933 年的经济危机期间，大量产品销售不出去，因而迫使企业重视采用广告术与推销术去推销产品。这种观念虽然比前两种观念有所进步，但就其实质来说，依然属于传统营销观念。

自改革开放以来，国内很多企业派推销员到全国各地跑，主动到外面推销产品。这固然是好事。但是，一直到现在，仍然有一些企业招聘业务员是为了推销企业近乎积压的产品，并没有根据市场需要去设计产品、开发产品进而生产产品，仍然以企业为出发点，而不是以客户的需求为出发点。

（四）市场营销观念

20 世纪 50 年代之后，生产效率大大提高，市场供求矛盾进一步加剧，供给远远大于需求，企业意识到，如果不按客户需求组织生产和经营，无论采取什么样的推销措施，企业的产品都会过剩，因此，市场营销观念在这样的背景下诞生了。市场营销观念认为，企业的一切工作应以客户的需求为出发点。表现为：客户需要什么，我就生产什么。

市场营销观念强调"以销定产"，即根据市场情况决定生产，而前面三个观念强调"以产定销"，即根据生产来决定销售。它们具有本质上的不同。市场营销观念的诞生具有里程碑的意义，它是一个分水岭，是市场营销思想变革的一次质的飞跃。

20 世纪 90 年代以来，国内一些企业开始树立市场营销观念。如太太口服液就是一例。当时有位生产商生病住院，随手拿一份报纸看，一则消息引起他的关注，大概意思是说我国妇女在总人口中比例很高。很多结过婚的女性脸上有黄褐斑。这位生产商感觉商机来了，出院后多方打听，寻找治疗黄褐斑的秘方。后来，一位老者提供了秘方。紧接着投入生产，产品满足了女性朋友们的需要，所以他获得了成功。

海尔洗衣机"无所不洗"

一位四川成都的农民投诉海尔洗衣机排水管总是被堵，服务人员上门维修时发现，这位农民用洗衣机洗红薯，泥土多，洗衣机排水管当然容易堵塞。但服务人员并未推卸自己的责任，而是帮他加粗了排水管。这位农民感激之余，还埋怨自己给海尔人添了麻烦，说如果能有洗红薯的洗衣机，就不用劳烦海尔人了。农民兄弟的一句话，被海尔人记在了心上。海尔营销人员调查四川农民使用洗衣机的状况时发现，在盛产红薯的成都平原，每当红薯大丰收时，许多农民除了卖掉一部分新鲜红薯，还会将大量红薯洗净后加工成粉条。但红薯上沾带的泥土洗起来费时费力，于是农民就动用了洗衣机。通过更深一步的调查发现，在四川农村有不少洗衣机用过一段时间后，电机转速降低、电机壳体发烫。向农民一打听，才知道他们不但用洗衣机洗红薯，而且用它来洗衣服。这令张瑞敏萌生了一个大胆的想法：发明一种洗红薯的洗衣机。1997 年海尔为该洗衣机立项，成立以工程师李崇正为组长的 4 人课题组，1998 年 4 月投入批量生产。该型号的洗衣机不仅具有一般双桶洗衣机的全部功能，还可以洗地瓜、水果甚至蛤蜊，价格仅为 848 元。首次生产了 1 万台投放农村后立刻被一抢而空。一般来讲，每年的 6 月到 8 月是洗衣机销售的淡季。每到这段时间，很多厂家就把促销人员从商场里撤回。张瑞敏纳闷儿：难道天气越热，出汗越多，老百姓越不洗衣服？结果调查发现，不是老百姓不洗衣服，而是夏天洗衣量为 5 千克的洗衣机不实用，既浪费水又浪费电。于是，海尔的科研人员很快设计出一种洗衣量只有 1.5 千克的洗衣机——小小神童。小小神童投产后先在上海试销，因为张瑞敏认为上海人消费水平高又爱挑剔。结果，上海人马上认可了这种小巧的洗衣机。该产品在上海热销后，很快又风靡全国。在不到两年的时间里，海尔的小小神童在全国卖了 100 多万台，并出口到日本和韩国。张瑞敏告诫员工："只有淡季的思想，没有淡季的市场。"

在西藏，海尔洗衣机甚至可以合格地打酥油。后来，海尔集团研制开发了一种既可以洗衣服又可以打酥油的高原型小小神童。这个一上市，就受到了消费者欢迎。

（资料来源：杨芳玲，《市场营销原理与实务》，中国传媒大学出版社 2017 年版，第 12 页。）

（五）社会营销观念

20 世纪 70 年代起，在西方国家一些企业中，经营者在满足客户需求的同时，却造成了环境污染，并出现了假冒伪劣商品及欺骗性广告，伤害了消费者，引起广大客户的不满。于是，一些市场营销学家提出了社会营销观念。该观念认为，企业在满足客户需求的同时，一定要兼顾客户的长远利益和整个社会的整体利益，要寻求三者利益的平衡。

20 世纪 90 年代以来，国内有一些厂商片面追求经济效益，一味迎合消费者眼前利益，却损害了消费者的长远利益和社会的整体利益。政府及有关专家开始关注此事，呼吁社会各界注重可持续发展。国家对假冒伪劣产品开始加大执法力度。社会营销观念在国内开始引起关注。

🏠 训练营

训练任务：以小组为单位，选择一种感兴趣的产品，从国美、苏宁或淘宝、京东等搜集资料，调查了解其产品的特点，写成 800 字左右的报告，并进行展示汇报。

训练目的：理解营销理论对中国经济改革与发展的意义，了解不同企业生产经营过程中营销观念的基本特征，了解营销理念新变化。

训练步骤：

1. 通过网络或书籍查找二手资料，了解产品的特点。
2. 选择某种产品进行调查了解，掌握一手资料。
3. 对资料进行整理分析，小组讨论并写分析报告。
4. 分组进行汇报、讨论与交流。
5. 教师进行点评和总结。

表1-3 训练成绩考核表

评价指标	评价标准	分项成绩
调查报告 65%	1. 调查地点、时间、对象明确 10% 2. 完成态度 10% 3. 完成质量 35% 4. 团队合作精神 10%	
汇报答辩 35%	1. PPT 制作专业性强、结构层次分明 10% 2. 汇报思路清晰、语言表达流畅 15% 3. 回答问题思路清晰、内容准确 10%	
总成绩 100%		

🏠 **超链接**

市场营销理论的新发展

1. 大市场营销

大市场营销是对传统市场营销组合战略的不断发展，是在一般市场营销的基础上发展的观念，同时具有与一般市场营销不同的特点和作用。

大市场营销发展了市场营销观念和社会市场营销观念，一是在企业与外部环境的关系上，突破了被动适应的观念，认为企业不仅可以通过自身的努力影响外部环境，而且可以控制和改变某些外部因素，使之向有利于自己的方向转化；二是在企业与市场和目标消费者的关系上，突破了过去简单发现、单纯适应与满足的做法，认为应该打开产品通道，积极引导市场和消费，创造目标消费者需要；三是在市场营销手段和策略上，在原有的市场营销组合中加进了政治权力（power）和公共关系（public relations）两种重要手段，从而更好地保证市场营销活动的有效性。

2. 关系市场营销

关系市场营销兴起于20世纪80年代末的西方企业界，它以管理企业的市场关系为出发点，核心思想是建立发展良好的关系，使消费者保持忠诚，该观念持有者认为，建立有利的商业关系需要企业与消费者及其他利益相关人（包括供应商、分销商及其他合作者）建立相互信任的关系，强调不仅要争取消费者和创造市场，更重要的是维护和巩固已有关系。关系市场营销与传统营销观念最根本的区别在于，传统营销观念的核心是商品交易是一种短期行为，而关系市场营销的核心是关系，即在双方之间建立一种联系，是一种长期的概念，关系包含的意义远远超过交换，因为，如果在两个或多个商业合作伙伴间存在互相信任的关系，交换肯定是经常发生的。从本质上讲，关系市场营销是对人类商业与贸易活动本源关系的回归，同时顺应了新时期商业和营销环境的挑战，因此，争取稳定的消费者群，建立良好的消费者关系显得尤为重要。

关系市场营销最主要的出发点就是要满足消费者的需求，这就要求企业调查、研究消费者的需求，设计、生产出能满足消费者需求的产品，找到合适的交换方式，使产品最终有效到达消费者手中。

3. 绿色市场营销

所谓绿色市场营销，是指企业必须把消费者需求、企业利益和环保利益三者有机地结合起来，必须充分估计资源环保问题，从产品设计、生产、销售到使用的整个营销的过程都要考虑资源的节约利用和环保利益，做到安全、卫生、无公害的一种营销观念，观念是行动的先导，企业应强化对内部员工的绿色教育，为全体员工灌输绿色意识，培养企业绿色文化。

4. 体验营销

所谓体验营销，是指通过看（See）、听（Hear）、用（Use）、参与（Participate）的手段，充分刺激和调动消费者的感官（Sense）、情感（Feel）、思考（Think）、行动（Act）、关联（Relate）等感性因素和理性因素，让消费者在体验中感受产品，并获得最大限度的精神满足的过程。

体验营销是一种满足心理需求的营销活动，要求消费者积极参与。体验营销是一种新的营销方式，已经逐步渗透到销售市场的每个角落。体验营销观念具有重要的现实意义，已经被许多国际性的大公司如星巴克、宜家、可口可乐等在开拓中国市场过程中成功运用。

5. 饥饿营销

饥饿营销是商品提供者有意调低产量，以期达到调控供求关系、制造供不应求的假象，以维护产品形象并维持商品较高售价和利润率的营销策略。其最终作用不仅仅是为了调高价格，更是为了对品牌产生高额的附加价值，从而为品牌树立起高价值的形象。在市场竞争不充分、消费者心态不够成熟、产品综合竞争力和不可替代性较强的情况下，饥饿营销才能较好地发挥作用。

◆ 课 后 练 习 ◆

一、单项选择题

1. "酒香不怕巷子深"是一种（　　）观念。
   A. 生产　　　　　B. 产品　　　　　C. 推销　　　　　D. 社会营销
2. 生产观念强调的是（　　）。
   A. 以量取胜　　　B. 以廉取胜　　　C. 以质取胜　　　D. 以形象取胜
3. 市场营销的核心是（　　）。
   A. 生产　　　　　B. 分配　　　　　C. 交换　　　　　D. 促销
4. 从市场营销的角度看，市场就是（　　）。
   A. 买卖的场所　　　　　　　　　　B. 商品交换关系的总和
   C. 交换过程本身　　　　　　　　　D. 具有购买欲望和支付能力的消费者
5. 在交换双方中，如果一方比另一方更主动、更积极地寻求交换，我们将前者称为（　　），后者为潜在消费者。

  A. 厂商   B. 市场营销者   C. 推销者   D. 消费者

6. 市场营销学第二次"革命"的标志是提出了（ ）的观念。

  A. 以消费者为中心   B. 以生产者为中心

  C. 市场营销组合   D. 网络营销

7. 站在经营者的角度，人们常常把卖方称为（ ），而将买方称为市场。

  A. 企业   B. 厂商

  C. 供货者   D. 行业

8. 从营销理论的角度来看，企业市场营销的最终目标是（ ）。

  A. 满足消费者的需求和欲望   B. 获取利润

  C. 求得生存和发展   D. 把商品推销给消费者

9. （ ）是一种满足心理需求的营销活动，要求消费者积极参与。

  A. 绿色营销   B. 体验营销

  C. 大市场营销   D. 社会营销

10. 随产品出售提供的附加价值，如介绍、送货、安装、修理等是（ ）。

  A. 产品价值   B. 服务价值

  C. 人员价值   D. 形象价值

二、多项选择题

1. （ ）是市场导向的市场营销观念。

  A. 生产观念   B. 产品观念

  C. 推销观念   D. 市场营销观念

  E. 社会营销观念

2. 下面哪些营销观念是以市场卖方为中心的观念？（ ）

  A. 生产观念   B. 产品观念

  C. 推销观念   D. 市场观念

  E. 社会市场观念

3. 经济学家从揭示经济实质的角度出发，把市场看作是（ ）。

  A. 一个商品经济范畴   B. 商品内在矛盾的表现

  C. 商品供求关系   D. 商品交换关系的总和

  E. 通过交换反映出来的人与人之间的关系

4. 按照菲利普·科特勒教授的定义，我们可将市场营销的概念归纳为（ ）。

  A. 市场营销的最终目标是满足需求和欲望

  B. 交换是市场营销的核心

  C. 交换过程是一个满足双方需求和欲望的社会过程和管理过程

  D. 整体营销是实现交换的主要手段

  E. 交换过程能否顺利取决于企业对交换过程的管理水平和企业产品所能满足顾客需要的程度

5. 交换的发生必须具备的条件是（　　）。

　　A. 至少有交换双方

　　B. 每一方都有对方需要的有价值的东西

　　C. 每一方都有沟通和运送货品的能力

　　D. 每一方都可以自由地接受或拒绝

　　E. 每一方都认为与对方交易是合适或称心的

6. 宏观市场营销（　　）。

　　A. 是从社会总体交换层面研究市场营销问题

　　B. 以社会整体利益为目标

　　C. 是一种企业的社会经济活动过程

　　D. 目的是求得社会生产与社会需要的平衡

　　E. 考虑的是个别企业与消费者利益的增长

7. 顾客购买的总体价值包括（　　）。

　　A. 产品价值　　　　　　　　　　B. 服务价值

　　C. 人员价值　　　　　　　　　　D. 形象价值

8. 市场由（　　）要素构成。

　　A. 购买力　　　　　　　　　　　B. 购买欲望

　　C. 人口　　　　　　　　　　　　D. 效用

9. 根据市场状况，可以把市场分为（　　）。

　　A. 买方市场　　　　　　　　　　B. 生产资料市场

　　C. 卖方市场　　　　　　　　　　D. 生活资料市场

10. 属于市场营销新观念的是（　　）。

　　A. 生产观念　　　　　　　　　　B. 产品观念

　　C. 推销观念　　　　　　　　　　D. 市场营销观念

　　E. 社会市场营销观念

三、判断题

　　1. 在组成市场的双方中，买方的需求是决定性的。（　　）

　　2. 市场营销就是推销和广告。（　　）

　　3. 消费者尚未得到满足的感受状态，我们称之为消费欲望。（　　）

　　4. 消费者之所以购买商品，根本目的在于获得并拥有产品本身。（　　）

　　5. 交换是一个过程，在这个过程中，如果双方达成了一项协议，我们就称之为发生了交易。（　　）

　　6. 市场营销观念从消费者需求出发，往往会造成企业利润。（　　）

　　7. 市场营销也就是企业的销售工作。（　　）

　　8. 企业的产品，只要质量好，就不愁打不开销路。（　　）

　　9. 效用是消费者对产品满足其需要的整体能力的评价。（　　）

　　10. 在产品观念的指导下企业的经营重点是致力于改进产品质量。（　　）

四、案例分析题

宝洁公司和一次性尿布

宝洁（P&G）公司以其寻求和明确表达顾客潜在需求的优良传统，被誉为在面向市场方面做得最好的美国公司之一。其婴儿尿布的开发就是一个例子。

1956年，该公司开发部主任维克·米尔斯在照看其出生不久的孙子时，深切感受到一篮篮脏尿布给家庭主妇带来的烦恼。洗尿布的责任给了他灵感。于是，米尔斯就让手下几个最有才华的人研究开发一次性尿布。

一次性尿布的想法并不新鲜。事实上，当时美国市场上已经有好几种牌子了。但市场调研显示：多年来这种尿布只占美国市场的1%。原因首先是价格太高；其次是父母们认为这种尿布不好用，只适合在旅行或不便于正常换尿布时使用。调研结果还表明，一次性尿布的市场潜力巨大。美国和世界许多国家正处于战后婴儿出生高峰期。将婴儿数量乘以每日平均须换尿布次数，可以得出一个大得惊人的潜在销量。

宝洁公司产品开发人员用了一年的时间，力图研制出一种既好用又对父母有吸引力的产品。产品的最初样品是在塑料裤衩里装上一块打了褶的吸水垫子。但1958年夏天现场试验结果，除了父母们的否定意见和婴儿身上的痱子以外，一无所获。于是又回到图纸阶段。

1959年3月，宝洁公司重新设计了它的一次性尿布，并在实验室生产了37 000个，样子相似于现在的产品，拿到纽约州去做现场试验。这一次，有三分之二的试用者认为该产品胜过布尿布。行了！然而，接踵而来的问题是如何降低成本和提高新产品质量。为此要进行的工序革新，比产品本身的开发难度更大。一位工程师说它是"公司遇到的最复杂的工作"。生产方法和设备必须从头搞起。不过，到1961年12月，这个项目进入了能通过验收的生产工序和产品试销阶段。

公司选择地处美国最中部的城市皮奥里亚试销这个后来被定名为"娇娃"（Pampers）的产品。发现皮奥里亚的妈妈们喜欢用"娇娃"，但不喜欢10美分一片尿布的价格。因此，价格必须降下来。降多少呢？在6个地方进行的试销进一步表明，定价为6美分一片，就能使这类新产品畅销，使其销售量达到零售商的要求。宝洁公司的几位制造工程师找到了解决办法，用来进一步降低成本，并把生产能力提高到使公司能以该价格在全国销售娇娃尿布的水平。

娇娃尿布终于成功推出，直至今天仍然是宝洁公司的拳头产品之一。它表明，企业对市场真正需求的把握需要通过直接的市场调研来论证，通过潜在用户的反映来指导和改进新产品开发工作。企业各职能部门必须通力合作，不断进行产品试用和定价调整。最后，公司做成了一桩全赢的生意：一种减轻了每个做父母的最头疼的一件家务的产品，一个为宝洁公司带来收入和利润的重要新财源。

（资料来源：百度文库 https://wenku.baidu.com/view/52b2def050e2524de5187ed3.html。）

分析：

1. 宝洁公司开发"娇娃"的决策是在什么基础上进行的？
2. "娇娃"的开发过程是否体现了现代市场营销的基本精神？

项目二

市场营销环境分析

学习目标

知识目标：

1. 准确理解市场营销环境的内涵。
2. 掌握市场营销宏观环境和微观环境中的要素。
3. 了解 SWOT 分析法。

能力目标：

1. 能运用所学内容，分析具体企业的宏观环境和微观环境。
2. 能运用 SWOT 分析法，分析某个企业的优势、劣势、机会、威胁及其对应策略。

任务一　市场营销的宏观环境

案例先导

销售女王董明珠直播带货

2020年一场突如其来的新冠疫情给很多企业造成了巨大损失，于是他们纷纷利用各种媒体渠道进行营销宣传，直播卖货。格力董事长董明珠女士于2020年4月24日在抖音开启直播电商首秀。由于预判不足、网络信号差等原因，在几个小时的直播中董小姐仅仅卖出23万元的电器。其中格力电力锅卖出5件，空气净化器卖出3台，6000元之上的商品几乎销量都是0。这成绩在动辄几亿元的薇娅、李佳琦面前就像是毛毛雨，毫无可比性。

因此直播一结束，董明珠就被舆论推上风口浪尖，一时间批评无数，甚至连她自己都不得不站出来解释：那天真被人家骂死了。

如果是普通人家搞砸一场重量级首秀，可能想死的心都有，但是董明珠不一样，从来不惧怕任何流言蜚语。

15天后，她又在快手开启了第二次直播，这一次她的气场一出，立即打了一个痛快的翻身仗。开播30分钟，格力销售突破1亿元，全场3小时，成交额达到惊人的3.1亿元，一举洗掉了首播失利的屈辱。

更厉害的是受这场直播影响，5月11日格力股价逆势大涨3.7%，市值增加百亿元。

5月15日，她又跑到京东做了一场直播。这一次，她再次大爆发，单场带货7.03亿元，创下了家电直播带货史上的最高销售纪录。之前骂董明珠的人终于看到了销售女王的战斗力。这，就是一个66岁女人的顽强！

（资料来源：根据 https：//baijiahao. baidu. com/s？id＝1666823257402185090&wfr＝spider&for＝pc改编。）

请思考：

董小姐获得直播带货成功的原因有哪些？

知识库

一、营销环境的含义和特征

（一）营销环境的含义

市场营销环境是指影响企业与目标顾客建立并保持互利关系等营销管理能力的各种角

色和力量。它们是存在于企业营销系统外部的不可控制或难以控制的因素和力量，这些因素和力量影响企业营销活动及其目标的实现。

任何企业都如同生物有机体一样，总是生存于一定的环境之中，企业的营销活动不可能脱离周围环境而孤立地进行。企业营销活动要以环境为依据，企业要主动地去适应环境；企业可以了解和预测环境因素，不仅主动地适应和利用环境，而且通过营销努力去影响外部环境，使环境有利于企业的生存和发展，有利于提高企业营销活动的有效性。因此，研究市场营销环境及其变化，是企业营销活动的最基本的课题。

营销环境包括微观环境和宏观环境。微观环境指与企业紧密相连，直接影响企业营销能力的各种参与者，包括企业本身、市场营销渠道企业（即供应商和中间商）、顾客、竞争者以及社会公众。宏观环境指影响微观环境的一系列巨大的社会力量，主要是人口、经济、政治法律、科学技术、社会文化及自然生态等因素。微观环境直接影响与制约企业的营销活动，多半与企业具有或多或少的经济联系，也称直接营销环境，又称作业环境。宏观环境一般以微观环境为媒介去影响和制约企业的营销活动，在特定场合，也可直接影响企业的营销活动，宏观环境被称作间接营销环境。宏观环境因素与微观环境因素共同构成多因素、多层次、多变的企业市场营销环境的综合体。

（二）营销环境的特征

1. 客观性

环境作为营销部门外在的不以营销者意志为转移的因素，对企业营销活动的影响具有强制性和不可控性的特点。一般来说，营销部门无法摆脱和控制营销环境，特别是宏观环境，企业难以按自身的要求和意愿随意改变它。如企业不能改变人口因素、政治法律因素、社会文化因素等，但企业可以主动适应环境的变化和要求，制定并不断调整市场营销策略。事物发展与环境变化的关系，适者生存，不适者淘汰，就企业与环境的关系而言，也完全适用。有的企业善于适应环境，就能生存和发展；有的企业不能适应环境的变化，就难免被淘汰。

2. 差异性

不同的国家或地区之间，宏观环境存在着广泛的差异，不同的企业，微观环境也千差万别。正因为营销环境的差异，企业为适应不同的环境及其变化，必须采用各有特点和有针对性的营销策略。环境的差异性也表现为同一环境的变化对不同企业的影响不同。例如，中国加入世界贸易组织，意味着大多数中国企业进入国际市场，进行"国际性较量"，而这种经济环境的变化，对不同行业所造成的冲击并不相同。企业应根据环境变化的趋势和行业的特点，采取相应的营销策略。

3. 多变性

市场营销环境是一个动态系统。构成营销环境的诸因素都受众多因素的影响，每一环境因素都随着社会经济的发展而不断变化。20 世纪 60 年代，中国处于短缺经济状态，短缺几乎成为社会经济的常态。改革开放 20 年后，中国遭遇"过剩"经济，不论这种"过剩"的性质如何，仅就卖方市场向买方市场转变而言，市场营销环境已发生了重大变化。营销环境的变化，既会给企业提供机会，也会给企业带来威胁，虽然企业难以准确无误地预见未来环境的变化，但可以通过设立预警系统（Warming System），追踪不断变化的环境，及时调整营销策略。

4. 相关性

营销环境诸因素间，相互影响，相互制约，某一因素的变化，会带动其他因素的变化，形成新的营销环境。例如，竞争者是企业重要的微观环境因素之一，而宏观环境中的政治法律因素或经济政策的变动均能影响一个行业竞争者加入的多少，从而形成不同的竞争格局。又如市场需求不仅受消费者收入水平、爱好以及社会文化等方面因素的影响，政治法律因素的变化往往也会产生决定性的影响。再如，各个环境因素之间有时存在矛盾，如某些地方消费者有购买家电的需求，但当地电力供应不正常，无疑是扩展家电市场的制约因素。

二、宏观营销环境

（一）人口环境

人口是构成市场的第一位要素。市场是由那些想买东西并且有购买能力的人构成，人越多，市场规模就越大。因此，人口的多少直接决定市场的潜在容量，而且人口的年龄结构、地理分布、婚姻状况、出生率、死亡率、人口密度、流动性、文化教育等特征，又会对市场需求格局产生深刻影响。老年人会有不同于年轻人的消费需求。同样，男性与女性、南方与北方、不同文化、不同民族、不同职业的人，在消费需求结构、消费习惯与方式上，都会有明显的差异。

1. 人口总量

人口总量直接影响市场需求总规模。在人均收入既定的条件下，人口总量的多少与市场需求总规模成正比例变动。中国人口超过13亿，超过欧洲和北美洲的人口总和，随着社会主义市场经济的发展，人民收入水平不断提高，中国已被视作世界最大的潜在市场。

2. 年龄结构

不同年龄的人，其需求倾向不相同，人口年龄结构不同，其需求结构也不尽相同。我国第六次人口普查数据表明，60岁以上人口占全国总人口的比重为13.26%，随着老年人口的绝对数和相对数的增加，"银色市场"日渐形成并扩大。

3. 地理分布

人口在地区上的分布，关系市场需求的异同。居住在不同地区的人群，由于地理环境、气候条件、自然资源、风俗习惯的不同，消费需求的内容和数量也存在差异。例如，中国北方地区，由于气候和风俗习惯的影响，对白酒的需求量大；而在中国南方许多地区的人们更偏爱饮用啤酒，高度白酒在当地很少有人购买。

4. 家庭组成

一个市场拥有家庭单位和家庭平均成员的多少，以及家庭组成状况等，对市场消费需求的潜量和需求的结构都有十分重要的影响。随着中国计划生育、晚婚、晚育政策的倡导和实施，职业妇女的增多，单亲家庭和独身者的涌现，中国家庭消费需求的变化很大。

5. 性别差异

性别差异给消费需求带来差异，购买习惯与购买行为也有差别，如由于女性操持家务，大多数日用消费品由女性采购，因此，不仅妇女用品可设专业商店销售，很多家庭用品和儿童用品也被纳入妇女市场。

（二）经济环境

经济环境一般是指影响企业市场营销方式与规模的经济因素。

1. 收入

市场消费需求指人们有支付能力的需求，在研究收入对消费者需求的影响时，常应用以下概念：

（1）人均国民生产总值，是指一个国家或地区的所有常住单位在一定时期内（如一年），按人口平均产生的全部货物和服务的价值，超过同期投入的全部非固定资产货物和服务价值的差额，人均国民生产总值从总体上影响和决定了消费结构与消费水平。

（2）个人收入，指城乡居民从各种来源所得到的收入。

（3）个人可支配收入，指从个人收入中减除缴纳税收和其他经常性转移支出后，所余下的实际收入。

（4）可任意支配收入，在可支配收入中减去维持生活的必需支出，才是个人可任意支配收入。

2. 支出

支出主要指消费者支出模式和消费结构。

1857 年，德国统计学家恩斯特·恩格尔阐明了一个定律：随着家庭和个人收入的增加，收入中用于食品方面的支出比例将逐渐减小，这一定律被称为恩格尔定律，反映这一定律的系数被称为恩格尔系数，其公式为：

$$恩格尔系数 = 食品支出总额/家庭总消费支出总额 \times 100\%$$

恩格尔定律主要表述的是食品支出占总消费支出的比例随收入变化而变化的一定趋势。

这一定律揭示了食品支出和居民收入之间的相关关系，用食品支出占消费总支出的比例来说明经济发展、收入增加对生活消费的影响程度。一个国家或家庭的恩格尔系数越大，生活越贫困；反之，恩格尔系数越小，生活越富裕。

3. 消费者的储蓄与信贷

衡量一个国家、地区或家庭的储蓄状况，通常用三个指标：储蓄额、储蓄率和储蓄增长率。储蓄额是消费者储蓄的绝对数量，反映一定时期的储蓄水平；储蓄率指储蓄额占消费者收入的比例；储蓄增长率则反映某一时期的储蓄增长速度。

消费者信贷，指消费者凭借信用先取得商品使用权，然后按期还贷，即消费者预先支出未来的收入，提前消费。例如，我国目前出现的分期付款买房、买车等，这种方式既调动了现在的购买力，又丰富了消费者的日常生活。

（三）自然环境

自然环境主要指营销者需要或受营销活动影响的自然资源。营销活动受到自然环境的影响，也对自然环境的变化负有责任。

例如，位于沿海地区的企业，利用便利的交通设施，可以降低企业的各种运输费用。反之，位于偏远山区或交通不便地区，会遇到运输的多种困难，增加运营费用、降低投资效益，企业位于协作方便、生产性基础设施比较齐全的地区，就可节约大量的相关费用，从而获得较好的投资效益。

（四）政治法律环境

政治环境包括国内与国际的政治环境。国内政治主要是指党和政府的路线、方针、政策的制定和调整。国际政治是指两国关系、和平环境等。法律环境则包括国际和本国主管部门及各地区颁布的各项法规、法令、条例等。

一个国家的政府与政策对企业的市场营销活动产生着深刻的影响，每个国家的政府都能够运用政策措施和政治权力对有关方面施加影响，从而达到其所要实现的政治与经济目的。因此，企业要搞好市场营销，必须了解与营销业务有联系的国家政策。开展国际营销，还必须关注对方国家政府和政策的稳定程度。

目前我国正处于大力发展社会主义市场经济的背景下，为了推进市场经济进程，我国政府不断推出新的改革措施和方针政策，其中不少政策对企业的营销活动影响很大，如人口政策、财政金融政策、能源政策、产业政策、对外开放政策等，都会对企业营销工作有普遍、显著影响。

为了建立和完善社会主义市场竞争的经济运行秩序，国家还颁布了许多有关法律和法规来规范企业的活动。企业一方面可以凭借法律维护自己的正当权益，另一方面也应依据法律来进行生产和营销活动。

（五）科学技术环境

科学技术是社会生产力中最活跃的因素，作为营销环境的一部分，科技环境不仅直接影响企业内部生产和经营，还同时与其他环境因素互相依赖、相互作用，尤其是新技术革命给企业的市场营销既造就了机会，又带来了威胁。企业的机会在于寻找和利用新技术，而它面临的威胁可能有两方面：一是新技术的突然出现，使企业的现有产品变得陈旧；二是新技术改变了企业人员原有的价值观，新技术给企业带来巨大压力，如果企业不及时跟上新技术革命的发展，其产品很有可能被很快淘汰出局。正因为如此，西方代表人物熊彼特认为"技术是一种创造性的毁灭"。

新技术革命改变了企业经营的内部因素和外部环境，给企业带来巨大压力，给企业产品和目标市场的确定带来前所未有的困难，从而促使企业不断调整营销策略，以适应变化了的市场条件。新技术革命是管理改革或管理革命的动力，它向管理提出了新的课题和新的要求，又为企业改善经营管理、提高管理水平提供了物质基础。新技术对零食商业和购物习惯也产生了重大影响，出现了"电话购物""网上购物""直播带货"等新的购物方式。

（六）社会文化环境

社会文化环境主要指一个国家和地区的教育水平、宗教信仰、价值观念、消费风俗、消费流行、生活方式、风俗习惯、伦理道德、民族特征、语言文字等的总和。

1. 教育水平

教育水平不仅影响劳动者收入水平，而且影响着消费者对商品的鉴别能力，影响消费者心理、购买的理性程度和消费结构，从而影响着企业营销策略的制定和实施，例如，受过高等教育的消费者和没有文化的消费者在购买特点和购买行为上会表现出很大的差异。

2. 宗教信仰

宗教信仰会影响人们的消费行为。例如，日本一电器公司到印度去拓宽市场，做了主题为"佛祖也动心"的广告宣传，具体场景是：佛祖本来端正地坐着念经，旁边有人拿来日本的音响播放出悦耳的音乐，佛祖听得如痴如醉，身体也不由自主地晃动起来。印度民众见了这则广告，义愤填膺，不仅坚决不买这家日本电器公司的产品，还提出抗议，要求把他们赶出国境，因为他们亵渎了佛祖。

3. 价值观念

价值观念指人们对社会生活中各种事物的态度和看法。不同文化背景下，价值观念差异很大，影响着消费需求和购买行为，营销管理者应研究并采取不同的营销策略。例如，在消费者的心目中，包装的精美程度和产品的质量息息相关，现在商家在产品的包装上花费很大的精力，以吸引消费者的注意力。

4. 消费风俗

消费风俗指历代传递下来的一种消费方式，是风俗习惯的一项重要内容。消费风俗在饮食、节日、居住等方面表现出独特的消费心理特征和行为方式。例如我国有在中秋节吃月饼的风俗，许多食品公司便在中秋节前夕大搞月饼促销活动。

5. 消费流行

由于社会文化多方面的影响，消费者会产生共同的审美观念、生活方式和情趣爱好，从而导致社会需求的一致性，这就是消费流行，消费流行在服饰、家电以及某些保健品方面表现得最为突出。例如，"今年过节不收礼，收礼只收脑白金"这句广告语已经家喻户晓，在一些重大节日前夕，脑白金的销售量非常大。

训练营

训练任务： 对我国自主品牌小轿车的市场营销环境进行分析。

训练目的： 熟练掌握市场营销环境分析的方法。

训练步骤：

1. 明确哪些宏观环境和自主品牌小汽车有关。
2. 全面分析自主品牌小汽车的市场营销环境。
3. 以小组为单位，每组一名学生进行分析结果阐述。
4. 教师进行点评并总结。

表 2-1　训练成绩考核表

训练评估指标	评估标准	分项成绩
报告 40%	1. 对当前小轿车市场分析全面 10% 2. 影响某一自主品牌营销环境因素选择恰当 10% 3. 对某一自主品牌营销环境分析完整 20%	
陈述 PPT 30%	1. 简明清晰 10% 2. 设计美观、重点突出 20%	
分析报告陈述 30%	1. 语言表达流畅 10% 2. 陈述准确、层次清晰 10% 3. 重点突出 10%	
总成绩 100%		

超链接

营销活动与营销环境

　　市场营销环境通过其内容的不断扩大及其自身各因素的不断变化，对企业营销活动产生影响。首先，市场营销环境的内容随着市场经济的发展而不断变化。环境因素由内向外的扩展，国外营销学者称之为"外界环境化"。其次，市场环境因素经常处于不断变化之中。环境的变化既有环境因素主次地位的互换，也有可控性质的变化，还有矛盾关系的协调。随着我国社会主义市场经济体制的建立与完善，市场营销宏观环境的变化也将日益显著。

　　营销环境是企业营销活动的制约因素，营销活动依赖于这些环境才得以正常进行。这表现在：营销管理者虽可控制企业的大部分营销活动，但必须注意环境对营销决策的影响，不得超越环境的限制；营销管理者虽能分析、认识营销环境提供的机会，但无法控制所有有利因素的变化，更无法有效地控制竞争对手；由于营销决策与环境之间的关系复杂多变，营销管理者无法直接把握企业营销决策实施的最终结果。此外，企业营销活动所需的各种资源，需要从环境许可的条件下取得，企业生产与经营的各种产品，也需要获得消费者或用户的认可与接纳。

　　虽然企业营销活动必须与其所处的外部和内部环境相适应，但营销活动绝非只能被动地接受环境的影响，营销管理者应采取积极、主动的态度能动地去适应营销环境。就宏观环境而言，企业可以以不同的方式增强适应环境的能力，避免来自环境的威胁，有效地把握市场机会。在一定条件下，也可运用自身的资源，积极影响和改变环境因素，创造更有利于企业营销活动的空间。菲利普·科特勒的"大市场营销"理论即认为，企业为成功地进入特定的市场，在策略上应协调地使用经济的、心理的、政治的和公共关系的手段等，以博得外国的或地方的各有关方面的合作与支持，消除壁垒很高的封闭型或保护型的市场存在的障碍，为企业从事营销活动创造一个宽松的外部环境。就微观环境而言，直接影响企业营销能力的各种参与者，事实上都是企业营销部门的利益共同体。企业内部其他部门与营销部门利益的一致固不待言，按市场营销的盈-盈原则，企业营销活动的成功，应为顾客、供应商和营销中间商带来利益，并造福于社会公众。即使是竞争者，也存在互相学习、互相促进的因素，在竞争中，有时也会采取联合行动，甚至成为合作者。

任务二　市场营销的微观环境

案例先导

中国宅经济迅速升温

买菜足不出户、工作足不出户、购物足不出户、送礼足不出户，在网上交易形式日益丰富、网上支付功能屡屡进步的今天，新一批宅男宅女如雨后春笋般冒了出来。他们足不出户，将户外消费转移到"宅内"进行，"宅经济"获得迅猛增长。

据腾讯 2019 财报显示，微信合并月活跃账户户数已达 11.64 亿，同比增长 6.1%。在此背景下，腾讯商业支付日均交易笔数超过 10 亿，月活跃账户超过 8 亿，月活跃商户超过 5000 万，同时，小程序的日均交易笔数同比增长超过一倍，交易总额超过人民币 8000 亿元。除了微信，其他很多电商平台，如支付宝、京东商城等日交易笔数和日交易额都在不断增长。

而上海"买菜网"、杭州"天鲜配"、南京"买菜网"等网上菜场火了起来。网上卖菜主要针对那些没有时间又懒得跟菜贩子讨价还价的白领群体，而网上买菜所提供的各种支付方式，如支付宝、微信、网上银行、货到付款、会员卡预存费用等给了消费者极大的选择余地。

此外，网上还出现了众多适合在家在校兼职的工作。如代理出版社打字、录入、排版业务的外包公司就在网上公开了招募条件，注明 35 元/万字的薪资标准，而兼职人员的工资则通过支付宝、银行转账等方式结算。

随着网民不断增多，"宅经济"迅猛增长，"宅经济"引发的配送业务也迅速升温。

（资料来源：根据 https：//www.10guoying.com/news/5235.html 改编。）

请思考：

分析当前市场环境下，消费者的消费习惯发生了哪些变化？

知识库

一、微观营销环境

微观营销环境是指与企业营销活动直接相关的各种环境因素的总和。市场营销活动以企业为主体，为实现自己的市场营销目标而同许多供应商、营销中介、市场、竞争者和各种公众发生密切的关系，并针对这些行动者制订出相应的计划，以实现企业市场营销目标。

（一）企业

企业内部包括市场营销部门、其他职能部门和最高管理层。企业为实现其目标，必须进行研究与开发、采购、制造、财务、市场营销等业务活动。市场营销部门在制订和实施营销计划时，不仅要考虑企业外部环境力量，还要考虑企业内部环境力量。例如，经营一家饭店要使三组人满意：顾客、员工和股东。虽然这三组人都很重要，但满意的先后顺序应该是这样的：首先，公司应让员工满意，只有员工热爱工作，并以自己的工作为荣，他们才能更好地服务于顾客使顾客感到满意。其次，顾客只有感到满意才会重新光顾饭店，这样才能给股东带来丰厚的收益。由此可见，内部环境力量也是十分重要的。

首先，最高管理层是企业的最高领导核心，负责规定企业的任务、目标、战略和政策，营销管理者只有在最高管理者规定的范围内做出各项决策，并得到上层的批准后才能实施。

其次，销售、广告、产品管理和市场调查这些不同的市场营销职能部门必须相互协调。事实上，销售部门经常对产品管理部门制定"过高的价格"或"过大的销售目标"而感到不妥；或因为广告主管不同意一个"最好的广告活动"而心怀不满。这些职能部门必须从顾客的观点出发，相互协调。

最后，营销部门还必须和公司的其他业务部门（如制造部门、采购部门、研究与开发部门、财务部门等）充分协作，共同研究、制订年度和长期计划。如果营销活动只有营销部门参与，那是行不通的，只有公司的全体员工全部认识到自己对使顾客满意所应发挥的作用，市场营销活动才最有效果。

（二）供应商

供应商是向企业及其竞争对手供应生产特定的产品和劳务等所需各种资源的企业和个人，包括提供原材料、设备、能源、劳务、资金等。供应商对企业营销的影响是很大的，他们所提供资源的价格、质量、供应量、供应时间等，直接影响着企业产品的价格、销量、利润。供应短缺、工人罢工或其他事故，这些都会影响企业按期完成交货任务。这从短期来看，企业会损失销售额；从长期来看，则损害企业在顾客中的信誉。因此，营销企业在与供应商保持关系时，一要掌握资源供给使自己在市场竞争中处于优势地位，二要建立良好的合作关系，为提高市场营销水平共同努力。

（三）顾客

顾客是企业服务的对象，企业需要仔细了解它的顾客市场。市场营销根据购买者及其购买目的进行市场划分，一般可以分为消费者市场、生产者市场、中间商市场、政府市场和国际市场。每种顾客市场的特点各不相同，具体的市场需求规模、市场占有率、发展速度也有所不同。因此，关于不同顾客的营销策略要有其差异性和针对性。

（四）营销中介

营销中介是指为企业营销活动提供各种服务的机构和企业总称，包括中间商、实体分配机构、营销服务机构（调研公司、广告公司、咨询公司等）、金融中间人（银行、信托公司、保险公司等）。这些都是市场营销中不可缺少的中间环节，大多数企业的营销活动，都需要它们的协助才能顺利进行，因为这样分工比较经济。

1. 中间商

中间商帮助企业寻找消费者并直接与消费者进行交易，从而完成产品从生产者向消费者的转移，中间商按照是否拥有产品所有权分为代理商和批发商，按照中间商在流通过程中的不同作用分为批发商和零售商。

2. 实体分配公司

实体分配公司是指协助企业把产品从原产地转移到目的地的仓储和物流公司，其工作包括包装、运输、仓储、搬运、库存控制和订单处理等。企业必须综合考虑成本、运输方式、速度及安全性、市场需求等因素，从而决定物流和仓储的最佳方式。

3. 营销服务机构

营销服务机构是指为企业提供营销服务的机构，包括市场调研机构、广告公司、传媒中介组织和营销咨询公司等，企业在选择这些机构时，要在可信度、专业程度、服务质量、价格等方面认真比较。

4. 金融中介机构

金融中介机构包括银行、信贷公司、保险公司等，它们能够为交易提供金融支持或对货物买卖中的风险进行保险。对房地产企业而言，如果没有银行贷款或者土地抵押贷款，要想实现滚动发展、快速发展几乎不可能。

（五）竞争者

一个企业选择和确定目标市场之后，它同时就会处于某种竞争环境之中。从消费需求的角度划分，企业的竞争者包括：①愿望竞争者，即消费者要求满足的各种目前愿望的提供者。例如，某消费者有 5000 元要消费，他可以选择中国国旅去旅游，也可以选择购买华为手机，则华为手机销售商和中国国旅就是愿望竞争者。②平行竞争者，也叫属类竞争者，即提供能够满足同一种需求的不同产品的竞争者。例如，某消费者从北京到上海，可以选择乘坐飞机，也可以选择乘坐高铁，则航空公司和高铁公司就是属类竞争者。③产品形式竞争者，即生产同种产品，但规格、型号、款式不同的竞争者。例如，某消费者已经决定购买彩电，但对于购买液晶彩电还是等离子彩电拿不定主意，则液晶彩电生产企业和等离子彩电生产企业就是产品竞争者。④品牌竞争者，即能满足购买者某种愿望的同种产品的各种品牌的竞争者。例如，某消费者已经决定购买 54 英寸液晶彩电，但对于是买海信还是 TCL 拿不定主意，则海信和 TCL 就是品牌竞争者。

其中，后两种竞争者都是同行业的竞争者。在同行业竞争中，卖方密度、产品差异、进入难度的变化是三个特别需要重视的方面。卖方密度是指同一行业或同一类商品经营中卖主的数目。这个数目的多少，在市场需求量相对稳定时，直接影响到企业市场份额的大小和竞争激烈的程度。产品差异是指同一行业中不同企业生产同类产品的差异程度。利用差异化有助于企业提高产品的价格和竞争力。进入难度是指某个新企业在试图进入某行业时所遇到的困难程度。

（六）社会公众

社会公众是指对企业实现其市场营销目标具有实际或潜在利害关系和影响力的团体或个人。包括：①金融公众，即影响企业取得资金能力的任何集团，如银行、投资公司等。②媒体公众，即报纸、杂志、广播、电视、IT网等具有广泛影响的大众媒体。③政府公众，即负责管理企业业务经营活动的有关政府机构。④群众团体，即各种消费者权益保护组织、环境保护组织、少数民族组织等。⑤地方公众，即企业附近的居民群众、地方官员等。⑥一般公众，泛指社会上的社会民众和消费者。一个企业需要了解一般公众对它的产品和活动的态度。企业的公众形象，即在一般公众心目中的形象，对企业的经营和发展是很重要的。

所有以上这些公众，都与企业的营销活动有直接或间接的关系。现代企业是一个开放的系统，它在经营活动中必然与各方面发生关系，必须处理好与各方面公众的关系。为此，企业须设立公共关系部门，专门负责处理与公众的关系。

表 2-2 微观营销环境构成表

构成部分	具体构成
企业	营销部门、其他职能部门、最高管理层
供应商	供应材料和设备的单位
顾客	企业服务的对象
营销中介	中间商、实体分配机构、营销服务机构、金融中间人
竞争者	愿望竞争者、平行竞争者、产品形式竞争者、品牌竞争者
社会公众	金融、媒体、政府、群众、地方和一般公众

二、SWOT 分析

SWOT分析法是指通过分析企业在竞争中的优势、劣势、机会和威胁，将企业战略与企业内部资源、外部环境有机地结合起来的一种科学分析方法。对于企业而言，其优势、劣势、机会和威胁主要表现在以下方面：

优势具体包括充足的资金来源、有利的竞争态势、良好的企业形象、过硬的产品质量、雄厚的技术力量、较低的产品成本、高额的市场份额和强大的广告攻势等。

劣势具体包括设备老化、管理混乱、经营不善、产品积压、关键技术缺乏、研究落后、资金短缺及竞争力差等。

机会具体包括企业产品属于新产品；企业所进入的市场属于新兴市场、竞争不激烈；企业产品符合消费者的需求，受到消费者的喜爱；外国市场壁垒解除，企业产品进入国外更加容易；由于竞争对手失误导致市场份额下降，从而给本企业产品带来机会等。

威胁具体包括新的竞争对手的出现；经济衰退、市场紧缩；替代产品增多；行业政策朝着对企业不利的方向改变；客户偏好改变；突发事件等。

表 2-3　SWOT 分析模型

	优势 Strength	劣势 Weakness
机会 Opportunity	SO 战略，发挥优势，利用机会	WO 战略，利用机会，克服劣势
威胁 Threat	ST 战略，利用优势，降低威胁	WT 战略，降低威胁，克服劣势

🏠 训练营

训练任务：用 SWOT 分析法对智能手机进行分析。

训练目的：掌握 SWOT 分析方法。

训练步骤：

1. 分组对当前智能手机市场进行分析讨论。
2. 分组对感兴趣的某品牌手机进行 SWOT 分析。
3. 每组推荐一名学生就分析结果进行阐述。

表 2-4　训练成绩考核表

训练评估指标	训练评估标准	分项成绩
当前智能手机市场分析 30%	1. 对智能手机的认知 10% 2. 外国品牌手机市场现状 10% 3. 国产品牌手机市场现状 10%	
某品牌手机 SWOT 分析 40%	1. 优势分析 10% 2. 劣势分析 10% 3. 机会分析 10% 4. 威胁分析 10%	
分析陈述 30%	1. 语言表达流畅 10% 2. 陈述准确、清晰 10% 3. 重点突出 10%	
总成绩 100%		

🏠 超链接

环境威胁与市场机会分析法

市场营销环境是企业生存和发展的条件，企业如同自然生物一样，要得到生存和发展，就必须与它的生存环境相适应。分析市场营销环境就是要找出有利于企业经营的机会，规避不利于企业经营的威胁。客观环境中，机会与威胁往往是相伴而生的，而且由于企业的内部环境特点各不相同，因此营销环境分析必须将内外因素结合起来考虑。

市场营销环境通过对企业构成威胁或提供机会而影响营销活动。例如，我国从计划经济体制向市场经济体制过渡，这一环境的变化，使不少企业从繁荣走向破产，也使不少企业从濒临破产走向了蓬勃发展。环境发展趋势基本上分为两大类：一类是环境威胁；另一类是市场机会。

1. 环境威胁

环境威胁是指环境中不利于企业营销因素的发展趋势，对企业形成挑战，对企业的市场地位构成威胁。这种挑战可能来自国际经济形势的变化，也可能来自社会文化环境的变化。所谓环境威胁，是指环境中一些不利于企业发展的趋势所形成的挑战，如果不采取果断的市场营销行动，这种不利趋势将损害企业的市场地位。企业市场营销人员应善于识别所面临的威胁，并按其严重性和出现的可能性进行分类，之后，为那些可能性大且严重性也大的威胁制订应变计划，以使环境威胁转化为市场机会。

2. 市场机会

市场机会是指对企业营销活动富有吸引力的领域，在这些领域中，企业拥有竞争优势。市场机会对不同企业有不同的影响力，企业在每一特定的市场机会中成功的概率，取决于其业务实力与该行业所需要的成功条件相符合的程度。

企业在进行环境分析时必须收集大量的环境信息，建立信息系统，研究宏观环境和微观环境各方面。可以采取矩阵分析法对具体环境进行分析，最后确定企业营销环境的机会和威胁。矩阵分析法是指根据机会与威胁程度的高低，将营销环境分为四种类型，企业面对这四种环境，需要采取不同的营销对策。根据环境威胁和市场机会的大小，可以把企业业务分为四种，即理想业务、冒险业务、成熟业务、困难业务。

（1）对理想业务，应看到机会难得，甚至转瞬即逝，必须抓住机遇，迅速行动，否则丧失良机，将后悔莫及。

（2）对冒险业务，面对高利润与高风险，既不宜盲目冒进，也不应迟疑不决、坐失良机，应全面分析自身的优势与劣势，扬长避短，创造条件，争取突破性的发展。

（3）对成熟业务，机会与威胁处于较低水平，可作为企业的常规业务，用以维持企业的正常运转，并为开展理想业务和冒险业务准备必要的条件。

（4）对困难业务，企业要么努力改变环境，走出困境或减轻威胁；要么立即转移，摆脱无法扭转的困境。

如果已经面临，企业可有以下三种对策选择：

（1）反抗。限制或扭转不利的局势。

（2）减轻。通过调整市场营销组合来改善环境，以减轻环境威胁的严重性。

（3）转移。决定转移到其他盈利更多的行业或市场。

课后练习

一、单项选择题

1. 恩格尔定律表明，随着消费者收入的提高，恩格尔系数将（　　　）。

    A. 越来越小　　　　B. 保持不变　　　　C. 越来越大　　　　D. 趋近于零

2. （　　）主要是指一个国家或地区的民族特征、价值观念、生活方式、风俗习惯、宗教信仰、伦理道德、教育水平、语言文字等的总和。

    A. 社会文化　　　　B. 政治法律　　　　C. 科学技术　　　　D. 自然资源

3. 威胁水平和机会水平都较高的业务，被叫作（　　）。

    A. 理想业务　　　　B. 冒险业务　　　　C. 成熟业务　　　　D. 困难业务

4. 影响消费需求变化的最活跃的因素是（　　）。

    A. 个人支配收入　　　　　　　　　　B. 可任意支配收入

    C. 个人收入　　　　　　　　　　　　D. 人均国内生产总值

5. 威胁水平高而机会水平低的业务是（　　）。

    A. 理想业务　　　　B. 冒险业务　　　　C. 成熟业务　　　　D. 困难业务

6. 下列组织中，（　　）不是营销中介单位。

    A. 中间商　　　　　B. 供应商　　　　　C. 银行　　　　　　D. 保险公司

7. 当家庭收入达到一定水平时，随着收入增长，恩格尔系数将（　　）。

    A. 下降　　　　　　B. 增大　　　　　　C. 不变　　　　　　D. 上下波动

8. 大众、奔驰、丰田等汽车企业都在大力研发电动汽车，力争占领市场的主要份额。这个业务属于（　　）。

    A. 困难业务　　　　B. 成熟业务　　　　C. 冒险业务　　　　D. 理想业务

9. （　　）战略，应该降低威胁，克服劣势。

    A. SO 战略　　　　B. WO 战略　　　　C. ST 战略　　　　D. WT 战略

10. （　　）不是微观营销环境的构成部分。

    A. 竞争者　　　　　B. 社会公众　　　　C. 经济能力　　　　D. 顾客

二、多项选择题

1. 微观营销环境是指与企业紧密相连并直接影响企业营销能力的各种参与者，包括（　　）。

    A. 企业本身　　　　　　　　　　　　B. 市场营销渠道企业

    C. 顾客　　　　　　　　　　　　　　D. 竞争者

    E. 社会公众

2. 营销部门在制订和实施营销目标与计划时要（　　）。

    A. 注意考虑企业外部环境力量　　　　B. 注意考虑企业内部环境力量

    C. 争取得到高层管理部门的理解和支持　D. 争取得到政府的支持

    E. 争取得到其他职能部门的理解和支持

3. 市场营销环境（　　）。

    A. 是企业能够控制的因素　　　　　　B. 是企业不可控制的因素

    C. 可能形成机会也可能造成威胁　　　D. 是可以了解和预测的

    E. 通过企业的营销努力是可以在一定程度上去影响的

4. 营销中间商主要是协助企业促销、销售和经销其产品给最终购买者的机构，包括（　　）。

    A. 中间商　　　　　　　　　　　　　B. 实体分配公司

    C. 营销服务机构   D. 财务中介机构

    E. 证券交易机构

5. 以营利为目的的国内市场包括（   ）。

    A. 生产者市场   B. 消费者市场

    C. 中间商市场   D. 政府采购市场

    E. 非营利组织市场

6. 国内市场中，非营利组织市场包括（   ）。

    A. 生产者市场   B. 消费者市场

    C. 中间商市场   D. 政府采购市场

7. 下面属于营销环境的特点的是（   ）。

    A. 客观性   B. 多变性   C. 相关性   D. 差异性

8. 从消费需求的角度划分，企业的竞争者包括（   ）。

    A. 愿望竞争者   B. 属类竞争者

    C. 品牌竞争者   D. 选择性竞争者

    E. 产品形式竞争者

9. 营销环境影响企业的营销活动，可以分为（   ）。

    A. 直接环境   B. 经济环境

    C. 间接环境   D. 法律政治环境

10. 下面哪些属于 SWOT 分析中的企业的机会（   ）。

    A. 良好企业形象   B. 产品质量好

    C. 竞争不激烈   D. 产品符合消费者的需求

三、判断题

    1. 微观环境直接影响并制约企业的营销活动，多半与企业具有或多或少的经济联系，也称直接营销环境。   （   ）

    2. 宏观环境一般以微观环境为媒介影响并制约企业的营销活动，因而宏观环境也称为间接营销环境。   （   ）

    3. 市场营销环境是一个动态系统，每一个环境因素都随着社会经济的发展而不断变化。

                                                    （   ）

    4. 营销活动只能被动地受制于环境的影响，因而营销管理者在不利的营销环境面前可以说是无能为力。   （   ）

    5. 面对目前市场疲软、经济不景气的环境威胁，企业只能等待国家政策的支持和经济形势的好转。   （   ）

    6. 可任意支配收入，指从个人收入中减除缴纳税收和其他经常性转移支出后，所余下的实际收入。   （   ）

    7. 影响营销活动的宏观环境中，人口结构主要包括人口的年龄结构、性别结构、家庭结构等。   （   ）

    8. 愿望竞争者是满足同一愿望的不同的可替代产品的竞争者。   （   ）

9. 市场营销环境的特点是主观性、动态性、差异性等。　　　　　　　（　　）

10. 竞争者，也存在互相学习、互相促进的因素，在竞争中，有时也会采取联合行动，甚至成为合作者。　　　　　　　　　　　　　　　　　　　（　　）

四、案例分析题

食盐抢购潮

受日本大地震海水被核辐射污染传言的影响，从 2011 年 3 月 16 日开始，浙江、广东、上海、山东、江苏、湖北、四川等地出现了一波又一波食盐抢购潮，多数超市货架上的食盐已被抢购一空，有人甚至上百袋地采购，导致很多超市门口贴上了"本超市食盐已售完"的告示。

囤盐的原因，市民们众说纷纭，有的说："盐是海里提炼的，海水被污染的话，盐就危险了。"还有的说："对抗辐射要补碘，碘盐内含碘，跟碘片的作用差不多。"

为确保食盐市场稳定供应，中国盐业总公司向全国各省、自治区、直辖市及计划单列市发出紧急通知。通知称，各级盐业公司对此要高度重视，密切关注市场动态，立即启动市场应急工作机制，直至市场恢复平稳。同时，加强生产组织管理，立即部署各食盐定点生产企业及配送中心加紧生产，提高成品食盐产区库存，并做好销区紧急调拨准备。加强销区市场管理，加大成品盐调拨力度，充实各级库存。抢购期间，盐业公司要实行 24 小时配送服务，保证市场供应。已经发生抢购的地区，盐业公司要及时向当地政府汇报，争取支持，配合政府物价部门打击哄抬盐价、囤积居奇的行为，并通过媒体加强宣传引导，确保食盐市场稳定。此外，还实行日报制度。发生食盐抢购的省级盐业公司，每日中午 12 点前将前日市场动态报告中国盐业总公司，直至当地市场恢复平稳。

据了解，广东、浙江、江苏、安徽多地出现抢购食盐现象，一些商家趁机提价，各地盐务局迅即启动应急预案，有关业内专家称，中国食盐大部分是矿盐，矿盐资源充裕，供应不成问题。即使是海盐，亦远离日本，被污染的可能性很小。

（资料来源：邵蔚：《市场营销实务》，武汉理工大学出版社 2019 年版，第 34-35 页。）

分析：

通过该案例分析环境对市场营销的影响。

项目三

市场营销调研和预测

知识目标：

1. 准确理解营销信息和市场营销调研的内涵和方法。
2. 了解市场调查问卷的设计方法。
3. 掌握市场预测的内涵和方法。

能力目标：

1. 能合理设计调查问卷。
2. 能运用调研和预测的方法分析企业的市场营销活动。

任务一　市场调研

📖 案例先导

美国吉列公司如何"把刮胡刀卖给女士"

吉列（Gillette）是国际知名的剃须护理品牌，由"吉列之父"金·吉列创办于1901年。到1917年，吉列品牌在美国国内的市场占有率已达80%，奠定了其在刮胡刀领域的领导地位，其产品因使男人刮胡子变得方便、舒适、安全而大受欢迎。

进入20世纪70年代，吉列公司的销售额已达20亿美元，且逐渐进入国际市场，并迅速成长为国际知名品牌。吉列一直是世界剃刀和刀片领域的领先品牌，其在全球市场的占有率高达65%，处于绝对领先的地位。

然而，在吉列公司的成长历程中，把"刮胡刀"卖给不长胡子的女士，成了公司的经典之作。

在1974年，公司推出了面向妇女的专用"刮毛刀"。这一决策看似荒谬，却是建立在坚实可靠的基础之上的。

吉列公司花费了一年的时间进行了周密的市场调研，发现在美国30岁以上的妇女中，有65%的人为保持美好形象，要定期刮除腿毛和腋毛。这些妇女之中，除使用电动刮胡刀和脱毛剂之外，主要靠购买各种男用刮胡刀来满足此项需要，一年在这方面的花费高达7500万美元。相比之下，美国妇女一年花在眉笔和眼影上的钱仅有6300万美元，花在染发剂上的钱为5500万美元。毫无疑问，这是一个极有潜力的市场。

根据调研结果，吉列公司精心设计了新产品。它的刀头部分和男用刮胡刀并无两样，采用一次性使用的双层刀片，但是刀架则选用了色彩鲜艳的塑料，并将握柄改为弧形以利于妇女使用，握柄上还印压了一朵雏菊图案。这样一来，新产品立即显示了女性的特点。

为了使雏菊刮毛刀迅速占领市场，吉列公司还拟定几种不同的"定位观念"到消费者之中征求意见。这些定位观念包括：突出刮毛刀的"双刀刮毛"，突出其创造性的"完全适合女性需求"的特点，强调价格"不到50美分"以及表明产品使用安全、"不伤玉腿"等等。

最后，公司根据多数妇女的意见，选择了"不伤玉腿"作为推销时突出的重点，刊登广告进行刻意宣传。结果，雏菊刮毛刀一炮打响，迅速畅销全球。

（资料来源：邵尉：《市场营销实务》，武汉理工大学出版社2019年版，第59页。）

请思考：

这个案例给我们什么样的营销启示？

知 识 库

一、市场营销信息

营销大师菲利普·科特勒曾说过："要管理好一个企业，必须管理它的未来；而管理未来就是管理信息。"因此，从某种意义上说，市场经济就是信息经济，商品经济越发达，市场信息越重要，所以，现代营销学理论把市场营销信息、市场调研、市场预测作为企业掌握营销环境、分析市场的动向及供求发展趋势和相关联系的三大支柱。

（一）市场营销信息的概念

市场营销信息是指反映市场营销环境基本现状及发展变化情况的，具有新内容、新知识的各种数据、指令、消息和情报、资料的统称，也就是市场营销活动过程产生的信息。所有的市场营销活动、经营决策都是以信息为基础而展开的。与市场信息相比，市场营销信息具体到与营销相关的信息，如营销环境信息、营销战略信息、营销策略信息等。它主要包括产品、价格、营销人员、利润、消费者、竞争对手、市场行情、广告情况、促销效果、公共关系的社会效应等信息。

（二）市场营销信息的特征

1. 时效性

当前，由于市场瞬息万变，信息的有效性具有极强的时间要求。时间就是商机，信息一旦传递不及时，就很难被有效地利用。在竞争激烈之际，企业采取对策时如果稍微迟缓，就可能尽失先机，甚至遭遇灭顶之灾，由此可见，加强信息的收集，提高信息的加工效率，尽可能地压缩收集-使用的周期，对于最大限度地发挥营销信息的时效性来说是相当重要的。

2. 不确定性

市场营销信息随着市场的变化与发展处于不断的运动中，但这种周期性运动并非简单的重复，而必定是在新环境下的新过程。虽然新过程与原有的过程有着时间上的延续性，但绝不表明可以全部沿用原有的信息，企业营销部门必须不断地及时收集分析各种新信息，以掌握最新情况，研究问题，取得营销主动权。

3. 复杂性

市场的变化是复杂的，这是多种因素共同作用的结果，因此，市场营销信息往往只能反映相对的局部状况，要真实反映实际，往往需要将不同的营销信息进行整合，从而发现其中的相互关系，才能发现原委。

4. 多样性

企业营销活动会涉及方方面面，因而市场营销信息的来源也会是多样化的。这种多样化一方面使企业在进行决策时得到更多的支撑，另一方面也增加了企业对于营销信息处理的难度。

二、市场营销调研

（一）市场营销调研的含义

营销大师菲利普·科特勒认为：营销调研是系统地设计、收集、分析并报告与公司面临的特定市场营销状况有关的数据和调查结果。美国市场营销协会认为营销调研是指通过信息，即阐明特定市场机会和问题的信息，把市场营销者同消费者、顾客和社会结合起来。

我们一般认为：营销调研是指系统地、客观地收集、整理和分析市场营销活动的各种资料或数据。通过这一活动，来为企业管理者制订切实有效的营销方案。

（二）市场调研的类型

1. 探测性调研

探测性调研又称探索性调研，是企业在正式开展调查之前进行的初步的、具有试探性的非正式调查，如果企业对所调研的内容与性质不太明确，就有必要开展探测性调研。通过进行探测性调研，企业可搜集一些初步资料，以此来确定调研的方向与范围。因此，探测性调研是一个使调研问题由模糊趋于明朗化的过程，不需要制订严密的调研计划。

一般情况下，探测性调研常用于大规模的正式调查之前，有助于把大而模糊的问题转化为小而精确的子问题，以使问题更明确，使市场调研活动的针对性更强。探测性调研常用一些简单易行的调研方法来搜集信息，如二手资料调研、经验调查、小组座谈和选择性案例分析等。

2. 描述性调研

描述性调研是对市场不同方面的基本现状进行的调查研究，注重总体的描述性特征，其对资料数据的采集和记录着重于对客观事实的静态描述，侧重于回答"谁""是什么""什么时间""什么地点""为什么""怎么样"等问题。大多数市场营销调研都属于描述性调研。例如，一家商店从描述性调研中了解到，该店81%的顾客是年龄为23岁到45岁的女性，并经常带着家人、朋友一起购物，这种描述性调研提供了一个重要信息，它使商店直接面向女性开展促销活动。

描述性调研与探测性调研存在很大差异，后者比较灵活，而前者问题明确，比较呆板，要求明确陈述调研中的谁、什么、何时、何地、何种原因和何种方式六要素。

3. 因果性调研

因果性调研是指企业为了查明项目不同要素之间的关系以及导致一定现象的原因所进行的市场调查活动。该类调研活动注重关联性调查和原因探究，侧重于回答"为什么"的问题。

与描述性调研相比，因果性调研要在基本情况调研的基础上对其进行深层次的原因分析，找出引起某种现象或出现某种状况的根源，并分清主、客观原因或重、次要原因。

4. 预测性调研

预测性调研是指企业利用已有的市场经验和科学的预测方法和技术专门为预测未来一定时间内某个要素的变化及对企业市场营销活动的影响进行的市场调研，侧重于回答"将来怎么样"的问题。预测性调研是企业进行市场营销活动的前提和基础。准确的市场预测可以避免企业营销管理活动的盲目性，降低企业的经营风险，减少企业的损失。

（三）市场调研的方法

1. 定性调研法

定性调研法主要应用于探测性调研。定性调查的样本量一般有限，且规模较小，因此不能依据所得结果推断总体的数量特征，仅能对调查数据进行简单的频数分析或其他相关分析，而且分析的过程中会更多地涉及社会学、心理学等方面的理论和方法。

（1）焦点访谈法。焦点访谈法又称小组座谈法，是近几年来新发展的用来进行定性调查的重要手段，其具体做法是选取一组（8 到 12 人）具有代表性的消费者或客户，在一个装有单向镜或录音录像设备的房间里，由一位训练有素的主持人以一种无结构的、自然的方式，就某个专题与小组成员展开讨论，从而获得消费者或客户的消费需求、心理和行为等重要特征信息，为进一步的定量调查奠定基础。该方法的关键点在于主持人。在小组讨论的过程中，一旦话题脱离座谈会的主题，主持人就要及时介入，巧妙处理，以便将讨论话题转移到调研主题上。

（2）深度访谈法。深度访谈法又称无结构访谈法或自由访谈法，是一种无结构的、直接的、一对一的访问调查方式，该访谈法无须事先设计好问卷，也没有固定的程序，只需要一个明确的主题。在访问过程中，由掌握高级访谈技巧的调查人员对被调查人员进行深入的访问，以揭示其对某一问题的潜在动机、态度和情感。深度访谈法的优势是弹性大、灵活性强，有利于充分发挥访谈双方的主动性和创造性。但同时也存在耗时长、成本高、难以量化等局限性。

深度访谈法最常应用于探测性调查。目前，该访谈法在社会学研究领域中占据着重要地位，主要用于详细了解复杂行为、敏感话题或对企业高层、专家、政府官员的访问。

（3）德尔菲法。德尔菲法也称专家意见法，是由调查人员提前拟定调查表，并按照既定程序，采用匿名形式，通过函询或现场深度访问，反复征求专家（不超过 20 位）的意见，经过多次征询和客观分析，逐步使各种不同意见趋于集中的一种调查方法。一般要通过 3 到 4 轮征询，才能达到目的。该调查方法具有匿名性、多轮反馈、统计性等特征。

2. 定量调研法

定量调研法是对一定数量的、有代表性的消费者或客户进行封闭式（结构性的）访问，然后对所得数据进行计算机录入、整理和分析，并撰写报告的方法。它通常包括访问法、观察法和实验法等。

（1）访问法。访问法是指调查人员事先设计好调查问卷，通过各种方式促使被调查人员回答问卷所提出的问题，并据此收集所需信息的一种方法。它是市场调研中最常用、最基本的一种方法。有直接访问、电话访问、邮寄访问、网络访问等。

（2）观察法。观察法是调查人员亲临调查现场，凭借自己的眼睛或摄像录音器材，记录正在发生的市场行为或状况，以收集第一手市场信息的一种实地调查方法。观察通常是观察处于自然状态下的被调查人员，而且是在被调查人员毫不知情的情况下进行的，因此所获得的第一手资料是最接近平时状态的，真实性、准确性都较高。

（3）实验法。实验法又称实验调查法，是调查人员有目的、有意识地通过改变或控制一个或几个市场影响因素的实践活动，来观察分析市场现象在这些因素影响下的变动情况，以此认识市场现象的本质和发展变化规律的市场调查方法。它是因果关系调研中经常使用的一种行之有效的方法。

三、调研报告的撰写

调研报告是市场营销调研成果的集中体现，应该把整个研究过程、分析结构、结论和建议以书面报告的形式交给管理决策层和相关部门。

（一）调研报告的基本结构

调研报告通常由三部分组成，即前言部分、主体部分和结尾部分。

1. 前言部分

标题页：主要包括调研报告的题目、计划执行者或组织信息、报告提供对象的名称、报告公布日期。

授权书：专业委托的调研报告往往会有委托方写给被委托调研项目执行部门的授权书。

提交信：在较为正式的市场调研报告中，应该安排提交信，即报告撰写者以个人名义向报告提供对象个人写的一封信，主要是汇报调研情况和一般的调研结果。

目录：一般的调研报告都需要编写目录，有助于读者快速了解整个报告的知识框架。目录一般到二级目录即可，太详细反而会造成困扰。

概要：概要是报告的核心，是在完成书面调研报告主体部分的基础上对调研报告的高度概括和提炼，事实上，许多高层管理者通常先阅读报告的概要，才会决定是否继续读下去。

2. 主体部分

引言：调研报告的开头部分，包括市场调研的背景资料及相关信息，如企业市场环境存在的问题、研究目的等。

调研方法：主要是将本次调研运用的方法进行描述，以帮助阅读者更好地理解研究的可靠性。

调研过程：主要是描述调研设计的本质，抽样计划以及数据收集和分析的过程。

调研结果和局限性：针对调研课题、目标，依据研究人员设定的方案，对调研数据处理得到结果。事实上，由于受到客观条件、资源等的影响，所有的调研都很难做到十全十美，调研的局限性是客观存在的，只要予以适当说明，供决策者参考即可。

调研结论和建议：结论是指对调研结果的意见，而建议是提议应采取的相应行动，这是研究者对调研结果的主动认知。需要指出的是，结论无论好坏都应该是客观的、真实的，而建议首先应当是符合实际的、可操作的。

3. 结尾部分

结束语：简单总结整个研究。

附录：一般包括信息资料来源、调研提纲、调研问卷成量表、数据计算公式、统计表、专业技术资料、参考文献、观察记录表、名次、注释等。

由于调研报告的大小、形式、委托等具体情况的不同，各部分的具体组成内容可能会有所差异。

（二）撰写调研报告的注意事项

1. 客观公正

市场调研的目的是反映事实的真相，所以调研结果无论是否符合企业的预想，首先要做到的就是以调研资料为基础，真实、客观地反映实际情况，不能为了迎合企业而隐瞒事实，更不能主观修改与臆断，只要调研的方案设计合理且过程严谨，至于企业是否接受调研结果与建议，属于企业决策层面的行为。

2. 有针对性

调研报告的阅读对象不同，对调研报告的形式和内容的要求也就不同。市场调研报告要使用清楚明白、富有说服力的文字。既要考虑阅读者可能在什么环境下阅读报告，又知晓阅读者会如何使用这个报告。撰写调研报告之前，要先考虑读者的主张和经验。有时候，撰写者必须适应几种不同技术水平和对项目有不同兴趣的读者，可将报告分成几个不同的部分或干脆完全针对不同对象分别撰写整个报告。

3. 注重质量

调研报告应当强调专业化、质量化，而非一定要追求长篇大论。只要能将事实描述清楚、得出的结论合理、提出的建议有依据、能反映研究的过程是可靠的即可，有的调研报告一味追求篇幅，反而影响了报告的质量。

🏠 训练营

训练任务：选择一种感兴趣的产品设计一份调查问卷。

训练目的：掌握设计调研问卷的方法。

训练步骤：

1. 分组收集资料，选择自己感兴趣的产品。

2. 设计调查问卷的题目。

3. 选择一名代表上台进行汇报。

4. 教师进行点评并总结。

表3-1 训练成绩考核表

训练评估指标	训练评估标准	分项成绩
调研准备 20%	1. 调研准确全面 10% 2. 调研资料收集全面 10%	
问卷设计 40%	1. 简明清晰 20% 2. 设计美观、重点突出 20%	
报告陈述 40%	1. 语言表达流畅 10% 2. 陈述准确、层次清晰 20% 3. 重点突出 10%	
总成绩 100%		

超链接

调查问卷的设计

1. 问卷的类型

开放性问卷是指所提出的问题并不列出所有可能的答案，而是由被调查人员自由作答的问卷。开放性问卷一般提问比较简单，被调查人员的回答比较真实，但结果难以做定量分析，在对其做定量分析时，通常将回答进行分类。

封闭性问卷是指已事先设计好各种可能答案的问题，被调查人员只要或只能从中选定一个或几个现成答案的提问方式。封闭性问卷的缺点是被调查人员只能在规定的范围内被迫回答，无法反映其他相关的真实想法；优点是回答方便，易于进行各种统计、处理和分析。

2. 问卷的格式

（1）标题，它主要是用来概括说明本次调查的研究主题，使被调查人员对所要回答的问题有个大致的了解，标题应该尽可能地简明扼要、一目了然，最好能够激发被调查人员的兴趣和责任感。

（2）说明词，主要是用来说明调查的目的、需要了解的问题及调查结果的用途等。有些问卷还要有问候语，以引起被调查人员的重视，同时还要向被调查人员介绍调查组织单位、请求被调查人员合作、向被调查人员表示感谢等，用词必须礼貌、热情、诚恳；内容主要是简要介绍调查的目的，须了解的问题及调查结果的用途等；还须对涉及被调查人员的隐私信息或商业机密做保密承诺，以争取被调查人员的积极参与。

（3）填表说明，主要是用来规范和帮助被调查人员准确回答问卷问题，填表说明可以集中放问卷前面，也可以分散到各有关问题之前。尤其对自填式问卷，填表说明一定要详细清楚而且位置要醒目。填表说明的语言表述要求通俗易懂，忌用生僻的、过于专业的词语或语句。

（4）正文，是问卷的核心部分。它主要是以提问的方式提供给被调查人员，让被调查人员进行选择和回答。正文设计的好坏关系到整个问卷的成败，也关系到调查人员能否很好地完成信息收集、实现调查目标。市场调查问卷正文部分的设计须遵守目的性原则、可接受原则、顺序性原则、逻辑性原则、简明性原则和匹配性原则。

3. 提问的技巧

（1）避免一句多问现象

×您为何不看电影而看电视？　　　　　　√您为何不看电影？

（2）避免做出假设前提

×您一天抽多少支烟？　　　　　　　　　√您抽烟吗

（3）避免使用专业词汇

×您理发的频率如何？　　　　　　　　　√您多长时间剪一次头发？

（4）避免提一般性问题

×您对百货商场的印象如何？　　　　　　√您认为百货商场的营业时间是否合适？

（5）避免使用不确切的词语

×您是否经常购买洗发液？　　　　　　　√您上月共购买了几次洗发液？

（6）避免提诱导性问题

×人们都说A牌比B牌好，您是否也这样认为？　　√您认为A牌和B牌哪个好？

（7）避免过多的计算

×您家每人平均每年的食品支出是多少？　　√您家每月食品支出大概是多少？

（8）避免提时间久远的问题

×您去年家庭生活的费用支出是多少？　　　√您上月生活费用支出是多少？

（9）避免直问敏感性话题

×您有痔疮吗？　　　　　　　　　　√许多人都患有痔疮，您有这方面的烦恼吗？

南京市场关于南瓜子的调查问卷

您好！我们是某瓜子品牌的调研人员，为了更真实、更细致地了解广大消费者对南瓜子的看法和要求，我们正在进行一项关于南瓜子的调查。为了获得一份真实的资料，进一步满足消费者对南瓜子的需求，请务必如实作答！非常感谢您的配合！

1. 您的性别是？

A. 男　　　　　B. 女

2. 您的月收入是？

A. 1000元以下　　　B. 1000～2000元　　　C. 2000～3000元　　　D. 3000元以上

最后，再一次真诚地感谢您的密切配合，谢谢！

任务二　市场预测

案例先导

童装厂的难题

　　某家阳光童装厂近几年风生水起，生产、销售量连年稳定上涨。但是该厂张厂长这几天却在为产品推销、资金周转不灵而苦恼。原来，今年年初该厂设计了一批新童装，有男女童各种各样的款式。借鉴成人服装的银、拼、滚、切等工艺，在色彩和式样上体现了儿童的特点，活泼、精致、漂亮。由于工艺比原来复杂，成本较高，比普通童装高出了80%以上，如一件女童上衣的售价在260元左右。为了摸清这批新产品的市场吸引力如何，在春节前夕该厂与某百货商店联合举办了"新颖童装迎春展销"。小批量投放市场十分成功，柜台边消费者拥挤，购买踊跃，一片赞美之声，许多商家主动上门订货。连续几天亲临柜台观察消费者反应的张厂长，看在眼里，喜在心上，不由得想到："现在每个家庭都只有1~2个孩子，为了能把孩子打扮得漂漂亮亮的，谁不舍得花些钱？只要货色好，价格高些看来没问题。"于是李厂长决定趁热打铁，尽快组织该厂批量生产，及时抢占市场。

　　为了确定计划生产量，以便安排以后每月的生产，张厂长根据以往的月销售统计数，运用加权移动平均法，计算出以后每月的预测数。考虑到这次展销会的热销场面，他决定将生产能力的70%用于新品种，30%用于老品种。2月份的产品很快就被订购完了。但是，现在已是4月初了，3月份的产品还没有落实销路。李厂长询问了几家老客户，他们反映有难处，原以为新童装十分好销，谁知2月份订购的那批货，卖了一个多月还未卖出三分之一，他们现在既没有能力也不愿意继续订购这类童装了。对市场上出现的近一百八十度的需求变化，张厂长感到十分纳闷，他不明白，这些新童装都经过试销，自己亲自参加市场调查和预测，为什么会事与愿违呢？

　　（资料来源：杨芳玲，《市场营销原理与实务》，中国传媒大学出版社2017年版，第61~62页。）

请思考：

为什么会出现这种事与愿违情况呢？

知 识 库

一、市场预测的概念

　　预测是依据客观事物的发展变化规律，对特定对象的发展趋势或状态做出的科学的判断和估计，它根据过去和现在推测、预见未来，由已知测算未知。

市场预测是指在市场调研的基础上，运用科学的方法对影响市场供求变化的诸因素进行调查研究，分析和预见市场的发展趋势，掌握市场供求变化的规律，为企业的经营决策提供可靠的依据。

通过市场预测，预见市场未来的发展趋势，可为企业确定生产经营方向，也可为企业制订生产经营的发展计划提供依据；可了解消费者的消费心理变化、购买力变化、具体商品需求变化的趋势等，使企业根据自身条件，分析优势与差距，寻求可行的解决方案，弄清竞争对手的情况，制定对应策略，取得成功；也可使企业了解与其有关的各项市场环境的变化，有针对性地制定适当的应对措施和环境策略，确保企业生产经营的顺利进行。

二、市场预测的内容

市场预测的内容相当广泛，从不同方面、不同角度进行预测，包含的内容会有所不同。从销售预测这个角度出发，市场预测的主要内容有以下几个方面：

1. 市场需求预测

重点从市场潜力、销售前景入手进行预测，公司必须全面调研市场产品销售潜力，从政治、人口、文化、消费习惯、销售渠道特点、品牌基础等方面预测产品的销售前景。

2. 市场购买力预测

重点预测当地现有的经济水平和购买力水平、潜在的购买力水平及消费结构情况，及时了解政府各项政策因素对购买力的影响，增强预测的前瞻性、准确性。

3. 新产品开发预测

将"4C"消费者需要研究结合公司现状预测新产品的开发方向、结构变化，并注重对竞争对手产品的分析，及时开发市场竞争需要的产品，保证公司建立具有综合竞争力的产品线。

4. 产品资源预测

预测产品供应市场的可能来源及供应量，是否能够保证新产品投入市场后的上游原料供应，是否能够创建收编上游原料供应链，保证竞争优势，同时也要考虑竞争产品也有资源需求的竞争因素。

5. 产品库存预测

预测产品库存情况，充分了解经销商、批发商等的库存，建立淡、旺季安全库存，以此为依据建立自有的各时期安全库存，同时要结合生产能力并考虑竞争因素，对于特殊市场行情，要及时调整库存数量。

6. 产品生命周期预测

预测产品市场发展水平处在产品生命周期的何种阶段，并针对产品处在导入期、成长期、成熟期、衰退期不同的生命周期阶段，制定不同的应对方法，保证充分完成公司的产品销售任务。

7. 市场占有率预测

预测上市销售产品在市场上占有的比重、变化情况和发展趋势。这是某些公司规定的与销售任务同等重要的指标，决定产品在市场的地位，体现公司持续发展力、竞争力，对于整体产品线的综合开发也有着重要作用。

8. 营销效果预测

对产品各个时期的营销效果进行预测，保证公司追求的品牌、利润、销量等各项目标顺利实现。

9. 产品价格变动趋势预测

产品价格变动趋势预测主要是对产品价格涨落及其发展趋势进行预测。一般可以通过两种途径来进行：一种是根据产品成本构成因素及其变化趋势预测价格的变动趋势；另一种是根据供求关系对价格的影响预测价格的变动趋势。

三、市场预测的步骤

（1）确定预测目标。市场预测首先要确定预测目标，明确目标之后，才能根据预测的目标去选择预测的方法、决定收集资料的范围与内容。

（2）选择预测方法。预测的方法很多，各种方法都有其优点和缺点，有各自的适用场合。因此，必须在预测开始根据预测的目标和目的，根据企业的人力、物力、财力和企业可以获得的资料，确定预测的方法。

（3）收集市场资料。按照预测方法的不同确定要收集的资料。

（4）进行预测。

（5）预测结果评价。预测结果得出来后，还要通过对预测数字与实际数字的差距进行分析比较以及对预测模型进行理论分析，对预测结果的准确和可靠程度做出评价。

（6）预测结果报告。包括点值预测和区间预测。点值预测的结果是一个数值，区间预测不是给出一个具体数值，而是给出预测值的一个可能的区间范围和预测结果的可靠程度。

四、市场预测的方法

市场预测的方法，归纳起来分为两大类：定性预测法和定量预测法。

（一）定性预测法

定性预测法又称经验预测法。它是指由一些熟悉业务知识、经验丰富并具有综合分析判断能力的人员，根据已经掌握的历史资料和现实情报，运用自己的知识经验和判断分析作为判断的辅助手段。这种方法成本低、费时少，但受到预测者的主观因素影响大，较难提供准确数据作为依据的预测值。在数据资料较少或不准的情况下，多采用此法，下面对常用的几种定性预测法做个介绍。

1. 领导人员判断法

它是指由企业负责市场营销工作的经理，召集有关营销人员共同进行分析，经过充分讨论，广泛交换意见，然后从多种意见或方案中，由领导者选择一个或几个较理想的方案来进行预测。

2. 营销人员估计法

它是指由专业营销人员通过会议或书面的形式，对某一种商品的市场需求趋势做出个人的估计，再用加权平均的方法计算出预测结果。一般地，将每个人的估计值汇总整理，分为最乐观估计值、最悲观估计值和最客观估计值三类，并计算各类数值的平均数，再用加权平均公式计算出预测值。加权平均公式为：

$$预测值 = \frac{\alpha_1 \times 最乐观估计值 + \alpha_2 \times 最客观估计量 + \alpha_3 \times 最悲观估计值}{\alpha_1 + \alpha_2 + \alpha_3}$$

式中：α_1、α_2、α_3 均为权数。

3. 专家意见法

（1）专家会议法。它是根据预测的目的和要求，邀请有关的专家（如产品设计、产品推销、经济管理专家），就产品本身情况、市场动态、产品适用情况等技术、经济问题，通过会议讨论、分析，做出判断，综合专家意见，最后做出预测结论。

（2）专家函询法。专家函询法又称德尔菲法。它是针对要预测的目标问题，请有关专家进行背靠背的函询预测。若第一轮预测的结果差异较大，则将各专家预测的意见进行综合并以不记名的形式反馈给各专家，进行第二轮预测，不断反复，直到各位专家的预测意见接近一致为止，将此意见作为预测结果，可避免专家会议法的缺点。

（二）定量预测法

定量预测法主要是利用相关资料和统计数据，运用数学方法估计和计算未来变化趋势，从而确定预测值。

1. 简单平均法

它是以历史数据为依据，使用统计中的简单平均数的方法进行预测的方法。

$$x = \frac{x_1 + x_2 + x_3 + \cdots x_n}{n}$$

式中：x 表示预测的平均值，x_1，x_2，$\cdots$，x_n 表示各个历史时期的实际值，n 表示时期数。

2. 加权平均法

用加权平均法就是在计算平均数时，使用一个权数来计算。

$$\bar{x} = \sum_{i=1}^{n} f_i x_i \bigg/ \sum_{i=1}^{n} f_i$$

式中：f 表示权数。权数的选择是一个比较重要的因素，一般情况下，近期的权数比较大，远期的权数比较小。

3. 趋势平均法

趋势平均法是假设未来时期的销售量是与其相近时期的销售量的直接延伸，与较远时期的销售量关系较小，同时为了尽可能减少偶然因素的影响，可用最近若干时期的平均值作为预测期的预测值的基础。

假设某企业 2020 年 1 月到 12 月的销售额如表 3-2 所示。

表 3-2　某企业 2020 年 1—12 月销售额　　　　　　　　单位：元

2020 年月份	销售额	五期平均数	变动趋势	三期平均数
1	33 000			
2	34 000			
3	37 000	35 800		
4	34 000	38 000	2 200	
5	41 000	41 200	3 200	2 400
6	44 000	43 000	1 800	2 533
7	50 000	45 600	2 600	2 200
8	46 000	47 800	2 200	1 667
9	47 000	48 000	200	1 133
10	52 000	49 000	1000	
11	45 000			
12	55 000			

上表中五期平均数的计算方法如下：

$$（33\ 000+34\ 000+37\ 000+34\ 000+41\ 000）／5=35\ 800$$

其余数字依此类推。上表中变动趋势的计算方法如下：

$$38\ 000-35\ 800=2\ 200$$

其余数字依此类推。上表中三期平均数的计算方法如下：

$$（2\ 200+3\ 200+1\ 800）／3=2\ 400$$

其余数字依此类推。

假设该企业在 2021 年 1 月份预测其销售额的情况，根据上表的结果，最接近 1 月份的五期平均值是 9 月份计算的平均销售额 48 000 元，2020 年 9 月份与 2021 年 1 月份距离 4 个月，其对应的三期平均增长率是 1 133 元。因此，该企业 2021 年 1 月份的预计销售额为：

$$48\ 000+4×1\ 133=52\ 532\ 元$$

🏠 训练营

训练任务：选择一种感兴趣的产品进行调查和市场预测。

训练目的：掌握市场预测的方法。

训练步骤：

1. 分组收集资料，选择自己感兴趣的产品。

2. 确定市场预测的方法。

3. 选择一名代表上台进行汇报。

4. 教师进行点评并总结。

表 3-3　训练成绩考核表

训练评估指标	训练评估标准	分项成绩
预测准备 20%	1. 预测准确全面 10% 2. 资料收集全面 10%	
市场预测情况 40%	1. 简明清晰 20% 2. 预测重点突出 20%	
报告陈述 40%	1. 语言表达流畅 10% 2. 陈述准确、层次清晰 20% 3. 重点突出 10%	
总成绩 100%		

超链接

市场预测的类型

依据不同的标准，市场预测可以分为很多类型。

1. 依据预测时间分类

按市场预测时间的长短，可将市场预测分为短期市场预测、近期市场预测、中期市场预测和长期市场预测。

短期市场预测是指根据市场需求变化的现实情况，以旬、周为时间单位，预测一个季度内的需求量或销售量。

近期市场预测是指根据历史资料和市场变化，以月为时间单位，测算出年度的市场需求量。

中期市场预测是指 3 到 5 年的预测，一般是对经济、技术、政治、社会等影响市场长期发展的因素经过深入调查分析后，所做出的对未来市场发展趋势的预测，为编制 3 到 5 年的市场营销计划提供科学依据。

长期市场预测是指 5 年以上的预测，是为制订经济发展的长期规划预测市场发展趋势，为综合平衡、统筹安排的长期产供销比例提供依据。

2. 依据预测的空间范围分类

按市场预测空间范围的大小，可将市场预测分为宏观市场预测、中观市场预测和微观市场预测。

宏观市场预测是指把整个行业的发展情况作为研究对象，研究企业生产经营过程中的相关宏观环境因素。它主要研究总量指标、相对数指标及平均数指标之间的联系与发展变化趋势。宏观市场预测对企业确定发展方向和制定营销战略具有重要的指导意义。宏观市场预测是微观市场预测的综合与扩大。

中观市场预测是指地区性市场预测，涉及国民经济各行业的市场预测。从空间范围来看，它是以省、市、自治区或经济区为主体的市场预测。

微观市场预测是指以企业某一产品的市场需求量、销售量、市场占有率、价格变动趋势、成本与效益指标等为主要研究目标，同时与其他相关经济指标的预测密不可分的一种预测方法。微观市场预测是宏观市场预测的基础和前提。

3. 依据预测方法分类

按市场预测的方法，可将市场预测分为定性市场预测和定量市场预测。

定性市场预测是依据预测者掌握的实际情况、实践经验、专业水平以及对经济发展前景的性质、方向的把握和对各种资料的综合分析，来预测市场未来的变化趋势。

定量市场预测是指使用历史数据或因素变量来预测需求的数学模型，并根据已掌握的比较完备的历史统计数据，运用一定的数学方法进行科学的加工、整理，借以揭示有关变量间的规律性联系，用于预测市场的发展变化情况。

课后练习

一、单项选择题

1. 对于企业来讲，要消耗大量人力、物力和财力，不符合经济效益的要求的调查形式是（　　）。
   A. 随机抽样　　　　B. 非随机抽样　　　C. 典型调查　　　　D. 市场普查

2. 企业在情况不明时，为找出问题的症结，明确进一步调研的内容和重点，通常要进行（　　）。
   A. 探测性调研　　　B. 描述性调研　　　C. 因果关系调研　　D. 临时性调研

3. 市场营销调研分为探测性调研、描述性调研和因果关系调研，其划分的标准（　　）。
   A. 调研时间　　　　B. 调研范畴　　　　C. 调研内容　　　　D. 调研目的

4. 市场调查首先要解决的问题是（　　）。
   A. 确定调查方式
   B. 选定调查对象
   C. 明确调查目的
   D. 解决调查问题

5. 收集第一手资料的主要工具是（　　）。
   A. 计算机　　　　　B. 乱数表　　　　　C. 调查表　　　　　D. 统计年鉴

6. 下列哪项不属于常用的市场调查方式（　　）。
   A. 市场普查
   B. 市场重点调查
   C. 市场占有率调查
   D. 市场个案调查

7. 假如现在要调查某校在校大学生上网情况，最合适的抽样框是（　　）。
   A. 某系大学生花名册
   B. 该校所在城市所有高校名册
   C. 该校全体大学生花名册
   D. 某专业学生花名册

8. 可以获得完整、系统的信息资料的调查方法是（　　）。
   A. 市场普查
   B. 抽样调查
   C. 经常性市场调查
   D. 定期调查

9. 随机抽样最主要的特点是抽取样本时必须遵循（　　　）。

　　A. 系统原则　　　　B. 随机原则　　　　C. 互斥原则　　　　D. 可比原则

10. 下面哪个不是定性调研方法（　　　）。

　　A. 焦点访谈法　　　B. 深度访谈法　　　C. 德尔菲法　　　　D. 访问法

二、多项选择题

1. 收集资料的方式有（　　　）。

　　A. 访谈　　　　　　B. 电话访问　　　　C. 问卷调查　　　　D. 主题小组讨论

2. 德尔菲法具有不同于其他定性预测法的显著特点，如（　　　）。

　　A. 专家匿名　　　　B. 信息反馈　　　　C. 收敛量化　　　　D. 理解信息

3. 市场调查中，通常不用普查的方法而用抽样调查的方法，这是由于（　　　）。

　　A. 情况复杂　　　　B. 把握不住　　　　C. 预算太大　　　　D. 方法复杂

4. 进行市场调查可以采取的形式有（　　　）。

　　A. 市场普查　　　　B. 随机抽查　　　　C. 概率抽查　　　　D. 抽样调查

　　E. 重点调查

5. 抽样调查的主要优势表现在（　　　）。

　　A. 工作量小　　　　　　　　　　　B. 容易确定样本数量

　　C. 调查费用低　　　　　　　　　　D. 时间短

　　E. 准确性高

6. 从市场调查的实际工作来看，抽样的方法很多，归纳起来有（　　　）。

　　A. 抽样调查　　　　B. 非抽样调查　　　C. 随机调查　　　　D. 非随机调查

　　E. 概率抽样

7. 在实地调查过程中，收集资料通常采用的方法是（　　　）。

　　A. 固定资本连续调查　　　　　　　B. 观察法

　　C. 抽样调查　　　　　　　　　　　D. 实验法

　　E. 询问调查

8. 市场文案调查基础信息的主要资料有（　　　）。

　　A. 统计年鉴　　　　B. 消费研究　　　　C. 调查问卷　　　　D. 人口规模

9. 下面哪些属于定量调查法（　　　）。

　　A. 访问法　　　　　B. 观察法　　　　　C. 实验法　　　　　D. 焦点访谈法

10. 市场预测的内容有（　　　）。

　　A. 市场需求预测　　　　　　　　　B. 产品资源预测

　　C. 购买力预测　　　　　　　　　　D. 新产品开发预测

三、判断题

　　1. 市场需求预测即是凭借预测者的经验和感觉对未来市场需求量的猜想。　　（　　）

　　2. 信息在通过人际渠道的传递过程中，可能会使接收者接收的信息与信息源发出的信息有很大差异，即信息传递过程发生了失真现象。　　（　　）

3. 抽样调查在人力、物力、财力方面开支较大，所需的时间较长。（　　）

4. 探测性调研一般要进行实地调查，收集第一手资料。（　　）

5. 德尔菲法的特点是专家互不见面，以避免相互影响，且反复征询、归纳、修改，意见趋于一致，结论比较切合实际。（　　）

6. 现代营销学理论把营销信息、市场调研和市场预测作为企业掌握营销环境、分析市场的动向和供求发展趋势和相关联系的三大支柱。（　　）

7. 定量预测法主要是利用相关资料和统计数据，运用数学方法估计和计算未来变化趋势，从而确定预测值。（　　）

8. 按市场预测时间，可将市场预测分为宏观市场预测、中观市场预测和微观市场预测。（　　）

9. 描述性调研常用一些简单易行的调研方法来搜集信息。（　　）

10. 营销调研是指系统地、客观地收集、整理和分析市场营销活动的各种资料或数据。通过这一活动，来为企业管理者制订切实有效的营销方案。（　　）

四、案例分析题

某公司的市场调研

某公司想了解一下其产品的需求情况，为此相关人员组织了一次市场调研活动。按照调研计划，该公司首先进行了一次问卷调查，他们选取了北京、上海和广州三个城市作为代表城市，在这三个城市中随机发放问卷，他们向消费者所提供的问卷中，问答项目达几百个，而且十分具体，该调查所获得的数据被存入计算机，以进行详细的分析。

此外，该公司为了改进其刚刚研制成功的产品，还邀请消费者担当"商品顾问"，让他们试用这种新的产品，然后"鸡蛋里挑骨头"，从他们那里搜集各种改进的意见。该公司担心"商品顾问"有时也会提供不真实的信息，因此，研究所的市场调查人员经常亲自逛市场，"偷听"消费者购买时的对话，或者干脆装扮成消费者，四处探听店员和顾客对产品的意见。他们的目的只有一个，就是一定要获得真正准确的信息，而不是虚假的赞美。在亲自获取信息的同时，该公司还把其他部门所提供的市场分析进行加工和整理，来补充市场调查所获取信息的不足，这些从公开出版物、报纸、杂志、政府和有关行业获取的统计资料，为该公司了解整个市场的宏观信息提供了帮助。

来自消费者的信息成千上万，如何分析研究，取其精华，该公司有其独特的方法。他们把所有信息分为两类：一类是期望值高的信息，即希望商品达到某种程度，或希望出现某种新产品；另一类是具体的改进建议。该公司十分重视前者，这类信息虽然没有具体意见，甚至很模糊，却反映了消费者的期望，是新产品开发的重要启示，而具体的改进意见一旦和高期望值信息结合起来，则能起到锦上添花的作用。

（资料来源：邵尉，《市场营销实务》，武汉理工大学出版社 2019 年版，第 58 页。）

分析：

市场调查的方法有哪些？该公司在获取市场信息的时候都使用了哪些方法？

项目四

购买行为分析

学习目标

知识目标：

1. 准确了解消费者购买行为特点和影响消费者购买行为的因素。
2. 了解消费者购买行为的类型。
3. 了解组织市场购买行为的相关概念。

能力目标：

1. 能根据消费者的购买心理设计相应的营销对策。
2. 能根据组织市场的购买行为设计相应的营销对策。

任务一　消费者购买行为

案例先导

最贵的不一定是最好的

有位中国台湾顾客讲述了他的一段买茶经历。

日前我到台北市武昌街一家著名老茶庄买茶叶，虽然我喝茶已有十几年的历史，其实对茶叶的鉴别并不在行。唯一的概念就是"越贵的一定越好"。一进店内，就对店东说："老板，买斤茶叶，要最贵的。"店东望了一望我说："最贵的不一定是最好的，我倒三杯请您尝尝。"说完，他倒三杯不同的茶请我品尝。然后问我哪一种最合意。结果我告诉他中间的那一杯最香口。于是我买了中间那一种清茶，1斤1600台币。

店东在结账时告诉我："贵，并不一定是最好的，我店中的清茶最贵的是1斤2000台币，也就是您品尝的第一杯。茶的好坏要由顾客自己去决定，您认为最合口味，那就是最好的，哪怕1斤只卖500台币。"

（资料来源：张建华，《市场营销》，高等教育出版社2016年版，第56页。）

请思考：

你怎么看"最贵的不一定是最好的"？

知 识 库

一、消费者市场及其特点

1. 消费者市场的概念

消费者市场是指为满足个人或家庭生活消费需要而购买商品、服务、劳务的市场。现代营销的口号是"顾客至上""顾客就是上帝"，这表明无论是生产企业还是商业、服务企业，也无论是否直接为消费者服务，都必须研究消费者市场。因为只有消费者市场才是商品的最终归宿。虽然其他市场，如生产者市场、中间商市场等购买数量也很大，常常超过消费者市场的购买额，但其最终服务对象还是消费者，仍然要以消费者的需要和偏好为转移。从来不与消费者直接交易的企业，如制造厂商、批发商等，也必须研究消费者市场。人们对面包的需求，带动了相关农业和轻工业的发展；人们对茶叶的需求，带动了相关农业和茶厂的发展。从这个角度来说，消费者市场应该是一切市场的基础，企业只有不断生产适合消费者需求的各种产品，真正满足人们的生活需要，才能在激烈的市场竞争中立于不败之地。

2. 消费者市场购买行为的主要特点

（1）消费者市场的购买具有多样性。

（2）从交易的规模和方式看，消费者市场的购买人数多，市场分散，差异性大，交易频繁，但每次交易数量不大。

（3）消费者的购买具有较大程度的可诱导性，受企业产品及广告宣传影响较大。

由于消费者很难掌握各种商品知识，属于非专家购买，他们在购买许多具有时代特点的商品，特别是复杂的耐用消费品或新产品时，更需要卖方的宣传、介绍和帮助，因此也更容易受卖方促销活动或社会潮流的影响而改变主意。

（4）消费者的购买具有发展性。

随着社会的发展和人民消费水平、生活质量的提高，消费需求也在不断向前推进，过去只要能买到商品就行了，现在追求名牌；过去不敢问津的高档商品如汽车等，现在成了大众消费品；过去自己承担的劳务现在由劳务从业人员承担；等等。这种新的需要不断产生，而且是永无止境的，使消费者购买具有发展性特点。

认清消费者购买特点的意义是十分重大的，它有助于企业根据消费者购买特征来制定营销策略，规划企业经营活动，为市场提供消费者满意的商品或劳务，更好地开展市场营销活动。

二、影响消费者购买的主要因素

（一）文化因素

文化主要包括教育程度、生活方式或共同的信仰、行为规范、风俗习惯等。任何人都在一定的社会文化环境中生活，不同社会文化环境的人们，有着不同的价值观念和行为，这些都是影响消费者购买行为的因素。如中国人过年贴春联、办年货，中秋节买月饼，端午节买粽子，这些都反映了文化因素对消费者的影响。

社会阶层对消费行为也有着重要的影响。所谓社会阶层是指有相似社会地位、学历水平、收入水平、价值观念和生活方式的人们组成的群体。处于同一阶层的人有着相似的消费需求，处于不同的社会阶层的人有着不同的表现。比如农村老大爷一般不会穿西装，女教师在课堂上不会穿得像影视明星那样开放。

（二）社会因素

消费者受社会因素的影响比较广，包括相关群体、社会角色与地位等。

1. 相关群体

相关群体又叫参照群体，是指能够直接或间接影响消费者的消费态度、价值观念和购买行为的个人或组织。它包括：首要群体、次要群体和向往群体。首要群体是指消费者的家人、亲戚、朋友等。次要群体是指一些引导消费、监督市场的一些组织，如技术监督部门、地方媒体等。向往群体是指影视明星，他们的生活习惯会对其"粉丝"产生影响。

一位时尚的女士过年回老家看父母，特意穿了一件乞丐服，老家嫂子看到了问她是不是在城里混不下去了，没钱买新衣服穿。她很无奈，从此之后再也不穿乞丐服了。在夏天到来之时，某地联合执法、质检、工商等多部门对全市所有游泳池（馆）进行检查，将不合格单位通过当地晚报予以曝光。这一做法对游泳爱好者肯定有影响。以上两例都反映了相关群体对消费者的影响。

2. 社会角色与地位

一个人在一生中要扮演多个角色。比如，从家庭角度讲，小的时候，他是爸妈的儿子，是爷爷、奶奶、外公、外婆的孙子、外孙，生活中处处受到大人的呵护，衣食无愁，在"蜜罐"中慢慢长大。结婚后他有了自己的孩子，既要孝敬老人，又要照顾孩子，生活的重担加大。年老后他有了孙子、外孙，享受天伦之乐，但明显感到身体大不如从前，医疗开支加大。从社会角度讲，小的时候有小伙伴可一起玩耍和学习，长大后有了同事、上司和朋友，要疲于应付各种人际关系。

（三）个人因素

消费者购买行为会受个人特点的影响，特别是受其年龄、性别、职业、经济状况、生活方式、个性以及自我观念的影响。分析这些因素，对于更好地预测消费者购买行为趋向会有很大帮助。

（四）经济因素

主要是指消费者欲以尽可能少的支出（包括货币或信用）获取最大的商品效用。其中主要包括两个方面：一是追求物美价廉的商品。消费者在购买商品时，主要考虑的是自己的收入、商品的功能和商品的价格。在个人收入、商品功能一定的条件下，商品的价格是推动消费者购买行为的动力。二是追求商品的最大效用。作为为个人和家庭消费而购买的购买者，在通常的情况下，他们不可能将其所有的收入花费在同一种商品上，因为这不仅不必要，而且从西方经济学十分强调的边际效益对消费者购买行为的影响因素来看，消费者对同种产品的需要程度会随着数量的增多而降低，在同一时间里同一种产品只有第一件对消费者最具价值、需要最为迫切，消费者会用自己有限的收入去购买他更需要的其他商品。

（五）心理因素

一个人的购买选择还受到动机、知觉、学习等心理因素的影响。

1. 动机

人们的行为均出自一定的动机，而动机则是由需要引起的。当人们的某种需要尚未得到满足，受到一定条件的刺激就会产生某种动机，从而诱发特定的行为。心理学家已经提出了各种人类动机理论，在消费者购买行为分析中应用最多的还是美国心理学家亚伯拉罕·马斯洛于1954年发表的《动机与人》一书中提出的需要层次理论。他认为，人的需要包括：生理需要、安全需要、社交需要、尊重需要和自我实现需要。其中，前两个基本属于物质方面的需要，后三个基本属于精神方面的需要。他认为只有低层次需要得到满足，才会向往高层次需要，但有时也有颠倒现象。他在 1970 年晚年时又提出两个需要，理论界认为，仍应从属于前面五个需要。

（1）生理需要。指为了生存面对必不可少的基本生活条件产生的需要。如饿了要吃饭，渴了要喝水，疲劳了要休息。

（2）安全需要。指维护人身安全与健康的需要。如为了人身安全和财产安全而对防盗设备、保安用品、人寿保险和财产保险产生需要。

（3）社交需要。指参与社会交往，取得社会承认和从属感的需要。在这种需要的推动下，人们会设法增进与他人的感情交流和建立各种社会联系。如为了参加社交活动而对高档时尚的服饰产生需求。

（4）尊重需要。指在社交活动中受人尊重，对一定社会地位、荣誉和权力的需求。

（5）自我实现需要。指发挥个人或团队潜能，实现远大理想和抱负的需要。这是人类最高级的需要。

马斯洛的"需要层次理论"离开了一定的生产关系抽象地谈论人的需要并不完全科学，但这种分类方法对于分析消费者的购买动机和购买行为却是有益的。每个消费者需要的层次、结构都不同，因此商家要仔细观察每个消费者的动机和行为，投其所好，获取消费者的信任，最终占领市场。

2. 知觉

知觉是人脑对直接作用于感觉器官的客观事物各个部分和属性的整体的反应。知觉具有选择性，包括选择性注意、选择性扭曲和选择性保留。企业提供同样的营销刺激，不同的消费者会产生截然不同的知觉反应，与企业的预期可能不一致。企业应当分析消费者的特点，使本企业的营销信息被选择成为其知觉对象，从而形成有利于本企业的知觉过程和知觉结果。

3. 学习

市场营销中的学习是一种广义的学习，是泛指一切经过反复的练习而产生的较为持久的认知或行为上的变化。比如消费者购物水平的提高、购物经验的积累，都属于学习的范畴。顾客通过学习，可不断获得消费与购买所需相关的信息。通过信息辨别，对有关商品或服务形成较为正确的认知，对消费与购买问题做出准确评价。消费与购买更趋理性化，市场经营秩序更加规范，顾客对诚信经营的商家会有更多的重复性购买行为。

三、消费者购买行为的类型

（一）根据消费者购买行为的复杂程度和所购商品的差异程度划分

1. 复杂的购买行为

如果消费者属于高度参与，并且了解现有各品牌、品种和规格之间的显著差异，则会产生复杂的购买行为。复杂的购买行为是指消费者购买决策过程完整，要经历大量的信息收集、全面的评估、慎重的购买决策和认真的购后评价等阶段。

对于复杂的购买行为，企业应制定策略帮助消费者掌握商品知识，运用各种途径宣传本品牌的优点，影响消费者最终购买决定，简化购买决策过程。

2. 减少失调感的购买行为

这是指消费者并不广泛收集商品信息，且不精心挑选品牌，购买决策过程迅速而简单，但是在购买以后会认为自己所购买的商品具有某些缺陷或其他同类商品有更多的优点，进而产生失调感，怀疑自己购买决策的正确性。

对于这类购买行为，企业要提供完善的售后服务，通过各种途径经常提供有利于本企业的信息，使消费者相信自己的购买决定是正确的。

3. 寻求多样性的购买行为

这是指消费者购买商品有很大的随意性，并不深入收集商品信息和评估比较就决定购买某一品牌，在使用时才加以评估，但在下次购买时又转换其他品牌。转换的原因是厌倦原口味或想试试新口味，是寻求多样性而不一定有不满意之处。

对于寻求多样性的购买行为，市场领导者和挑战者的营销策略是不同的。市场领导者可通过占有货架、避免脱销和提醒购买的广告来鼓励消费者形成习惯性购买行为，而挑战者则可以较低的价格、折扣、赠券、免费赠送样品和强调试用新品牌的广告来鼓励消费者改变原习惯性购买行为。

4. 习惯性的购买行为

这是指消费者并未深入收集商品信息和评估品牌，只是习惯于购买自己熟悉的品牌，在购买后可能评价商品也可能不评价商品。

企业对于习惯性购买行为的主要营销策略：利用价格与销售吸引消费者试用；开展大量重复性广告，加深消费者印象；增加购买参与程度和品牌差异。

（二）根据消费者购买目标的选定程度划分

1. 全确定型购买行为

消费者在购买商品前已经有明确的购买目标，对商品的名称、喜好、规格、颜色和价格等都有明确的要求。他们进入商店以后，一般都是有目的地选择，主动地提出所要购买的商品，并对所要购买的商品提出具体要求，当商品能满足其需要时，则会毫不犹豫地购买。

2. 半确定型购买行为

这是指消费者在购买商品以前，已有大致的购买目标，但具体要求还不够明确，最后购买须经过选择比较才完成。如购买空调是原先计划好的，但购买何种品牌、规格、型号、式样等尚未决定，这类消费者进入商店以后，一般要经过较长时间的分析、比较才能完成购买行为。

3. 不确定型购买行为

这是指消费者在购买商品以前没有明确的或既定的购买目标。这类消费者进入商店主要是参观游览、闲逛，漫无目标地观看或随便了解销售情况，遇到有兴趣或合适的商品有时会购买，有时则观后离开。

（三）根据消费者购买态度与要求划分

1. 习惯型购买行为

这是指消费者由于对某种商品或某家商店的信赖、偏爱而产生的经常、反复的购买。由于经常购买和使用，消费者对这些商品十分熟悉，体验较深，再次购买时往往不再花费时间进行比较选择，注意力稳定、集中。

2. 理智型购买行为

这是指消费者在每次购买前对所购商品，都要进行较为仔细的研究比较。购买感情色彩较少，头脑冷静，行为慎重，主观性较强，不轻易相信广告、宣传、承诺、促销以及销售人员的介绍，主要靠商品质量、款式。

3. 经济型购买行为

这是指消费者购买时特别重视商品价格，对于价格的反应特别灵敏。无论是选择高档商品，还是中低档商品，首选的是价格，他们对"大甩卖""清仓""亏本销售"等低价促销最感兴趣。一般来说，这类消费者的购买行为与自身的经济状况有关。

4. 冲动型购买行为

这是指消费者容易受商品的外观、包装、商标或其他促销活动的刺激而产生的购买行为。这类消费者一般都是以直观感觉为主，从个人的兴趣或情绪出发，喜欢新奇、新颖、时尚的商品，购买时不愿进行反复的选择、比较。

5. 疑虑型购买行为

这是指消费者具有内倾性的心理特征，购买时小心谨慎、疑虑重重，购买过程一般缓慢、费时多。常常是"三思而后行"，会犹豫不决而中断购买，购买后还会疑心是否上当受骗。

6. 情感型购买行为

这是指消费者的购买行为多属情感反应。这类消费者往往以丰富的联想力衡量商品的意义，购买时注意力容易转移，兴趣容易变换，对商品的外表、造型、颜色和命名都较重视，以是否符合自己的想象作为购买的主要依据。

7. 不定型购买行为

这是指消费者的购买行为多属尝试性，其心理尺度尚未稳定，购买时没有固定的偏爱，在上述六种类型之间游移，这类消费者多数是独立生活不久的青年人。

（四）根据消费者购买频率划分

1. 经常性购买行为

经常性购买行为是购买行为中最为简单的一类，是指购买人们日常生活所需、消耗快、购买频繁、价格低廉的商品，如油、盐、酱、醋、茶、洗衣粉、味精、牙膏、肥皂等。消费者一般对这类商品比较熟悉，加上商品价格低廉，往往不必花很多时间和精力去收集资料和进行选择。

2. 选择性购买行为

这是指消费品单价比日用消费品高，多在几十元至几百元之间，购买后使用时间较长，消费者购买频率不高，不同的品种、规格、品牌之间差异较大，消费者购买时往往愿意花较多的时间进行比较选择，如服装、鞋帽、小家电、手表、自行车等。

3. 考察性购买行为

消费者购买价格昂贵、使用期长的高档商品多属于这种类型，如汽车、房子、电脑等。消费者购买这类商品时十分慎重，会花很多时间调查、比较、选择。他们比较注重商品的商标品牌，大多是认牌购买；已购消费者对商品的评价对未购消费者的购买决策影响较大；他们一般在大商场或专卖店购买这些商品。

🏠 训练营

训练任务：分析大学生的购买行为类型。

训练目的：掌握消费者购买行为的类型和对应策略。

训练步骤：

1. 分组收集资料。
2. 分析同学的购买行为属于哪种类型。
3. 选择一名代表上台进行汇报。
4. 教师进行点评并总结。

表4-1　训练成绩考核表

训练评估指标	训练评估标准	分项成绩
材料准备 20%	1. 学习态度 10% 2. 收集全面 10%	
消费者购买行为分析 40%	1. 简明清晰 20% 2. 重点突出 20%	
报告陈述 40%	1. 语言表达流畅 10% 2. 陈述准确、层次清晰 20% 3. 重点突出 10%	
总成绩 100%		

🏠 超链接

消费者购买决策过程

1. 问题认识

购买过程从消费者对某一问题或需要的认识开始，内在的和外部的刺激因素都可能引起这种需求。营销人员需要去识别引起消费者某种需要和兴趣的环境，同时还应该研究消费者不同需求或问题的类型，这些需求或问题是怎样造成的，它们是怎样引导到这种特定产品的。

2. 信息收集

消费者收集信息过程区分为两种状态：即加强注意和积极收集信息状态。一般来说，当消费者从有限地解决问题这种购买决策情况下转向广泛地解决问题时，他们收集信息的活动程度就会相应增加。营销人员最感兴趣的是消费者需要的各种主要信息来源，以及每种信息对今后的购买决策的相对影响。消费者信息来源可分为四种：首先是个人来源，包括家庭、朋友、同事、熟人等；其次是商业来源，包括广告、推销员、经销商、产品包装、展览等；第三是公共来源，包括大众传播媒体的相关报道；最后是经验来源，包括处理、检查和使用产品的经验等。

以上这些信息来源对消费者的影响，随着产品的类别和购买者特征而变化。一般说来，就某一产品而言，消费者最多的信息来源是商业来源；另一方面，最有效的信息来源是个人来源。

3. 可供选择的方案评价

我们知道消费者是运用收集到的信息来进行最后的选择。但是问题在于，消费者怎样在众多可供选择的产品中进行选择的呢。有这样一些概念有助于了解消费者的评价过程。第一个概念是产品属性；第二个概念，消费者很可能对有关属性赋予不同的重要性权数，并以此对不同产品的特色加以区分。

4. 购买决策

在评价阶段，消费者会在可供选择的各种品牌之间形成偏好。但是，只让消费者对某一品牌产生偏好是不够的，真正将购买意向转为购买行动，其间还会受到两个方面的影响：他人的态度和没有预料到的环境因素。

5. 购买后行为

产品在被购买之后，就继续进入了购买时期，这时营销人员的工作并没有结束。消费者在购买产品之后会体验某种程度的满意感和不满意感，如果产品符合期望甚至超出期望，消费者对商品的满意度也会很高；反之如果与期望不符，消费者对商品产生抱怨。对产品的满意或不满意感会直接影响以后的购买行为，满意程度高的商品，在以后的购买中，重复购买的可能性就高，而且消费者还会积极向其他人说明该产品的实际感受和好处，正如营销人员所说的那样"满意的顾客是我们最好的广告"。

任务二　组织市场购买行为

案例先导

工业品推销：强调顾客收益

当你推销大件工业用品，尤其是针对大公司进行推销时，投资报酬率分析是一个了不起的推销工具。这是因为，事实上许多公司都把这种大宗采购看成一项投资，如果从购买者的角度来看这项产品，并计算其投资报酬率，就会对大宗交易大有帮助。

小王是一家机床制造公司的业务员，曾亲身体会到投资报酬率分析在达成交易上所扮演的重要角色。他所拜访的客户，几乎都对该公司生产的某 M 型机床爱不释手。但一家客户实际上至少包括两群推销对象：一是只关心机床本身性能、质量的部门主管；二是隐藏于幕后的一群高级主管，而后者主要关注这项投资的经济效益。

一开始，小王只对第一群人员——部门主管进行推销，为此小王花费了很多精力和时间，前后拜访了不少客户，但成绩很不理想。直到有一天，某公司设备部张经理在实际操作现场对小王说："你的主要竞争对手 B 设备公司为我们提供了一套投资报酬率分析报告，高明之处在于这份报告不但包括了他们设备的投资报酬率，而且也包括了贵公司设备的投资报酬率……"这时小王才醒悟：顾客在做决策的过程中常常会关注投资带来的经济效益。从此以后，小王在推销活动过程中，不但向客户设备主管部门强调 M 型机床的性能和质量，而且还进行投资报酬率分析，强调购买该机床的经济性。此后，小王的销售业绩也直线上升。

（资料来源：王方：《市场营销原理与实务》，高等教育出版社 2013 年版，第 89—90 页。）

请思考：

请结合产业市场特点，谈谈工业品营销方法。

知识库

一、组织市场的构成

组织市场是指由那些采购产品或劳务的正式组织所构成的市场。具体包括产业市场、中间商市场、政府市场。

1. 产业市场

产业市场也叫生产者市场或者工业市场，是指购买产品或服务用于生产其他产品或服务以供销售、租赁或提供给其他人以获取利润的组织和个人。

2. 中间商市场

中间商市场也称转卖市场，是指购买商品和劳务以转售或出租给他人获取利润为目的的个人和组织，包括批发商和零售商。

3. 政府市场

政府市场是指为执行政府的主要职能而采购或租用产品的各级政府单位和下属各部门。

从事营销的企业为了做好营销活动，必须通晓组织市场的购买规律。在某种意义上，组织市场与消费者市场具有相似性，二者都由人充当购买者并做出购买决策。但是，它们又有很大区别，组织市场有一些不同于消费者市场的特点，主要在于市场结构和需求特性、购买者的成分、购买方式等方面。

二、产业市场（生产者市场）的特点

1. 需求具有派生性

所谓派生性需求，即产业市场需求是由消费者市场派生出来的。比如，家庭对花卉的需求带来花卉业的大发展，家用轿车的需求带来汽车产业和相关行业的发展。派生性需求这一特点要求产业市场的营销者不但要了解直接服务对象的需求情况，而且还要了解自己的产品最终市场的需求动向。同时营销者还可以通过刺激消费者市场的需求来扩大自己的产品销路。

2. 需求缺乏弹性

产业市场的需求弹性一般较小。原材料价格的涨落对工业企业的影响较小，材料涨价工业产成品也跟着涨价，原材料价格波动对其影响不大。不像有些生活用品，一旦涨价，很多消费者便停止购买。工业企业要进行产品的生产，在一定时期内对生产资料的需求量相对稳定，同时对生产资料的规格、型号、性能、品质乃至品牌、商标要求都比较严格，不愿意采用替代品。所以，一定范围内的价格波动对生产资料的影响不会太大。

3. 需求具有连续性

现代企业生产的特点是连续、均衡地进行生产，这就要求生产资料的购买也要连续不断地进行。生产资料的购买数量与生产企业的规模要匹配，因为购买数量不足会造成生产中断和其他生产要素的闲置；购买数量过多会占用资金，给生产企业的资金周转带来困难，这两种情况都会直接影响企业的经济效益。

4. 购买者专业化

产业市场的购买者涉及的人员较多，并且多是专业人员承担采购任务，复杂重要的采购项目还会涉及更多的人员，乃至企业高层管理人员。

5. 购买相对集中

市场经济的发展，必然在竞争中导致生产分布上的集中，例如我国工业主要集中分布在长江三角洲、辽中南、京津唐、珠江三角洲等地区。生产的集中必然导致市场的集中，这是经济发展的一种必然趋势。

6. 购买者决策过程复杂

产业用户的购买行为以营利为目的，属于理性行为，基本上没有冲动性购买，其决策过程比消费者决策要复杂得多，会涉及许多复杂的技术问题和经济问题，往往需要花很多时间反复论证。如果是购买大型复杂设备，可能需要几个月甚至两年的时间来选择和决策。往往会由众多人员参与其中，比如高层管理人员、工程技术人员、采购员、使用者等，决策过程复杂。

三、生产者采购的类型

生产者在进行采购过程中，购买决策的复杂程度往往与其购买行为的具体方式有关。一般来说，工业采购主要有直接重购、修正重购和全新采购三种类型。

1. 直接重购

直接重购是指采购部门按以往惯例进行商品采购的情况（如供应品、原材料等）。这种情况下，购买者只是根据以往采购货物的满意程度，从自己认可的供应商名单上做出选择。被选中的供应商将尽最大努力维护其商品和服务的质量，他们往往建议使用自动订货系统，以节省采购代理商重新订货的时间。而未被认可的供应商则力图推出新产品和改进买方不满意的环节，以争取产业购买者考虑从他们那儿购买一定数量的产品。他们力图使这些少量的订货能在市场上占有一席之地，然后再逐步扩大自己的市场份额。

2. 修正重购

修正重购是指购买者欲就产品规格、价格、发货条件及其他方面加以调整的情况。这种行为类型较复杂，因而参与购买决策过程的人数较多。原来被认可的供应商会产生危机感并将全力保护自己的份额，原落选的供应商则认为这是加入其中的最佳时机。

3. 全新采购

全新采购是指企业第一次采购某种产业用品。全新采购的成本费用越高、风险越大，那么需要参与购买决策过程的人数和需要掌握的市场信息就越多。这种购买类型对营销人员来说是最大的挑战，同时也是最好的机遇。营销者都尽可能地接触那些对采购决策起关键作用的人物，并为他们提供有用的信息和帮助，而且许多公司都派出由最好的推销员组成的推销小组来执行任务。

四、影响产业购买者购买决策的主要因素

1. 客观环境

客观环境是生产企业自己不能控制的因素，对企业购买活动有着重要影响。比如：国家的政治、经济形势对购买者有着直接的影响。当国民经济发展前景不佳时，生产资料的需求趋于萎缩；当企业的投资风险较大时，购买企业会减少原材料的采购和库存；当国家提高贷款利率时，企业也会减少原材料的购买。

2. 企业内部因素

各个企业都有自己的经营目标、经营方针和经营政策，它们直接影响着企业的购买行为。

3. 人际因素

采购企业的购买活动来自参与购买决策的各方人员，包括倡议人、影响人、决策人、批准人、执行人和使用人。由于这些人员在企业内的影响力各不相同，他们的职务、地位、态度、利益和相互关系对购买行为均产生影响。

4. 个人因素

参与购买过程的有关人员，其年龄、学历、性格、气质、嗜好等因素对购买行为均产生影响。

五、产业购买者的购买决策过程

由于生产者购买类型不同，购买决策过程也有所不同。直接重购的决策阶段最短，修正采购的决策阶段较长，全新采购的决策阶段最长，一般要经过如下八个阶段：

1. 认识需要

认识需要是由内部需要和外部刺激共同引起的。

2. 确定需要

对标准品，购买者要按要求采购；对复杂品，购买者要和使用者、工程师共同研究确定。

3. 说明需要

专家小组对所需产品进行价值分析，做出详细的技术说明。目的是以最少的资源耗费，取得最大的经济效益。其价值分析公式是：

$$V = F/C$$

式中：V 表示价值，F 表示功能（产品的用途、效用、作用），C 表示成本。

通过价值分析对欲购产品的性能、质量、价格进行综合评价，有利于企业选择最佳采购方案。

4. 寻找供应商

全新采购需要花较多时间寻找供应商。采购人员通常利用工商名录或其他资料查询供应商，也可向其他企业了解供应商的信誉。

5. 征求建议

邀请供应商提出建议或报价单，如果采购复杂的、价值高的产品，要求每个潜在的供应商都提交详细的书面建议或报价单。

6. 选择供应商

对供应商提出评价和选择建议，选择最具吸引力的供应商，通常从主要供应商处采购所需产品的 60%，另外 40% 则从其他供应商处采购。

7. 正式订货

通过商务谈判达成协议，给选定的供应商发出最后采购订单，写明产品的规格、数量、交货时间、退款政策、担保条款、保修条件等。在商务活动中，对信誉可靠的保修产品，企业往往愿意订立"一揽子合同"（又叫无库存采购计划），和该供应商建立长期供货关系。

8. 检查合同履行情况

向使用者征求意见，了解其对购进产品是否满意，检查和评价各个供应商履行合同的情况，然后根据检查和评价，决定是否继续向该供应商采购。

🏠 训练营

训练任务： 分析大学生的服装消费影响因素。

训练目的： 掌握特定人群某类消费特征的分析方法。

训练步骤：

1. 分组收集资料，对当前在校大学生服装消费特点进行讨论。
2. 分析在校大学生服装消费影响因素。
3. 选择一名代表上台进行汇报。
4. 教师进行点评并总结。

表 4-2 训练成绩考核表

训练评估指标	训练评估标准	分项成绩
在校大学生服装消费影响因素分析 40%	1. 文化因素 10% 2. 社会因素 10% 3. 个人因素 10% 4. 心理因素 10%	
在校大学生服装消费特点 30%	1. 普遍性 15% 2. 现实性 15%	
报告陈述 30%	1. 语言表达流畅 10% 2. 陈述准确、层次清晰 10% 3. 重点突出 10%	
总成绩 100%		

🏠 超链接

中间商的购买行为分析

一、中间商购买行为定义

中间商购买行为是指中间商在寻找、购买、转卖或租赁产品过程中所表现的行为，由于中间商处于流通环节，是制造商与消费者之间的桥梁，因此企业应把其视为消费者采购代理人，全心全意帮助他们为消费者提供优质服务。

二、中间商的购买类型

1. 新产品采购

中间商对是否购进以及向谁购进以前未经营过的某一新产品做出决策。

2. 最佳供应商选择

中间商已经确定需要购进的产品，并寻找最合适的供应商。

3. 改善交易条件的采购

中间商希望现有供应商在原交易条件上再做些让步，使自己得到更多的利益。

4. 直接重购

直接重购是指中间商并不想更换供应商，但试图从原有供应商那里获得更有利的供应条件。

三、影响中间商购买行为的主要因素

中间商作为组织购买者之一，其购买行为也要受环境因素、组织因素、集团因素和个人因素的影响。但是，中间商的营销目标，营销活动内容，购买决策及购买行为又有自己的特点，在制定购买决策、采取购买行为时，会受到以下因素的制约：

1. 消费者需求

为消费者购买是中间商的一个显著特点，因此中间商有消费者采购代理人之称。中间商购买什么、购买多少，以什么价格购买，都必须考虑消费者个人及其家庭的需求和愿望，按照他们的需求和愿望制定采购决策。

2. 存货管理

储存是中间商的基本职能之一，储存什么、储存多少是影响中间商购买行为的一个重要因素。

3. 供应商策略

中间商购买产品是为了转售给他人，其策略、供货条件、价格折让、运费折让、促销津贴与产品转售有直接关系，因此会影响中间商的购买决策。

四、中间商的购买决策过程

产业市场中，生产企业采购设备、原料等用于生产产品，其购买决策经历八个阶段。中间商市场中，中间商采购产品用于转售，与生产企业一样，其采购的产品并不用于个人消费，而是为了最终满足消费者的需要。因此，中间商的购买决策过程与生产企业的购买决策过程相似，也须经历八大步骤，但在具体环节上存在一些差异。

1. 提出需要

当通过市场分析和预测，发现现有产品需求量将上升，或现有产品滞销，或消费者对新产品的需求增加，或现有商品配货组合不尽合理时，中间商就会产生采购欲望。中间商的购买需求直接来自消费市场中的消费需求，是一种直接性的派生需求，因而，对于中间商来说，加强消费市场的需求调查、分析与预测更为重要。

2. 确定需要

确定需要是指确定采购产品组合的广度、深度与相关性（关联度），即制定配货策略。

一般而言，中间商的配货策略有如下四种：

（1）独家配货。在同类产品中只销售同一品牌或同一厂家的产品。

（2）深度配货。同时经销不同的厂商、品牌、规格型号、花色、款式的同类产品。

（3）广度配货。经销某一行业的多个系列、多品种的产品，比深度配货的产品组合范围更宽。

（4）综合配货。同时经销多家厂商生产的互不相关的多种类、多规格的产品，如百货商店、超级市场、仓储式商店等都属于综合配货。与广度配货相比，其产品组合的关联度较弱。

3. 采购需要说明

采购需要说明是指中间商编写采购说明书，详细写明所要采购产品的品种、规格、质量、价格、数量、进货时间等。中间商对产品的需求属直接引发需求，由消费者市场需求决定，因此，中间商购买产品对时间和数量往往有相当苛刻的要求，采购活动计划性强，希望既能及时、适时、按量满足市场需求，又能最大限度地减少库存，加速资金周转，提高效益。

4. 找供应商

中间商根据采购说明书寻找合适的供应商。由于中间商采购计划性强，因而对供应商的选择比较慎重，品牌、声誉、价格、产品质量、品种规格、供货能力、合作诚意等是中间商甄选供应商时考虑的主要因素。

5. 征求供应建议

征求供应建议是指要求合格的供应商提供供应建议书和产品图片等，为中间商选择供应商提供参考。

6. 选择供应商

中间商采购来自派生需求，不需要对采购的产品进行加工，只从事转售经营活动。因而，其收益取决于进货价格与销售价格，而销售价格又是影响消费者购买行为的一个重要因素；同时，市场瞬息万变造成的市场风险和压力迫使中间商想尽办法从供应商处获得尽可能多的优惠购买条件，如价格折扣、促销津贴、广告折让、运费折让等。因此，价格高低和价格折扣程度是中间商选择供应商时考虑的重要方面。此外，由于中间商市场对采购产品的时间和数量有严格要求，因而，选择时还要考虑供应商供货的能力和及时性。当然，供应商的合作意愿和态度、诚信状况、促销支持、售后服务、作用、条件等也是中间商选择供应商应考虑的重要因素。

7. 签订合约

除了新购，中间商也希望与供应商建立长期友好的合作关系。这样对中间商而言，可以减少采购成本，稳定货源；对供应商而言，产品有了稳定的销路，可以稳定生产，降低市场风险。

8. 运行检查与评估

记录供应商供应状况，然后进行分析掌握供应商履行合约的质量、信誉、合作热情与态度等状况，并据此进行评价，为是否继续交易和交易策略提供决策依据。

由此看来，中间商的购买决策过程与产业市场的购买决策过程相同，只是具体操作细节不同。

课后练习

一、单项选择题

1. 如果消费者属于高度参与，并且了解现有各品牌、品种和规格之间具有的显著差异，则会产生（　　）。

   A. 复杂购买行为　　　　　　　　　B. 减少失调感的购买行为
   C. 寻求多样性的购买行为　　　　　D. 习惯性购买行为

2. 由于消费者对产品或销售人员有了"偏好"，在这个基础上进而产生购买愿望，属于（　　）。

   A. 喜欢阶段　　　B. 确信阶段　　　C. 购买阶段　　　D. 偏好阶段

3. 消费者在每次购买前对所购的产品进行较为仔细的研究比较，属于（　　）购买行为。

   A. 理智型　　　　B. 冲动型　　　　C. 情感型　　　　D. 疑虑型

4. 企业的采购人员为了更好完成采购任务，适当改变采购产品的规格、价格和供应商的购买行为，属于（　　）。

   A. 直接重购　　　B. 改进采购　　　C. 修正采购　　　D. 全新采购

5. 消费者在购买产品以前已有大致的购买目标，但具体要求还不够明确，最后购买须经过选择比较才完成的属于（　　）。

   A. 全确定型　　　B. 半确定型　　　C. 不确定型　　　D. 直接确定型

6. 企业采购部门根据过去和供应商打交道的经验，从供应商名单中选择供货企业，并连续订购采购过的同类产品，属于（　　）。

   A. 直接重购　　　B. 经验重购　　　C. 修订重购　　　D. 全新采购

7. 下列不属于消费者心理状态的是（　　）。

   A. 认知过程　　　B. 情感过程　　　C. 思考过程　　　D. 意愿过程

8. 为满足个人或家庭生活消费需要而购买商品、服务、劳务的市场是（　　）。

   A. 消费者市场　　B. 生产者市场　　C. 产业市场　　　D. 工业市场

9. 消费者并未深入收集商品信息和评估品牌，只是习惯于购买自己熟悉的品牌，在购买后可能评价商品也可能不评价商品。这种是（　　）。

   A. 复杂购买行为　　　　　　　　　B. 减少失调感的购买行为
   C. 寻求多样性的购买行为　　　　　D. 习惯性的购买行为

10. 组织市场具体包括产业市场、中间商市场和（　　）。

    A. 消费者市场　　B. 生产者市场　　C. 政府市场　　　D. 工业市场

二、多项选择题

1. 影响中间商购买行为的主要因素包括（　　）。

A. 消费者需求　　　B. 供应商策略　　　C. 顾客心理　　　D. 存货管理

E. 促销策略

2. 中间商的购买类型包括（　　　）。

A. 改进产品采购　　　　　　　　　B. 直接重购

C. 新产品采购　　　　　　　　　　D. 改善交易条件的采购

E. 最佳供应商选择

3. 产业市场的特点是（　　　）。

A. 需求具有派生性　　　　　　　　B. 需求缺乏弹性

C. 购买者专业化　　　　　　　　　D. 购买相对集中

E. 需求具有独立性

4. 影响消费者购买行为的因素包括（　　　）。

A. 消费者性格特征　　　　　　　　B. 消费者价值观

C. 购物环境　　　　　　　　　　　D. 产品的宣传广告

E. 产品的包装

5. 根据消费者购买态度，消费者购买行为可以分为（　　　）。

A. 习惯型　　　　　　　　　　　　B. 理智型

C. 冲动型　　　　　　　　　　　　D. 情感型

E. 半确定型

6. 影响消费者购买的因素有（　　　）。

A. 文化因素　　　　　　　　　　　B. 社会因素

C. 经济因素　　　　　　　　　　　D. 心理因素

7. 根据消费者购买目标的选定程度把消费者购买行为划分为（　　　）。

A. 全确定型　　　　　　　　　　　B. 半确定型

C. 不确定型　　　　　　　　　　　D. 习惯型

8. 根据消费者购买频率，消费者购买行为可以分为（　　　）。

A. 经常性　　　　　　　　　　　　B. 选择性

C. 不确定型　　　　　　　　　　　D. 考察性

9. 生产者采购的类型有（　　　）。

A. 直接重购　　　　　　　　　　　B. 修正重购

C. 全新采购　　　　　　　　　　　D. 改善采购

10. 马斯洛认为人的需要包括（　　　）。

A. 生理需要　　　　　　　　　　　B. 安全需要

C. 社交需要　　　　　　　　　　　D. 尊重需要

E. 自我实现需要

三、判断题

1. 产品不满意、营业员态度不好、消费环境差，引起消极情绪，降低消费者购买欲望。

（　　　）

2. 在消费者"喜欢阶段"，销售人员要熟练地向消费者演示产品的使用过程，耐心地向消费者介绍产品的实际效用。　　　　　　　　　　　　　　　　　（　　　）

3. 容易受产品的外观、包装、商标或其他促销努力的刺激而产生购买行为的消费者，属于经济型消费者。　　　　　　　　　　　　　　　　　　　　　（　　　）

4. 消费者购买价格昂贵、使用期长的高档商品多属于考察性购买行为。　（　　　）

5. 中间商已经确定需要购进的产品，并寻找最合适的供应商，这属于最佳供应商选择。
　　　　　　　　　　　　　　　　　　　　　　　　　　　　　　（　　　）

6. 消费者市场的购买具有多样性的特点。　　　　　　　　　　　　　（　　　）

7. 马斯洛认为只有低层次需要得到满足，才会向往高层次需要，但有时也有颠倒现象。
　　　　　　　　　　　　　　　　　　　　　　　　　　　　　　（　　　）

8. 中间商市场也称产业市场，是指购买商品和劳务以转售或出租给他人获取利润为目的的个人和组织，包括批发商和零售商。　　　　　　　　　　　　（　　　）

9. 生产者市场也叫工业市场，是指购买产品或服务用于生产其他产品或服务以供销售、租赁或提供给其他人以获取利润的组织和个人。　　　　　　　（　　　）

10. 采购是指企业第一次采购某种产业用品。　　　　　　　　　　　（　　　）

四、案例分析题

对生产者市场推销失败的原因

推销员李宾正在销售一种安装在发电设备上的仪表，工作非常努力，不辞劳苦、四处奔波，但是收效甚微。你能从他的推销过程中找出原因吗？

1. 李宾得悉某发电厂需要仪表，就向该厂的采购部人员详细介绍自己的产品，经常请他们共同进餐和娱乐，双方关系相当融洽，采购人员也答应购买，却总是一拖再拖，始终不见其付诸行动。李宾很灰心，却不知原因何在。

2. 在一次推销中，李宾向发电厂的技术人员介绍说，这是一种新发明的先进仪表。技术人员请他提供详细技术资料并与现有同类产品做一个对比，可是他所带资料不全，只是根据记忆做了大致介绍，对现有同类产品和竞争者的情况也不太清楚。

3. 李宾向发电厂的采购部经理介绍现有的各种仪表，采购部经理认为都不太适合本厂使用，说如果能在性能方面做些小的改进就有可能购买，但李宾反复强调自己的仪表性能优异，认为对方提出的问题无关紧要，劝说对方立刻购买。

4. 某发电厂是李宾所在公司的长期客户，需购仪表时就直接发传真通知送货。该电厂原本由其他推销员负责销售业务，后来转由李宾负责，李宾接手后采用了许多办法与该发电厂的采购人员和技术人员建立了密切的关系。一次，该发电厂的技术人员反映一台新购的仪表有质量问题，要求调换。李宾当时正在忙于同另一个重要的客户洽谈业务，所以拖了几天才处理这件事情，认为凭着双方的密切关系，该发电厂的技术人员不会介意。可是那家发电厂再购买仪表时已经转向了其他供应商。

5. 李宾去一家小型发电厂推销一种受到较多用户欢迎的优质高价仪表，可是说破了嘴皮，对方依然不为所动。

6. 某发电厂同时购买了李宾所在公司的仪表和另一品牌的仪表，在该发电厂技术人员、采购人员和使用人员使用两年以后对两种品牌进行绩效评价，列举事实说明李宾所在公司的仪表耐用性不如竞争品牌。李宾听后认为事实如此，无话可说，任凭该电厂终止了同本公司的生意关系而转向竞争者。

（资料来源：杨芳玲，《市场营销原理与实务》，中国传媒大学出版社 2017 年版，第 85 页。）

分析：

推销员对生产者市场推销失败的原因。

项目五

市场竞争战略

学习目标

知识目标:

1. 准确了解市场竞争战略的基本类型和适用条件。
2. 了解处于不同市场地位的企业的竞争战略。
3. 了解企业竞争者的不同类型。

能力目标:

1. 能根据企业的现状选择合适的竞争战略。
2. 能根据企业的市场地位选择合适的竞争战略。

任务一　市场竞争战略选择

案例先导

婴儿手足印

　　许许多多的父母都希望自己的子女出世之后，能留下美好而完整的记录。于是，有拍相片的，有留下婴孩小撮胎毛的，有写宝宝日记的，凡此种种，不一而足。

　　日本的一家公司推出了令人耳目一新的产品"婴儿手足印"纪念框，以年轻父母为销售对象。年轻的父母替小宝宝印下手印或足印后，该公司据此用黏土做成模型，并且注入特殊的树脂原料，等其凝固后，便成为一个立体的手形或足形。继而在其表面镀上一层金色或银色、棕色，再将手形或足形镶入木框之中，再铸上格言、感想或人名等合适的字眼。这样，一件带有纪念意义的艺术性装饰品便完工了。

　　这新生的小宝宝的手掌或脚掌，常常可以让父母回想起孩子出生时的情形。而孩子长大后，见到自己当初的小手小脚，更是感到惊奇而有趣。这种产品在日本一上市，即呈现畅销的势头。

　　在今天这样一个激烈竞争的商业战场，如何才能吸引顾客、占领市场，是值得经营者认真思索的问题。故事中出奇制胜的经营战略，是可借鉴的成功之道，看似平淡，其实孕育着各种各样的机会。

（资料来源：张建华，《市场营销》，高等教育出版社 2016 年版，第 105 页。）

请思考：
你觉得这个案例还采用了什么样的竞争战略？

知　识　库

一、市场竞争的战略原则

　　企业的市场竞争战略会随着时间、地点、竞争者状况、自身条件和市场环境等因素的不同而变化，然而，万变不离其宗，某些基本战略是不会改变的，企业领导者必须把握这些不变的战略去适应变化的环境。

（一）创新制胜

　　即企业应根据市场需求不断开发出适销对路的新产品，以赢得市场竞争的胜利。现代社会的生产能力大于市场需求，众多企业为了维持生存，争先恐后地开发出不胜枚举的新花色、新品种、新款式投放市场，力图得到顾客青睐。顾客需求则随着收入增加和可挑选商品的增多而水涨船高，可谓日新月异，变化万千。创新是活力的源泉，企业应当加强市场调查和预测，争取最先洞察消费需求的变化，领先研制出适合消费需求的新产品，掌握市场竞争的主动权。

（二）优质制胜

即企业向消费者提供的产品在质量上应当优先于竞争对手，以赢得市场竞争的胜利。质量是产品或服务的特色和品质的总和，决定着顾客需求的满足程度。质量优劣表现为同类产品在价格和其他销售条件相同时被顾客选中的概率，选中的概率大，质量就好，反之则差。产品质量是企业竞争力的核心，企业应从自身利益和顾客利益出发，千方百计地创优质产品，创品牌产品。

（三）廉价制胜

即企业对于同类同档次产品应当比竞争对手更便宜，以赢得市场竞争的胜利。市场需求是有支付能力的需求，价格是市场需求的调节器，在质量和其他条件相同或相近时，价格低廉的商品会受到顾客欢迎。价格降低虽然使单位产品的利润降低，但是会增加总销售量，扩大总利润。企业应在保证产品质量的前提下提高生产效率，降低生产成本和营销成本，为低价竞争奠定基础。

（四）技术制胜

即企业应致力于发展高新技术，实现技术领先，以赢得市场竞争的胜利。科学技术决定着企业的生产效率、产品成本、管理水平、经济效益和顾客需求的满足程度。现代科学技术的发展一日千里，谁落在后面谁就将被市场淘汰。有能力的企业和有远见的企业家都不惜代价地研制或引进高新技术和先进设备，力争走在技术进步的前列，开发科技含量高、附加值高的新产品，在市场竞争中占领制高点。

（五）服务制胜

即企业提供比竞争者更完善的售前、售中和售后服务，以赢得市场竞争的胜利。销售服务决定着产品的性能能否良好发挥和顾客需求能否充分满足。在其他条件相同时，谁能提供更周到的服务，谁就能赢得顾客。

（六）速度制胜

即企业应当以比竞争对手更快的速度推出新产品和新的营销战略，抢先占领市场，赢得市场竞争的胜利。"时间就是金钱"，谁对市场需求的反应快、技术开发快、新产品投放快，就能在一段时间内形成独家供应的局面，集中吸纳顾客购买力，迅速扩大市场，不但壮大了实力，还能在顾客中形成先入为主的"正宗""正牌"概念。

（七）宣传制胜

即企业应当运用广告、公共关系、人员推销和销售促进等方式大力宣传企业和产品，提高知名度和美誉度，树立良好形象，以赢得市场竞争的胜利。

美国哈佛商学院教授波特指出：在市场竞争中，只有两种达到突出业绩的途径，这就是：或者你成为行业中成本最低的生产者，即奉行成本领先战略；或者使你的产品和服务在某些方面与众不同，独具特色，在一定程度上值得买主为了得到这些好处而额外加价，即奉行差异化战略。企业在或宽或窄的市场上选择使用这两种战略时，还可以提出第三种基本战略，即目标集聚战略，也叫作集中化战略，这是指在较窄的市场上使用，即主攻某个特点的客户群、某产品系列的一个细分区段或某一个地区市场。

二、总成本领先战略

总成本领先战略也可称为较低成本战略，就是主要依靠较低的成本来赢得竞争优势。它通过建立起经济规模，采用先进高级的生产设备改善产品的设计和工艺以便于制造，抓紧成本与管理费用的控制，尽可能减少研究开发、广告、推销和服务开支等手段，全力以赴地降低企业所有产品线的成本。当然，对产品的质量、销售服务以及其他方面也不容忽视，但贯穿于竞争战略中的主题是使成本低于竞争对手。

成本领先战略是一种重要的竞争战略，在下列条件下采用会更有效力：

1. 市场需求具有较大的价格弹性。
2. 所处行业的企业大多生产标准化产品。
3. 实现产品差异化。
4. 多数消费者以相同的方式使用。
5. 消费者购物从一个销售商转向另一个销售商时，不会发生转换成本，因而其更倾向于购买价格最优惠的产品。

三、差异化战略

差异化战略是指为使企业产品与竞争者的产品有明显的区别，形成与众不同的特点而采取的战略。这种战略的重点是创造被全行业和消费者都视为独特的产品和服务以及企业形象。实现差异化的途径多种多样，如产品设计、品牌形象、技术特性、销售网络、用户服务等。

差异化战略的适用条件：

1. 有多种使产品或服务差异化的途径，且这些差异是被某些消费者视为有价值的。
2. 消费者对产品的需求是不同的。
3. 奉行差异化战略的竞争者不多。
4. 企业具有很强的研究开发能力，研究人员有创造性的眼光。
5. 企业具有产品质量好或技术领先的声望。
6. 企业具有很强的市场营销能力。

在同一个市场的演进中，常常会出现这两种竞争战略循环变换的情况。一般来讲，为了竞争及生存的需要，企业往往以产品差异化战略为首，使整个市场的需求动向发生变化，随后其他企业纷纷效仿跟进，使其差异化产品逐渐丧失差异化优势，最终变为标准产品。此时企业只有采用成本领先战略，努力降低成本，使产品产量达到规模经济，以提高市场占有率来获得利润。这时市场也发展成熟，企业之间竞争趋于激烈。企业要维持竞争优势，就必须通过新产品开发等寻求产品变异化，以开始新一轮战略循环。

四、集中化战略

集中化战略是指企业把经营目标的重点放在某一特定消费者群体，或某种具有特殊用途的产品，或某一特定地区上，以此来建立企业的竞争优势及市场地位。由于资源有限，一个企业很难在其产品市场展开全面的竞争，因而需要抓住一定的重点，以期产生巨大有效的市场力量。此外，一个企业所具备的竞争优势，也只能在产品市场的一定范围内发挥作用。

集中化战略对于实力不很强大的企业和小型企业来说有着特别重要的意义。例如，美国的波特油漆公司主攻的是职业油漆工市场，而不是那些自己动手的用户市场。为了更好地为职业油漆工服务，它采用了免费配置油漆以及对1加仑以上的订购快速送货到工地等措施，并在工厂仓库设置了免费咖啡室，为职业油漆工提供休息场所。美国的第三大食品分销公司马丁-布罗公司，执行"成本集中化"战略，它削弱了其客户，只余下八家主要的快餐连锁店，只保留这些客户所需的狭窄的产品系列，订单的接受过程与这些客户的购买周期相衔接，按客户的地理位置来设置自己的仓库，而且严格控制交易记录，并使之计算机化。这两家公司获得的回报是快速的发展以及高于平均水平的利润率。我国浙江许多成功的中小型民营企业在发展过程中也采用此战略，瞄准特定的细分市场，在该市场中努力建立低成本和差异化市场地位，逐步成长为该领域内的"小型巨人"。

五、市场竞争战略的业务类型

根据市场增长率、市场份额可将业务单位分为以下四种类型，即波立顿矩阵模型。

1. 明星类业务单位（stars），是指处于高增长率、高市场占有率的产品群，这类产品可能成为企业的现金牛产品，需要加大投资以支持其迅速发展。采用的发展战略是：积极扩大经济规模和市场机会，以长远利益为目标，提高市场占有率，加强竞争地位。发展战略为：对明星产品的管理与组织最好采用事业部形式，由对生产技术和销售两方面都很内行的经营者负责。

2. 现金牛类业务单位（cash cow），指市场成长率低、相对市场份额高的业务，这是成熟市场中的领导者，它是企业现金的来源。由于市场已经成熟，企业不必大量投资来扩展市场规模，同时作为市场中的领导者，该业务享有规模经济和高边际利润的优势，因而给企业带来大量财源。企业往往用现金牛业务来支付账款并支持其他三种需大量现金的业务。

现金牛产品，又称厚利产品。它是指处于低增长率、高市场占有率的产品群，已进入成熟期。其财务特点是销售量大，产品利润率高，负债比率低，可以为企业提供资金，而且由于增长率低，也无须增大投资。因而成为企业回收资金，支持其他产品，尤其明星产品投资的后盾。对大多数产品，市场占有率的下跌已成不可阻挡之势，因此可采用收获战略：即所投入资源以达到短期收益最大化为限。可以采取以下方法：

（1）把设备投资和其他投资尽量压缩；

（2）采用榨油式方法，争取在短时间内获取更多利润，为其他产品提供资金。

对于这一象限内的销售增长率仍有所增长的产品，应进一步进行市场细分，维持现存市场增长率或延缓其下降速度。对于现金牛产品，适合于用事业部制进行管理，其经营者最好是市场营销型人物。

3. 问题类业务单位（question marks），它是处于高增长率、低市场占有率的产品群。前者说明市场机会大，前景好，而后者则说明在市场营销上存在问题。其财务特点是利润率较低，所需资金不足，负债比率高。例如在产品生命周期中处于引进期、因种种原因未能开拓市场局面的新产品即属此类问题的产品。对问题产品应采取选择性投资战略。即首先确定对该象限中那些经过改进可能会成为明星的产品进行重点投资，提高市场占有率，使之转变成明星产品；对其他将来有希望成为明星产品的则在一个时期内采取扶持的对策。因此，对问题产品的改进与扶持方案一般均列入企业长期计划中。对问题产品的管理组织，最好是采取智囊团或项目组织等形式，选拔有规划能力、敢于冒风险、有才干的人负责。

4. 瘦狗类业务单位（dogs），也称衰退类产品。它是指处在低增长率、低市场占有率象限内的产品群。其财务特点是利润率低、处于保本或亏损状态，负债比率高，无法为企业带来收益。对这类产品应采用撤退战略：首先应减少批量，逐渐撤退，对那些销售增长率和市场占有率均极低的产品应立即淘汰；其次是将剩余资源向其他产品转移；第三是整顿产品系列，最好将瘦狗产品与其他事业部合并，统一管理；第四是制订其他功能性战略计划。企业的战略管理规定了企业的发展方向，并为每一个战略业务单位或产品确定了未来的目标。各战略单位和产品为了实现其既定的目标，还要制订更为详细的营销计划和其他职能计划，这些计划是企业总体战略计划在业务单位和市场层次上的具体化。职能计划包括营销计划、财务计划、生产计划、人事计划等。在制订这些职能计划时，首要问题是处理好各职能部门之间的关系，特别是营销部门同其他业务职能部门之间的关系，正确处理它们之间的矛盾。

训练营

训练任务：为华为在手机市场竞争中制定竞争战略。

训练目的：掌握市场竞争战略制定的方法。

训练步骤：

1. 分组收集资料，对当前手机市场进行讨论。

2. 分析华为在手机市场中的状况并制定有效竞争战略。

3. 选择一名代表上台进行汇报。

4. 教师进行点评并总结。

表 5-1 训练成绩考核表

训练评估指标	训练评估标准	分项成绩
当前手机市场分析 30%	1. 手机市场发展趋势预测合理 15% 2. 手机市场竞争状态分析准确 15%	
根据华为在手机市场中的状况制定有效竞争战略 40%	1. 华为竞争地位判断准确 20% 2. 竞争战略制定恰当 20%	
竞争战略陈述 30%	1. 语言表达流畅 10% 2. 陈述准确、层次清晰 10% 3. 重点突出 10%	
总成绩 100%		

🏠 超链接

竞争者的类型

市场营销竞争战略是企业为了自身的生存和发展，以及在竞争中保持或提高其竞争地位和市场竞争力而确定的企业目标及为实现这一目标而应采取的各项策略的组合，正确的市场竞争战略是企业实现其市场营销目标的关键。企业要想在激烈的市场竞争中立于不败之地，就必须树立竞争观念，制定正确的市场竞争战略，努力取得竞争的主动权。

对于一个企业而言，广义的竞争者是来自多方面的。企业与自己的顾客、供应商之间，都存在着某种意义上的竞争关系。狭义地讲，竞争者是指与本企业提供的产品或服务相似，并且目标顾客也相似的其他企业。以市场角度分析竞争者，可使企业拓宽眼界，更广泛地看清自己的现实竞争者和潜在竞争者，从而有利于企业制订长期的发展规划。下面从市场角度来看，竞争者有以下四种类型：

1. 愿望竞争者

愿望竞争者指提供不同产品以满足不同需求的竞争者，例如，消费者要选择一种万元消费品，他所面临的选择可能有电脑、电视机、摄像机、出国旅游等，这时经营电脑、电视机、摄像机以及出国旅游的有关企业之间就存在着竞争关系，成为愿望竞争者。

2. 普通竞争者

普通竞争者，也叫属类竞争者或平行竞争者。是指提供不同产品以满足相同需求的竞争者，如面包车、轿车、摩托车、自行车都是交通工具，在满足需求方面是相同的，它们就是普通竞争者。

3. 产品形式竞争者

产品形式竞争者，也叫产品竞争者，是指生产规格、型号、款式不同的同类产品的竞争者，如自行车中的山地车与城市车，男式车与女式车，就会成为产品形式竞争者。

4. 品牌竞争者

品牌竞争者是指生产相同规格、型号、款式的产品，但品牌不同的竞争者。以电视机为例，索尼、长虹、夏普、金星等就互为品牌竞争者。

任务二　市场地位竞争战略

案例先导

完美的厕所

有一户人家，住在市镇与市镇之间的路上，以种菜为生，常为肥料不足所苦。有一天，这户人家灵机一动："在这条路上，来往贸易的人很多，如果能在路边盖一个厕所，一方面给过路的人方便，另一方面也解决了肥料的问题。"他用竹子与茅草盖了一间厕所，果然来往的人无不称便，种菜的肥料从此不缺，青菜萝卜也长得肥美。

路对面有一户人家，也以种菜为主，看了非常羡慕，心想："我也应该在路边盖个厕所，为了吸引更多的人来上厕所，我要把厕所盖得清洁、美观、大方、豪华。"于是，他用上好的砖瓦搭盖，内外都漆上石灰，还比对面的厕所大上一倍。完工之后，他觉得非常满意。奇怪的是，对面的茅厕人来人往，自己盖的美观厕所却无人问津，后来问了过路人，才知道因为他的厕所盖得太美，太干净，一般人以为是神庙，内急的人当然是跑茅厕，不会跑神庙了。

营销是有针对性地对顾客所进行的工作，如果看到竞争对手采取了行动而自己缺乏周密计划安排，单纯模仿并仓促上马，即使所做的工作再完美也必然导致失败。

（资料来源：张建华，《市场营销》，高等教育出版社 2016 年版，第 127-128 页。）

请思考：

这个故事给你什么样的启示？

知 识 库

一、市场竞争地位不同的企业

每个企业都要根据自己的目标、资源和环境，以及在目标市场上的地位，来制定竞争战略，即使在同一个企业，不同的业务、不同的产品也有不同的要求。因此，企业应该先确定自己在目标市场上的竞争地位，然后根据自己的市场定位选择适当的竞争战略。

根据企业在市场上的竞争地位，一般将企业分为四种类型：市场领导者、市场挑战者、市场跟随者和市场补缺者。

（一）市场领导者

市场领导者是指在相关的产品市场上占有率最高的企业。一般说来大多数行业都有一家企业被认为是市场领导者或领先者，它在价格变动、新产品开发、分销渠道的宽度和促销力量方面处于主导地位，为同业者所公认。它是市场竞争的导向者，也是其他企业挑战、效法或回避的对象。如美国汽车市场的通用公司、电子计算机市场的 IBM 公司、软饮料市场的可口可乐公司以及快餐市场的麦当劳公司等，这种领先者几乎各行业都有，它们的地位是在竞争中自然形成的，但也不是固定不变的。

（二）市场挑战者

这类企业是指那些在市场上处于次要地位（第二、三位）的企业。如美国汽车市场的福特公司、软饮料市场的百事可乐公司等。这些处于次要地位的企业可采取挑战的策略，以争取市场领先地位。因为他们比市场领先者仅仅稍逊一筹，有实力向市场领先者挑战。

（三）市场追随者

这是指那些在相关市场上的地位比市场挑战者低，但又不比其他企业高出许多的企业。它们一般安于次要地位，与市场领先者不争不抢，紧紧跟随，在"共处"的状态下求得尽可能多的收益。采取"跟随"的竞争策略，即市场追随者。

（四）市场补缺者

每个行业几乎都有些小企业，它们专心关注市场上被大企业忽略的某细小部分，在这些小市场上通过专业化经营来获取最大限度的收益，也就是在大企业的夹缝中求得生存和发展。所谓市场补缺者，就是指占据这种位置的企业。如我国改革开放初期的大多数乡镇企业。

二、市场领导者竞争战略

市场领导者为了保持自己的竞争优势，维护自己的领先地位，必须对竞争者保持高度的警惕，并采取有效的竞争战略。一般考虑采取以下主要策略：

（一）扩大市场需求

当一种产品的市场需求总量扩大时，受益最大的是处于领先地位的企业。扩大总需求的途径是开发产品的新用户、开辟产品的新用途和增加顾客使用量。

1. 开发新用户

每种产品都有吸引新用户、增加用户数量的潜力，因为，可能有些消费者对某种产品还不甚了解，产品定价不合理或者产品性能还有缺陷等。一个制造商可从转变未使用者、进入新的细分市场、地理扩展三个方面找到新用户。

2. 开辟新用途

为产品开辟新用途，可扩大需求量并使产品销路久畅不衰。例如，碳酸氢钠的销售在一百多年间没有起色，这是因为它虽然有多种用途，但没有一种是被大量需求的，后来，一家企业发现有些消费者将该产品用作电冰箱的除臭剂，于是大力宣传这一新用途，使该产品销量大增。许多事例表明，新用途的发现往往归功于顾客，企业应及时了解和推广这些发现。

3. 增加使用量

可通过提高使用频率、增加使用量、增加使用场所等多种渠道增加现有顾客对产品的使用量。如电视机生产企业可以宣传在卧室和客厅等不同房间分别摆放电视机的好处，如观看方便、避免家庭成员选择频道的冲突等，是生活水平提高的表现而不是奢侈或浪费，使有条件的家庭乐于购买两台以上的电视机。

（二）保护现有市场份额

处于市场领先地位的企业，必须时刻防备竞争者的挑战，保卫市场阵地。防御战略的目标是减少受攻击的可能性，使攻击转移到危害较小的地方，并削弱其攻势。虽然任何攻击都可能造成利润上的损失，但由于防御者的措施不同、反应速度快慢不同，导致其后果就大不一样。下面有几种防御战略可供市场领导者选择：

1. 阵地防御

阵地防御是指围绕企业目前的主要产品和业务建立牢固的防线，根据竞争者在产品、渠道和促销方面可能采取的进攻战略，制定自己的预防性营销战略，并在竞争者发起进攻时坚守原有的产品和业务。

2. 侧翼防御

侧翼防御是指企业在自己主阵地的侧翼建立辅助阵地以保卫自己的周边和前沿，并在必要时作为反攻基地。超级市场在食品和日用品市场占据主要地位，但在食品方面受到以快捷、方便为特征的快餐业的蚕食，在日用品方面受到以廉价为特征的折扣商店的攻击。为此，超级市场提供广泛的、货源充足的冷冻食品和速食品以抵御快餐业的蚕食，推广廉价的无品牌商品并在城郊和居民区开设新店以击退折扣商店的进攻。

3. 机动防御

机动防御指市场领导者不仅要固守现有的产品和业务，还要扩展到一些有潜力的新领域，以作为将来防御的中心。市场扩展通过以下两种方式实现：

（1）市场扩大化。市场扩大化就是企业将其注意力从目前的产品转到有关该产品的基本需要上，并全面研究与开发有关该项需要的科学技术。例如，石油公司发展成能源公司就意味着市场范围扩大了，不限于一种能源——石油，而是要覆盖整个能源市场。但是市场扩大化必须有个适当的限度。

（2）市场多角化。即向无关的其他市场扩展，实行多角化经营。例如，一些烟草公司由于社会对吸烟的限制日益增多，纷纷转向其他产业，如酒类、软饮料和冷冻食品等。

4. 收缩防御

收缩防御是指企业主动从实力较弱的领域撤出，将力量集中于实力较强的领域。当企业无法坚守所有市场领域，并且由于力量过于分散而降低资源效益的时候，可以采取这种战略。

5. 以攻为守

以攻为守是指在竞争对手尚未构成严重威胁时或将向本企业采取进攻行动前抢先发起攻击以削弱或挫败竞争对手，这是一种先发制人的防御。公司先发制人的方式多种多样：可以运用游击战，这儿打击一个对手，那儿打击一个对手，使各个对手疲于奔命、忙于招架；可以展开全面进攻，如精工手表有 2300 个品种，覆盖各个细分市场；也可以持续性地打价格战，如格兰仕微波炉曾数次率先降价，使未取得规模效益的竞争者陷于困境。

（三）扩大市场份额

市场领导者设法提高市场占有率，这是增加收益、保持领先地位的一个重要途径。市场占有率是与投资收益率有关的最重要的变量之一。市场占有率越高，投资收益率也越大。市场占有率高于 40% 的企业的平均投资收益率相当于市场占有率低于 10% 的企业的 3 倍。企业提高市场占有率时应考虑以下三个因素：

1. 反垄断法

为了保护自由竞争，防止出现市场垄断，许多国家的法律规定：当某一公司的市场份额超出某一限度时，就要强行分解为若干个相互竞争的公司。西方国家的许多著名公司都曾经因为触犯这条法律而被分解，微软公司也曾引起反垄断诉讼。如果占据市场领导者地位的公司不想被分解，就要在自己的市场份额接近临界点时主动加以控制。

2. 经营成本

许多产品往往有这种现象：当市场份额持续增加而未超出某一限度的时候，企业利润会随着市场份额的提高而提高；当市场份额超过某一限度仍然继续增加时，经营成本的增加速度就大于利润的增加速度，企业利润会随着市场份额的提高而降低，主要原因是用于提高市场份额的费用增加。如果出现这种情况，则市场份额应保持在该限度以内。

3. 营销组合

如果企业实行了错误的营销组合战略，比如过分地降低商品价格，过高地支出公关费、广告费、渠道拓展费、销售员和营业员奖励费等促销费用，承诺过多的服务项目导致服务费大量增加等，则市场份额的提高反而会造成利润下降。

三、市场挑战者战略

市场挑战者一般在行业中处于第二或第三的地位，又称亚公司。这类公司可采取下列竞争战略挑战市场主导者，争取市场的主动权。

（一）选择挑战者战略

1. 攻击市场主导者

每一个挑战者都希望自己的挑战能获得辉煌的成功，成为新的市场主导者。这就需要挑战者仔细分析市场主导者的优势和劣势，避实击虚，准确而有力地打击市场主导者。在竞争中，需要有好的产品，甚至要优于市场主导者的产品，只有这样，再配以适当的营销战略，才有可能夺取市场的主导地位。

2. 攻击与自己实力相当者

挑战者可以对市场经营状况不好而又和自己实力相差无几的企业发起攻击，趁机夺取它们的市场份额，壮大自己的实力，积累力量以便最终成为市场主导者。

3. 攻击中小企业

挑战者可以采用"农村包围城市"的方法，先占领市场主导者周围地区的小市场，逐步蚕食。采用这种方法一方面可以增强自己的实力，另一方面又对市场主导者形成了一个包围圈。如江苏扬州三笑牙刷就采取了这一战略，短短十多年时间内，已成为亚洲最大的牙刷制造商。

（二）选择进攻战略

1. 正面进攻

如果挑战者实力较强，而且在主要产品方面的主要优势已经超过了竞争者，则挑战者可以采取正面进攻，打击对手在市场上的主要力量。比如，竞争者的优势是成本低，因而具有价格优势。而这时挑战者因为已达到了规模生产，且因为管理水平高于竞争对手，单位产品的成本更为低廉，价格可能更具有优势，则挑战者可以同对方打一场价格战。如果挑战者通过仿效和改进之后，产品款式更新颖、性能更卓越，则可以考虑在产品形象上同对方一争高低。如果挑战者在产品方面都和竞争者一样，但公关方面比对方强，新闻媒介关系比对方好，则可以考虑打一场公关战或广告战。

一般而言，正面进攻可以显示挑战者的实力和信心，但是也易招致反感，而且挑战者采取正面进攻后，往往会遭到其他竞争者的群起攻击。所以没有绝对把握不要轻易采用。

2. 侧翼进攻

侧翼进攻与正面进攻相比有更多成功的机会。所谓侧翼进攻，就是在市场上找出竞争者尚未得到满足的需求并加以满足，攻击的是对方的弱点而不是强项。这种方法适用于大多数企业。

3. 包围进攻

如果挑战者在各项资源方面都占据优势，则可以向竞争者的所有产品同时发起攻击一举打垮对手。

四、市场跟随者战略

市场跟随者与挑战者不同，它不是向市场主导者发动进攻并图谋取而代之，而是跟在主导者之后自觉地维持共处局面。但是，这并不等于市场跟随者就无需竞争战略，每个市场跟随者都必须懂得如何保持现有顾客，并争取一定数量的新顾客；必须设法给自己的目标市场带来某些特有的利益，如地点、服务、融资等；还必须尽力降低成本并保持较高的产品质量和服务质量。一般有下列三种跟随方式：

（一）紧密跟随

这种方式是跟随者在各个子市场和市场营销组合方面尽可能仿效主导者，这类跟随者有时好像挑战者，但只要它不从根本上侵犯主导者的地位，就不会与主导者发生直接冲突。

（二）距离跟随

这类跟随者是在主要方面，如目标市场、产品创新、价格水平和分销渠道等都追随主导者，但仍与主导者保持若干差异。这种跟随者可通过兼并小企业使自己发展壮大。

（三）选择跟随

这类跟随者在某些方面紧跟主导者，而在某些方面又自行其是。也就是说，它不是盲目跟随，而是择优跟随，在跟随的同时还发挥自己的独创性，但不进行直接竞争。这类跟随者之中有些可能会发展为挑战者。

五、市场补缺者战略

市场补缺者是指势单力薄、在市场上处于劣势地位的小企业，它就像小船难以在大海中远行一样，很难在大市场上长久维持。市场补缺者要想立足市场，可采用的方法如下：

（一）对大市场进行细分

在大市场中选择一个适合自己发展且无竞争对手的小市场，以谋求长远发展。一个最有利的细分小市场应具有下列特征：

（1）有足够大的市场潜力和购买力。

（2）利润有增长的潜力。

（3）对主要竞争者不具有吸引力。

（4）企业具有占领新市场所必需的资源和能力。

（5）企业可依靠既有信誉来对抗竞争者。

（二）专业化经营

可供选择的专业化方案如下：

（1）最终用户专业化。企业专门为某类最终用户提供服务。

（2）专门为某一大企业生产零配件。

（3）特定顾客营销。企业只为一类或几类主要顾客服务。

（4）产品专业化。企业仅营销一种产品或产品线，如营销建筑材料中的瓷砖。

（5）特色产品专业化。如仅销售制作特大号男女皮鞋。

（6）服务专业化。企业可以提供其他企业不愿或不能提供的特色服务。

任何市场都不可能是一块铁板，总会留有空隙。因此，小企业就可以通过认真的研究和市场细分，找出自己能够生存的空间，取得成功并获得进一步发展。

训练营

训练任务：伊利牛奶竞争市场分析。

训练目的：掌握市场地位竞争战略。

训练步骤：

1. 分组收集资料，对当前奶业市场进行讨论。
2. 分析伊利竞争对手并制定有效竞争战略。
3. 选择一名代表上台进行汇报。
4. 教师进行点评并总结。

表5-2　训练成绩考核表

训练评估指标	训练评估标准	分项成绩
当前奶业市场分析30%	1. 奶业市场发展趋势预测合理15% 2. 奶业市场竞争状态分析准确15%	
根据伊利在奶业市场中的状况制定有效市场地位竞争战略40%	1. 伊利竞争地位判断准确20% 2. 竞争战略制定恰当20%	
市场地位竞争战略陈述30%	1. 语言表达流畅10% 2. 陈述准确、层次清晰10% 3. 重点突出10%	
总成绩100%		

超链接

竞争类型

竞争者一般是指与本企业提供相同或相似产品的所有企业，包括企业的现实竞争者和潜在竞争者。从现实市场发展状态来看，现实竞争者容易识别，潜在竞争者却难以察觉，而一个企业在竞争中受挫往往是由于潜在竞争者，并不是由于当前的主要竞争者。因此，要注意对竞争者的识别。一个企业要想成为行业内有效的参与者，就必须理解该行业的竞争类型。从行业（行业是一组提供一种或一类密切替代产品的相互竞争的公司群，如石油行业、医药行业或饮料行业等）角度来看，竞争类型可划分为完全竞争、垄断竞争、寡头竞争、纯粹垄断四种类型。

1. 完全竞争

完全竞争是指某一行业内有许多企业，各企业相互之间的产品没有差别。完全竞争大多存在于均质产品市场，如食盐、农产品、水泥等。买卖双方只能按照供求关系确定的现行市场价格来买卖商品，都是价格的接受者而不是价格的决定者。企业竞争战略的焦点是降低成本、增加服务并争取通过产品开发扩大与竞争品牌的差别，或通过广告塑造产品形象，造成顾客的心理差别。

最后，应该指出的是，在现代经济社会中，完全竞争的市场事实上并不存在。

2. 垄断竞争

垄断竞争指某一行业内有许多卖主且相互之间的产品在质量、性能、款式或服务方面有差别，顾客对某种品牌有特殊偏好，不同的卖主以产品的差异性吸引顾客，开展竞争。企业竞争的焦点是扩大本企业品牌与竞争品牌的差异，突出特色，更好地满足目标市场需求以获得溢价。在垄断竞争条件下，因为产品存在差异性，垄断企业变动价格一般不会引起竞争者的强烈反应。产品的差异性有些是客观上存在的，易于通过客观手段检测或直观感觉证实，如汽车的速度、油耗、减震性、舒适性等。有些则是购买者主观心理上存在的，不易用客观或主观方法加以检测。对于不易用客观或主观方法加以检测的产品，企业可以运用有效营销手段如通过款式、商品、包装、价格、广告等手段在购买者中造成本品牌与竞争品牌的心理差别，强化特色，取得竞争优势。

3. 寡头竞争

寡头竞争是指在一个行业中只有少数几家大公司（大卖主），他们所生产和销售的某种产品占这种产品的总产量和市场销售总量的绝大部分并相互竞争。西方国家的钢铁、铝、轮胎、石油等行业多为寡头垄断。在寡头垄断条件下，某一企业变动商品价格，必会引起竞争者的强烈反应。寡头企业之间的相互牵制导致每一企业只能按照行业的现行价格水平定价，不能随意变动，竞争的主要手段是改进管理、降低成本、增加服务。如果寡头垄断企业能够通过扩大生产规模来降低成本，就可以获得价格竞争优势，它们有时会发动价格战来扩大市场份额。

4. 纯粹垄断

纯粹垄断（或完全垄断）是指在一个行业中某种产品的生产和销售完全由一个卖主独家经营和控制。纯粹垄断可以通过规章法令、专利权、许可证、规模经济等原因造成。纯粹垄断有两种：一种是政府垄断，即政府独家经营的业务；另一种是私人垄断，即私人企业控制的业务。在私人垄断条件下，由于缺乏替代产品，追求最大利润的纯粹竞争者会抬高价格，少做或不做广告，并提供最低限度的服务。如果该行业内出现了替代品或紧急竞争危机，纯粹垄断者会通过改善产品或服务作为阻止新竞争者进入的障碍。

课后练习

一、单项选择题

1. 对市场竞争所做出的反应通常是随机的，往往不按规则出牌，使人不可捉摸，这类企业属于（　　　）。

A. 强烈反应型竞争者　　　　B. 不规则型竞争者

C. 选择型竞争者　　　　　　D. 迟钝型竞争者

2. 下列不属于成本领先战略的适用条件的是（　　　）。

    A. 市场需求具有较大的价格弹性　　　　B. 所处行业的企业大多生产标准化产品

    C. 实现产品差异化的途径很少　　　　　D. 消费者对产品的需求不同

3. 市场主导者的主要竞争战略不包括（　　　　）。

    A. 提高市场占有率　　　　　　　　　　B. 保持市场占有率

    C. 扩大市场需求量　　　　　　　　　　D. 攻击中小型企业

4. 势单力薄，在市场上处于劣势地位的小企业，它就像小船难以在大海中远行一样，很难在大市场上维持长久，这类企业属于（　　　　）。

    A. 市场挑战者　　　　　　　　　　　　B. 市场领导者

    C. 市场补缺者　　　　　　　　　　　　D. 市场跟随者

5. 企业应在审慎调查的基础上，坚决撤并盈利能力较差或亏损的业务单位，属（　　　　）。

    A. 市场多角化策略　　　　　　　　　　B. 保持市场占有率

    C. 收缩产品线　　　　　　　　　　　　D. 全线出击

6. 在市场上找出竞争者尚未得到满足的需求并加以满足，攻击的是"敌人"的弱点而不是强项，属于（　　　　）。

    A. 侧翼进攻　　　　B. 正面进攻　　　　C. 包围进攻　　　　D. 不进攻

7. 企业对于同类同档次产品应当比竞争对手更便宜，以赢得市场竞争的胜利，这是（　　　　）。

    A. 创新制胜　　　　B. 速度制胜　　　　C. 质量制胜　　　　D. 廉价制胜

8. 为使企业产品与竞争者的产品有明显的区别，形成与众不同的特点而采取的战略，是（　　　　）。

    A. 成本领先　　　　B. 差异化　　　　　C. 集中化　　　　　D. 低成本

9. 软饮料市场的百事可乐公司是属于（　　　　）。

    A. 市场主导者　　　　B. 市场挑战者　　　　C. 市场跟随者　　　　D. 市场补缺

10. 企业将其注意力从目前的产品转到有关该产品的基本需要上，并全面研究与开发有关该项需要的科学技术。这属于（　　　　）。

    A. 市场扩大化　　　B. 市场多角化　　　C. 收缩防御　　　　D. 阵地防御

二、多项选择题

1. 企业应从（　　　　）分析竞争者。

    A. 竞争者的目标　　　　　　　　　　　B. 竞争者的战略

    C. 竞争者的市场反应行为　　　　　　　D. 竞争者的优劣势

    E. 竞争者的内部管理制度

2. 分析市场竞争者的优劣势主要包括（　　　　）。

    A. 销售渠道　　　　　　　　　　　　　B. 产品

    C. 市场营销　　　　　　　　　　　　　D. 生产与经营

    E. 研发能力

3. 下列属于市场补缺者可采用的专业化营销的是（　　　　）。

    A. 最终用户专业化　　　　　　　　　　B. 产品专业化

    C. 服务专业化   D. 特定顾客营销

    E. 低占有率集中化

4. 市场跟随者的主要方式有（   ）。

    A. 紧密跟随   B. 距离跟随

    C. 间接跟随   D. 选择跟随

    E. 不规则跟随

5. 市场竞争战略的基本类型有（   ）。

    A. 成本领先战略   B. 差异化战略

    C. 集中化战略   D. 选择战略

    E. 创新战略

6. 市场竞争的战略原则有（   ）。

    A. 创新制胜   B. 优质制胜

    C. 技术制胜   D. 服务制胜

7. 波立顿矩阵模型里包含的产品有（   ）。

    A. 金牛产品   B. 明星产品

    C. 核心产品   D. 问题产品

    E. 瘦狗产品

8. 从市场角度来看，竞争者的类型有（   ）。

    A. 愿望竞争者   B. 属类竞争者

    C. 产品竞争者   D. 品牌竞争者

9. 从行业角度看，竞争的类型有（   ）。

    A. 完全竞争   B. 垄断竞争

    C. 一般竞争   D. 寡头竞争

    E. 纯粹竞争

10. 企业提高市场占有率时应考虑以下因素（   ）。

    A. 专业化经营   B. 反垄断法   C. 经营成本   D. 营销组合

三、判断题

    1. 竞争对手都是"敌人"，企业必须竭尽全力打击对方。   （   ）

    2. 所处行业的企业大多生产标准化产品，是成本领先战略的适用条件。   （   ）

    3. 市场占有率低的部门通常被企业视为"金牛"类业务单元，对这些部门，企业往往采取放弃或彻底整顿的战略，以便提高其市场占有率。   （   ）

    4. 先发制人，全线出击战略，是市场挑战者常用的市场竞争战略。   （   ）

    5. 市场多角化，即企业向其他市场扩展，实行多角化经营。   （   ）

    6. 市场领导者是指在相关的产品市场上占有率最高的企业。   （   ）

    7. 市场补缺者是指那些在相关市场上的地位比市场挑战者低，但又不比其他企业高出许多的企业。它们一般安于次要地位，与市场领先者不争不抢。   （   ）

    8. 正面进攻，就是在市场上找出竞争者尚未得到满足的需求并加以满足，攻击的是

对方的弱点而不是强项。　　　　　　　　　　　　　　　　　　　（　　）

　　9. 优质制胜即企业向消费者提供的产品在质量上应当优先于竞争对手，以赢得市场竞争的胜利。　　　　　　　　　　　　　　　　　　　　　　　　（　　）

　　10. 明星类业务单位（stars），是指处于高增长率、低市场占有率的产品群。（　　）

四、案例分析题

莱凯公司对于竞争战略的选择

　　莱凯公司是一家设计、开发、销售运动鞋的公司，其产品包括健身鞋、跑步鞋、训练鞋、慢跑鞋和散步鞋。有三个主要公司统治着运动鞋市场：耐克、锐步和吉尔，第二等级的竞争者包括阿迪达斯、艾韦尔、阿斯克斯和肯维斯，所有这些公司都比莱凯公司资金雄厚，资源丰富。1992 年，莱凯公司的销售收入是 1210 万美元，而耐克公司是 34 亿美元，锐步公司是 30 亿美元，吉尔公司是 4.3 亿美元，运动鞋市场被认为是一个成熟的市场。然而，一部分细分市场却快速膨胀，除了整个行业增长之外，还因为高度专业化、技术革新和运动鞋迷人的形象和样式。

　　（资料来源：杨芳玲，《市场营销原理与实务》，中国传媒大学出版社 2017 年版，第 114 页。）

　　分析：

　　根据上述资料，你认为莱凯公司应当采取哪种竞争战略？采取该种战略应具备什么条件？

项目六

STP 营销

学习目标

知识目标：

1. 了解市场细分的定义、产生与发展历程、作用及其相关概念；了解生产者市场细分的标准。

2. 理解市场细分的理论基础，掌握消费者市场细分的标准。

3. 掌握目标市场选择的五种模式和目标市场营销战略的三种战略。

4. 掌握常用的市场定位方法。

能力目标：

1. 能利用相关知识对中国汽车、手机、房地产、化妆品、服装等市场进行细分。

2. 能利用相关知识对奔驰、宝马、华为、苹果等企业具有代表性的产品的目标市场选择模式、目标市场营销战略和市场定位策略进行分析。

任务一　市场细分

案例先导

零食消费男女有别，细分市场有潜力

　　为了了解孩子对零食的消费情况，架起食品生产商与市场沟通的桥梁，北京一家调查公司对儿童零食消费市场进行了一次调研。本次调查涉及北京、上海、广州、成都、西安5大消费先导城市。调查以街头拦截式访问方式进行，调查对象为0~12岁儿童的家长和7~12岁的儿童。调查结果为：

　　一、女孩偏爱果冻和水果，男孩偏爱饮料和膨化食品，男孩、女孩对零食消费表现出不同程度的偏爱。

　　调查显示，女孩爱吃果冻和水果的比例均比男孩高出8个百分点左右，另外对于冰淇淋、巧克力和面包，女孩的喜爱率也分别高出男孩5.2~6.8个百分点；相对而言，男孩更偏爱饮料和膨化食品，喜爱率比女孩分别高出近3个百分点和1个百分点。

　　二、9岁以下儿童喜爱饼干和饮料，10岁以上儿童偏爱巧克力和膨化食品。

　　对5大消费城市有独立回答能力的7~12岁儿童的调查显示，不同年龄的儿童对零食的偏好也有所不同。年龄小的儿童喜爱饼干和饮料，年龄大的孩子爱吃巧克力和膨化食品。调查显示，7~9岁喜爱饼干和饮料的儿童比10~12岁喜爱饼干和饮料的儿童均多出9个百分点以上；10~12岁喜爱巧克力和膨化食品的儿童比7~9岁喜爱巧克力和膨化食品的儿童分别多出7个和5个百分点。

　　三、零食消费中果冻独占鳌头，城市儿童对果冻有特别的偏好。

　　果冻食品以其新鲜的口味、科学的营养成分及细腻、爽滑的口感成为城市儿童最喜爱吃的零食。本次调查显示，六成以上的儿童表示平时爱吃果冻；其次是水果，占57.2%；表示爱喝饮料的儿童占51.7%。经常购买果冻的儿童家长平均每年在果冻上的花费超过百元。

　　分城市看，广州和成都的家长一年在果冻上的开销较高，分别达到了174.1元和170.7元，居前两位；北京和上海的家长花费分别为86元和76元，分列三、四位；相比之下，西安的儿童家长一年花费在果冻上的开销最低，仅为22.3元。

　　一批果冻品牌已确立市场地位。"喜之郎"以其强大的广告攻势及优良的品质不仅赢得了孩子们的喜欢，也赢得了家长们的心。本次调查显示，"喜之郎"在儿童家长中的综合知名度最高，提及率达到90%；"乐百氏"和"旺旺"的提及率也超过五成，分别为66.2%和53.9%；"徐福记"和"波力"的提及率分别为42.8%和35.2%，分列第四、五位。

　　（资料来源：邵尉，《市场营销实务》，武汉理工大学出版社2019年版，第77页。）

请思考：
1. 你从这个案例中得到了哪些启示？
2. 依据现有的认知，你认为什么是市场细分？市场细分的意义何在？

知 识 库

一、市场细分的各个阶段

市场细分和目标市场营销是由美国市场营销学家温德尔·史密斯于 20 世纪 50 年代中期首先提出来的，这一理论适应了市场形势的需要，为企业有效地开展市场营销活动指明了方向。市场细分作为一种重要的营销思想，它的产生和发展经历了如下三个阶段。

（一）大量营销阶段

19 世纪末 20 世纪初期，西方经济处于工业化初级阶段，整个市场形势呈供不应求状态。由于销路不成问题，所以企业不必考虑市场需求和产品销售。如何提高生产效率以增加产量、生产更多物美价廉的产品，成为企业关心的首要问题。许多企业进行大量市场营销（Mass Marketing），大批量生产单一品种、单一花色的产品，面对所有的消费者进行销售，力争获得大规模的经济效益。例如，20 世纪初期，美国福特汽车公司的 T 型车只有黑色的；可口可乐公司也曾经多年只卖一种口味、一种包装的可乐。

（二）产品多样化营销阶段

20 世纪 20 年代以后，随着科学技术的发展，生产力水平大幅度提高，市场产品供应日益充足，市场竞争加剧，买方市场逐步形成。面对日益激烈的市场竞争，一些企业开始进行产品多样化营销（Product Differentiated Marketing），通过推出在外观、质量、款式、花色、价格等方面有差异的产品，为消费者提供多种选择，以此吸引更多的消费者，增加产品销量。如福特汽车公司面对市场形势的变化不得不改变原来单一的黑色 T 型车的生产销售格局，推出多种档次、型号和颜色的汽车。与大量市场营销相比，多样化市场营销无疑实现了营销观念和方式的新发展。

（三）目标市场营销阶段

20 世纪 50 年代，第三次科学技术革命蓬勃兴起，技术创新层出不穷，新产品争相上市，社会产品供应量迅速增加。西方发达资本主义国家已经形成产品供过于求的买方市场，并且由于国民个人收入和消费水平的提高，市场需求变化加快，企业之间竞争加剧。在这种情况下，越来越多的企业在市场营销观念的指导下，感觉到需要集中企业资源，进行目标市场营销（Targeting Marketing）。目标市场营销是指在市场细分的基础上，结合企业所拥有的资源，选择一个或少数几个子市场作为目标市场，运用适当的营销策略，适应和满足目标消费者的需要。例如，可口可乐公司现在针对各个细分市场的不同需要，生产销售传统的含糖可乐、不含糖可乐（针对糖尿病患者）、低热量可乐（适应减肥者需要）、无咖啡因可乐、非可乐型饮料等多种产品，每种产品又有多种不同包装，以适应不同消费者的需要。在市场细分的基础上进行目标市场营销是市场营销观念的质的飞跃，是市场营销发展的一座里程碑。

二、市场细分的概念和作用

（一）市场细分的概念

市场细分的概念是美国市场学家温德尔·史密斯（Wendell Smith）于 20 世纪 50 年代中期提出来的。所谓市场细分，又称市场细分化，即企业根据顾客的不同需求，把整体市场划分为不同的顾客群的市场分割过程。每一个顾客群就是一个细分市场，亦称"子市场""分市场"或"亚市场"，各个细分市场是由需要与欲望基本相同的顾客所组成。

市场细分的目的是要在大市场中寻找对企业最有利的一个或几个细分市场作为自己的目标市场，从而使企业营销可以以最高的效率进行。如某企业可进入的市场是服装市场，它可以根据消费者的需求和特点，按"年龄"这个因素分割为儿童市场、青少年市场、中老年市场，又可按"性别"这个因素分割为儿童男女装市场、青少年男女装市场、中老年男女装市场。这样，企业就可以根据市场环境和自身条件，选择其中最有利于自己经营的市场作为目标市场，进而采取适当的经营策略组合，去开拓这个市场，以求得最佳的竞争条件和最佳的经营效果。

以汽车市场为例，见表 6-1：

表 6-1　汽车市场的细分

按照用途划分	轿车、客车、货车、特种车等
按照车型划分	微型车、小型车、紧凑型车、中型车、中大型车、豪华型车、MPV、SUV、面包车、混动车、电动车、跑车等
按照价格划分（单位：元）	8 万以下、8 万~12 万、12 万~18 万、18 万~25 万、25 万~40 万、40 万以上
按照国别划分	美系、德系、日系、欧系、韩系等
按照所使用燃料划分	汽油、柴油、纯电动、油电混合、油气混合等
按照排量划分	1.3L 以下、1.3~1.6L、1.7~2.0L、2.1~3.0L、3.1~5L、5L 以上

（二）市场细分的理论基础

1. 消费需求的异质性

消费需求的异质性是市场细分的内在依据。由于消费者需求和购买行为的差异性，企业在满足消费者需要时所提供的产品、价格、销售渠道等方面也存在差异性。不同的消费者喜欢不同的产品，根据消费者对产品不同属性的偏好程度，分析其对某一产品属性的偏好模式，大致可以分为三种不同的偏好模式：同质型偏好、分散型偏好、集群型偏好。

（1）同质型偏好（Homogeneous Preferences）。同质型偏好是指在一个市场中，大部分消费者有大致相同的偏好。例如，根据消费者对雪糕的甜度和奶油度偏好来划分，大部分消费者都喜欢甜度和奶油度适中的雪糕，在这种情况下，产品定位一般都在偏好的中心。针对消费者对雪糕的同质型偏好，企业只需要生产一种甜度和奶油度适中的雪糕，几乎就可以满足所有消费者的需求。

（2）分散型偏好（Diffused Preferences）。分散型偏好是指消费者对产品的偏好非常分散，无任何集中现象。例如，根据消费者对雪糕的甜度和奶油度偏好来划分，消费者对雪糕的需求五花八门。这时，企业的产品定位可以有两种选择：一种是定位在市场的中心，生产甜度和奶油度适中的雪糕，以便迎合更多的消费者；另一种定位则是侧重于消费者对产品某一属性的偏好，即将产品的属性定位于某些角落，以吸引特定的消费者群体。如果市场上有多个企业的多个品牌，则它们很可能定位于整个空间的各处，各显示其差异，以满足不同偏好的消费者的需求。

（3）集群型偏好（Clustered Preferences）。集群型偏好是指市场上消费者对产品的偏好形成一些集群。例如，根据消费者对雪糕需求的特点，可以把消费者划分为三个集群。在这种情况下，企业只需要生产三种雪糕：不怎么甜、奶油很多的雪糕，甜度和奶油度适中的雪糕，特别甜、奶油特别多的雪糕，这三种雪糕基本上就可以满足大部分消费者的需求。

2. 消费需求的相似性

人们的消费需求既有差异的一面，也有类似的一面。受人文环境的影响和民族传统文化的熏陶，一定区域、一定民族的人们在生活习惯、爱好、宗教等方面会表现出一定的相似性。这种相似性又使这些消费者形成相似的消费者群体，每个相似的消费者群体构成具有一定特点的细分市场。例如，四川人几乎都喜欢吃辣椒，重庆人几乎都喜欢吃火锅，藏族人几乎都喜欢喝酥油茶。随着市场的变化，细分市场的相似特性和消费者重视的商品属性也会发生变化，这时企业需要再次进行市场细分。

3. 企业资源的有限性

企业所拥有的资源是有限的，任何企业都不可能占有人力、物力、财力、信息等一切资源，也不可能向市场提供满足所有消费者需求的所有产品或者服务。例如，奔驰汽车公司可以生产最好的汽车，但是短期内却无法制造出最好的手机。因此，在市场竞争中，企业要树立市场营销观念，对市场进行细分，同时根据企业所拥有的资源和能力，选择合适的目标市场，提供产品或服务，发挥企业优势，才能在竞争中获胜。

（三）市场细分的作用

1. 有利于发现新的市场机会

通过市场细分，企业可以发现消费者的哪些需求已经得到满足、哪些需求尚未得到满足。对企业而言，消费者未被满足的需求就是新的市场机会，这些领域往往没有竞争者或竞争者比较少，企业可以通过开发这一领域的相关产品，满足消费者需求，从而迅速树立市场领导者的地位。

例如，美国钟表公司在战前通过市场营销研究和市场细分，把美国手表市场细分为三类不同的购买者群：第一类购买者群想以较低的价格购买能计时的手表，他们占美国手表市场的23%；第二类购买者想以较高的价格购买计时更准、更耐用或式样更好的手表，他们占美国手表市场的46%；第三类购买者想购买名贵手表，他们购买手表往往是作为礼品，追求手表的感情价值，这类购买者占美国手表市场的31%。那时，著名的钟表公司几乎都是以第三类购买者群体为目标市场，这些公司主要制造名贵手表，广告宣传和销售活动主要集中在礼品购买季节（如学校举行毕业典礼时、圣诞节等）进行，而且主要通过大型百货商店、珠宝商店销售。这就是说，那时占美国手表市场69%的第一、第二类购买者群的需要没有得到充分满足，而这里存在着最好的市场机会。美国钟表公司通过市场营销研究和市场细分发现了上述情况和良机之后，选择第一、第二类购买者群为其目标市场，并且迅速进入这两个亚市场。这家公司当时根据第一、第二类购买者群的需求，适当安排市场营销组合，开展市场营销策略，制造了一种叫"天美时"的物美价廉的手表，一年内保修，而且利用新的分销渠道，广泛通过百货商店、超级市场、廉价商店、药店等各种类型的零售商店销售"天美时"手表，结果这家公司很快就大大提高了市场占有率，成为当时世界上最大的钟表公司之一。

2. 有利于合理运用企业资源，提高企业竞争力

任何企业的资源都是有限的，特别是对小企业而言。与大中型企业相比，小企业往往在技术水平、人员配备、资金、物资准备等方面处于劣势。因此，如果小企业的资源平均使用于各个市场，会因为力量的分散而削弱其市场竞争力，从而在与大中型企业的竞争中败下阵来。例如，吉利汽车公司在进入汽车市场时，集中资源，首先只生产1.6L排量的大众化轿车。而当时奔驰、宝马、丰田等汽车公司已经开始生产1.6L、2.0L、3.0L、4.5L、6.0L等多种排量的轿车以及SUV、越野车、卡车等多种车型。正是因为吉利汽车公司集中企业资源，只生产符合中国人需求的高性价比的1.6L排量的大众化轿车，才提高了企业竞争力，使得吉利汽车公司在竞争中站稳了脚跟，避免了被淘汰出局的命运。

3. 有利于企业更好地满足市场需求

市场细分的过程其实也是企业对市场需求进行研究的过程。在市场细分的基础上，企业可以知晓本企业准备进入的细分市场的需求状况，准确把握不同类型消费者群体的现实需要，借助有效的市场营销策略，设计、生产、销售相关产品，满足市场需求。例如，广州汽车公司经过市场细分，发现一部分消费者喜欢到山地、森林等路况较差的地方旅游，于是推出了广汽传祺GS4，该车型一上市便受到消费者的热烈追捧。

海尔"小小神童"的成功上市就是市场细分的结果。海尔的研究人员发现夏天的衣服量少，洗得勤。传统的洗衣机利用率太低，于是推出小容量的"小小神童"，大受市场欢迎；他们还发现有些地区的农民用洗衣机来洗地瓜，排水道容易堵塞，于是又开发出既能

洗衣服又能洗地瓜的"大地瓜"洗衣机，满足了这一细分市场的需求，迅速占领了当地的农村市场，受到了农民的好评。海尔还对家用空调市场进行调研，发现随着住宅面积的不断增加，壁挂空调和柜机都已不能满足所有居室的降温，于是提出"家用中央空调"的概念，开发出新产品，获得良好的回报。

三、市场细分的标准

市场细分的出发点是消费者对商品和服务的不同需求与欲望。市场细分的标准是消费者市场和生产者市场存在的差异。

（一）消费者市场细分的标准

消费者市场细分的标准很多，但主要有四类，即地理因素、人口因素、心理因素和行为因素，如表6-2所示。

表6-2 消费者市场细分的四个因素

主要变量	次要变量	划分标准
地理因素	经济区域	东北、华北、华东、华中、西北、西南等
	行政区域	北京、上海、广州、武汉、重庆、西安等
	城市规模	特大型、大型、中型、小型
	人口密度	城市、市郊、农村
	气候	热带气候、亚热带气候、温带气候、亚温带气候、寒带气候
人口因素	年龄	6岁以下、6~15岁、16~20岁、21~35岁、36~50岁、51~60岁、60岁以上
	性别	男、女
	家庭生命周期	单身期、新婚期、满巢Ⅰ期、满巢Ⅱ期、满巢Ⅲ期、空巢期、孤独期
	月收入	1000元及以下、1001~2000元、2001~3000元、3001~5000元、5001~8000元、8000元以上
	职业	工人、农民、教师、医生、律师、商人、科研人员、公务员、企业管理人员、学生等
	学历	高中及以下、大专、本科及以上
	媒体选择	电视、广播、报纸、杂志、互联网
心理因素	社会阶层	国家管理者阶层、省级及大型国企管理者阶层、中小型企业主阶层、专业技术人员阶层、一般职员阶层、工人阶层、个体户阶层、农业劳动者阶层、流浪者阶层等
	生活方式	简朴型、时尚型、奢华型等
	个性	自信、自主、支配、顺从、保守、进取等

续表

主要变量	次要变量	划分标准
行为因素	购买频率	从未购买、偶尔购买、经常购买
	关注点	质量、服务、价格等
	品牌忠诚度	无、一般、较强、非常强
	对产品态度	热情、肯定、不感兴趣、否定、敌视
	准备程度	不了解、了解、喜欢、偏爱、有兴趣、准备购买

1. 地理因素

地理因素是指消费者所处的地理位置和自然环境。地理因素包括地理位置、地形、气候、城镇规模、人口密度等因素。一方面，处于不同地理位置的消费者对产品有不同的需求和偏好。例如，中国海南省三亚市的居民，冬天基本上不会购买羽绒服，而哈尔滨市的居民冬天则需要购买加厚、防寒的羽绒服。另一方面，城市与农村、沿海与内地由于经济发展水平不同，人均收入和生活消费水平有很大的差异，这必然对消费需求产生影响。例如，购买宝马、奔驰的城市人口远远多于农村人口。

地理变量易于识别，是细分市场应予以考虑的重要因素，但处于同一地理位置的消费者需求仍会有很大差异。比如，在我国的一些大城市，如北京、上海，流动人口逾百万，这些流动人口本身就构成一个很大的市场，很显然，这一市场有许多不同于常住人口市场的需求特点。所以，简单地以某一地理特征区分市场，不一定能真实地反映消费者的需求共性与差异，企业在选择目标市场时，还须结合其他细分变量予以综合考虑。

2. 人口因素

人口因素是指各种人口统计变量，包括人口性别、年龄、职业、婚姻、收入、人口密度、教育程度、家庭规模、家庭生命周期、种族、宗教等因素。

（1）性别。性别是经常用来细分服饰、美发、化妆品、杂志、香烟、酒类等产品市场的。男性和女性由于生理和心理上的差别，对产品和服务的需求表现出很大的差异。一般来说，女性比较关心时装、化妆品、美容等产品，男性更关注汽车、电子、烟酒等产品。在购买习惯上，女性比男性更挑剔、购买决策的制定更缓慢。因此，许多企业会针对不同性别的消费者，实施不同的营销战略。

（2）年龄。消费者的需求和购买能力随着年龄的变化而变化，不同年龄的消费者呈现出不同的需求特点。如年轻人对教育、旅游、娱乐、住房、汽车等需求较为旺盛，老年人则对医疗、营养保健品等需求较多。就购买能力而言，由于收入变化，年轻人的购买能力往往并不高，中老年人的购买能力则最高，所以我国年轻人买房的首付款往往是由父母部分或全额支付的。

（3）收入。收入水平直接决定了支付能力，因此收入不同的消费者会表现出不同的需求特点。例如，高收入消费者往往购买高档服装、别墅、名贵汽车和珠宝等，外出住宿时会选择五星级酒店；低收入消费者一般只购买中低档服装、简单家具及日用品。因此，汽车、游船、旅游、化妆品、服装等行业常常根据消费者收入来细分市场。但是，收入变量有时并不能准确地反映市场细分，有些较为昂贵的商品也常常被中低收入者购买，这是因为消费者的需求还受其他因素的影响，如心理因素。例如，一个月收入 2000 元的人因为好面子而购买 2 万元的路易威登背包。

（4）职业和受教育程度。职业和受教育程度会影响消费者的需求种类。例如，教师、律师对图书、培训、会议等需求较多，而工人对烟酒、KTV 的需求较多。消费者因受教育程度不同，审美观也有很大的差异。例如，知识分子的服装往往比较端庄、大方、素雅，而受教育程度较低的消费者往往喜欢大红大紫的服装。

（5）家庭生命周期。一个家庭的生命周期按照年龄、婚姻、子女和居住状况，可以划分为单身期、新婚期、满巢 I–III 期、空巢期、孤独期七个阶段。在不同阶段，家庭购买力、家庭人员对商品的兴趣与偏好会有较大差别。例如，处于单身期的年轻人对娱乐、旅游需求较多，而处于孤独期的老年人对医疗、保健品的需求较多。

3. 心理因素

心理细分是根据消费者所处的社会阶层、生活方式及其个性等方面的因素，将消费者划分成不同的消费群体。在现代社会，消费者需求往往由低层次的功能性需求向高层次的体验性需求不断发展，消费者除了对商品的核心功能提出要求外，对品牌所附带的价值内涵也有所期待。消费者所处的社会阶层、生活方式和个性的差异，会导致其需求的不同。

（1）社会阶层。社会阶层是指对一个人所处社会层次的分类，相同社会阶层的群体往往有相似的价值观、兴趣和行为，这种群体具有相对同质性和持久性。不同社会阶层的人群在产品和服务的选择上存在着较大的差异。例如，奔驰 S600L 和奥迪 A8L 汽车往往是大型国企管理者阶层的交通工具，而农业劳动者阶层的交通工具往往是摩托车或微型面包车。

（2）生活方式。人们追求的生活方式各不相同，有的追求新潮时髦，有的追求简朴节约，有的追求刺激冒险，有的追求稳定安逸。生活方式不同，消费者的消费模式也不相同。追求刺激冒险的消费者可能会选择蹦极、跳伞，追求稳定安逸的消费者可能选择听音乐、看电影。

（3）个性。个性是指一个人比较稳定的心理倾向与心理特征。人们的个性常常会通过自信、自主、支配、顺从、保守、自卫、适应、进取等性格特征表现出来。例如，一个自信、自主的消费者制定购买决策时往往比较果断、迅速，而保守、自卫型的消费者在制定购买决策时往往比较优柔寡断。

4. 行为因素

行为细分是根据消费者对产品的了解程度、态度、使用情况或反应，将其划分成不同的群体。行为细分能更直接地反映消费者的需求差异，因而消费者的行为已成为市场细分的重要因素。行为因素包括购买时机、消费者关注点、使用状况、使用数量、品牌忠诚度、购买的准备阶段和态度等。

（1）购买时机。按照消费者购买产品和服务的不同时机，可将其划分成不同的群体。

例如，中秋节期间，消费者对月饼的需求会大量增加，生产月饼的企业会大量增加产品产量和开展多种营销活动。

（2）消费者关注点。按照消费者关注点的不同，可以将其划分成不同的消费群体。对同一种产品，有些人追求其经济性，有些人则更注重产品所附带的显示其身份和地位的作用。例如，购买汽车时，有些人会更多地考虑性价比、油耗、修理费用等，而有些人则更关注是不是名牌，开这种车是否有面子等。

表6-3　牙膏市场细分（根据消费者关注点）

利益细分	人口统计特征	行为特征	消费心态特征	偏好的品牌
经济因素（低价）	男性	经常使用者	高度自主价值导向	大减价品牌
医疗因素（防止蛀牙）	大家庭	经常使用者	忧虑、保守	品牌A、E
美容因素（洁齿）	青少年	抽烟者	社交能力强、活跃	品牌B
味道因素（好味道）	小孩	果味爱好者	自我中心、享乐主义	品牌C、D

（3）使用状况。按照消费者是否使用和使用状况的不同，可将其分为未使用者、曾经使用者、潜在使用者、首次使用者和经常使用者。市场经验表明，保持老客户的成本往往低于开发新客户，所以，大部分企业都注重客户管理，注重保持老客户。同时，要想提高市场占有率、扩大销量，就必须开发新客户或者是从竞争对手那里抢夺客户。因此，企业必须针对不同的使用者制定不同的营销策略。

（4）使用数量。按消费者使用产品的数量，可以将其分为大量使用者、中度使用者和少量使用者。大量使用者的数量有可能并不是很多，但他们的消费量却在全部消费量中占很大的比重。美国一家公司研究发现，在啤酒市场上，50%的消费者消费了美国啤酒销售总量的87%，而另外一半的消费者仅消费了总量的13%。所以，啤酒公司宁愿吸引重度饮用啤酒者而放弃轻度饮用者，从而把重度饮用啤酒者作为目标市场。

（5）品牌忠诚度。根据消费者对品牌的忠诚程度的不同，可以将其分为坚定忠诚者、中度忠诚者、转移型忠诚者和多变化者四种。在一定时期内，消费者对某一品牌产品重复购买次数越多，说明其对这一品牌的忠诚度越高。同时，消费者挑选产品品牌的时间越短，说明其对这一品牌的忠诚度越高。品牌忠诚度较高的消费者对价格的敏感度较低，反之，敏感度较高。

（6）购买的准备阶段。消费者购买的准备阶段包含两个方面：第一，对于产品信息，有的消费者已经了解，有的毫不知情；第二，同时看到产品的广告，甲受广告影响，准备购买，而乙则对产品和广告持怀疑态度，不购买。根据消费者的准备阶段进行市场细分，可以使企业针对处于不同购买阶段的消费者采取不同的市场营销组合。例如，针对处于对产品尚未认知阶段的消费者，企业应注重广告宣传和产品信息传播；针对处于已了解产品阶段的消费者，则重点宣传本企业产品的优势和给消费者带来的利益，促使消费者购买本企业产品。

（7）态度。根据消费者对同一产品的不同态度，可将其分为热情者、肯定者、不感兴趣者、否定者和敌对者五种群体。企业应针对不同态度的消费者群体，采取不同的营销策略。

（二）生产者市场细分的标准

生产者市场又叫产业市场或工业市场，由购买货物或劳务，并用其生产其他货物和劳务，以出售、出租给其他人的个人或者组织构成。产业市场包括农业、林业、制造业、建筑业、运输业、通信业、银行业、保险业、公用事业和服务业等。生产者市场可以从以下五个因素进行细分。

1. 地理位置

产业市场的产品往往集中在某一地理区域内。在产业市场中，劳动力充裕、各种资源获取方便的地区，往往是产业生产者集中的地区。例如，在美国，许多生产计算机硬件和软件的企业都集中于美国加利福尼亚的硅谷；在中国，汽车生产主要集中在长春、上海、重庆、武汉、北京、广州等城市和地区。

2. 购买者类型

购买者的类型是产业市场细分最通用的标准。不同类型的购买者购买同一产品的使用目的和需求特点是不同的，因此，企业应当对不同类型的购买者制定不同的营销策略。例如，客运公司购买大客车往往数量大，采取招标的方式，寻求对企业最有利的价格、付款方式和交货时间等条件。而钢铁企业有客运需求时，可以采取租赁或者购买服务的方式，从客运公司、旅行社或者个人处获取客运服务。

3. 客户规模

客户规模是决定企业采购规模的一个非常重要的因素。在产业市场中，有的客户购买量很大，而有的客户购买量很小。以钢材市场为例，建筑公司、汽车制造商、造船公司对钢材的需求量较大，而一些小型的机械加工厂购买量则较小。企业对大客户可直接供货，在价格和其他方面予以优惠，而对部分小客户可由中间商组织供货。

4. 产品用途

许多产品都有不同的用途，特别是钢铁、木材和汽油等，产品的用途很大程度上决定了消费者的购买数量、购买标准及如何选择卖主。例如，钢铁制造商可根据钢铁制品的最终用途不同，将消费者细分为汽车用钢材用户、建筑用钢材用户、造船用钢材用户等。

5. 采购特征

产业市场也可以根据消费者的采购特征进行细分，有的消费者实行招标采购，有的消费者设有采购委员会，有的消费者设置了详细的购买标准。企业往往根据消费者的采购特征，对消费者进行市场细分，然后开展相应的营销活动。

以上这些细分标准和具体因素选用是否适当，对市场细分影响很大。为此，企业必须遵循以下原则：第一，不同的企业在市场细分时，应采用不同的标准，根据企业的实力和产品的特性来确定自己的细分标准；第二，选用细分标准时，要求这些细分因素是可以度量的，并使细分市场能呈现明显的区别和显著的特性，那些难以度量测定的细分因素尽量少用或不用；第三，市场细分不是分得越细越好，市场分得太细，不适合大量生产，影响规模的经济性。也就是细分市场要有一定的规模和发展前途，并能使企业获得利润。

除以上原则外，企业在运用细分标准时，还必须注意以下几个问题：第一，市场调查是市场细分的基础。在市场细分前，必须经过市场调查，掌握顾客需求和欲望、市场需求量等有关信息，营销人员才能据此正确选择市场细分标准，进行市场细分，并具体确定企业为之服务的经营对象目标市场，制定有效的市场营销组合策略。第二，顾客的需求、爱好和购买行为都是由很多因素决定的。市场营销人员可运用单个标准，也可结合运用双指标标准、三维指标标准或多种标准来细分市场。但是选用标准不能过多，要适可而止，择其主要的，确定少数主要标准和若干次要标准，否则既不实用也不经济。第三，市场特性是动态的，经常变化的，细分标准不能一成不变，应经常根据市场变化，研究分析与调整。第四，预期市场细分所得收益将大于因细分市场而增加的生产成本和销售费用时，可进行市场细分，否则可不细分。

生产者市场的细分变量如表 6-4 所示。

表 6-4　生产者市场的细分变量

主要细分变量	次要细分变量
地理因素	行业、公司规模、地理位置
经营状况	技术、使用者/非使用者情况、客户能力
采购方式	采购组织职能、权力机构、采购政策、购买标准、与客户的关系
产品用途	应急、常规、特殊用途、订货量
个性特征	双方相似性、对待风险的态度、合作态度、偏好

四、市场细分的原则

根据以上细分变量，可以将某个市场细分成若干个子市场，但这些子市场并不是都是有效的。因此，企业要有效地细分市场，寻找最有用的、具有实用价值的细分标准，就必须依据以下基本条件：

（一）可测量性

可测量性是指各个子市场的购买力能够被测量。例如，德国宝马汽车在美国市场上的成功就是得益于对美国市场的有效细分和对各子市场购买情况的准确测量。20 世纪 70 年代中期，德国宝马将目标对准当时美国的高级轿车市场。经需求测量却发现，该子市场的消费者不但不喜欢，甚至还嘲笑宝马，说宝马就像是一个大箱子，既没有自动窗户也没有皮座套，无法同其他品牌的汽车相比。显然，这个市场对宝马的高性能不感兴趣。于是，生产厂家决定将目标转向收入较高、充满生气、注重驾驶感受的青年市场。因为该市场的消费者更关心汽车的性能，更喜欢能够体现不同于父辈个性和价值的汽车。为吸引这个市场的消费者，厂家突出宣传车的高超性能，结果到了 1978 年，该车的销售量虽然还未赶上奔驰，但却达到 3 万多辆，到 1986 年，已接近 10 万辆。然而到了 20 世纪 80 年代末、90 年代初，美国经济开始走向萧条，原来的目标消费者已经成熟，不再需要通过购买高价位产品来表现自我，加上日本高级轿车以其物美价廉的优势打入美国市场，宝马面临新的挑战。需求测量发现，消费者之所以喜欢宝马，是因为它能给驾驶者一种与众不同的感觉，即人驾驶车而不是车驾驶人。驾驶宝马，消费者感到安全、自信，因为他们不仅可以感觉汽车、控制汽车，从宝马身上，他们还可以得到如何提高驾驶技术的反馈。于是，厂家又将目标市场对准下列三种人：相信高技术驾驶者应该驾驶好车的消费者、为了家庭的安全希望提高驾驶技术的消费者、希望以高超驾驶技术体现个人成就的消费者。到 1992 年，尽管整个美国汽车市场陷入萧条，宝马的销售量却比 1991 年提高了 27%。

（二）可进入性

可进入性，也叫可实现性，是指企业有能力进入所选定的子市场。日本本田公司在向美国消费者推销其汽车时，就遵循这一原则，从而成功地进行了市场细分，选择了自己的目标市场。同奔驰、奥迪、富豪等高级轿车比，本田的汽车不仅价格较低，技术水平也较高，足以从竞争对手口中争食。然而，本田公司没有这样做。根据本田的预测，20 世纪 80 年代末、90 年代初，随着两人家庭的增多，年轻消费者可随意支配的收入将越来越多，涉足高级轿车市场的年轻人也将越来越多。与其同数家公司争夺一个已被瓜分的市场，即一部分早就富裕起来并拥有高级轿车的中老年消费者市场，不如开辟一个尚未被竞争对手重视的、因而可以完全属于自己的市场，即刚刚和将要富裕起来的中青年消费者市场。

（三）可盈利性

可盈利性是指企业进行市场细分后所选定的子市场的规模足以使企业有利可图，这是因为消费者的数量是企业利润的来源之一。美国的"李"（Lee）牌牛仔裤就始终把目标市场对准占人口比例较大的那部分"婴儿高峰期"的消费者群体，从而成功地扩大了该品牌的市场占有率。20 世纪六七十年代，李牌牛仔裤以 15~24 岁的青年人为目标市场。因为这个年龄段的人正是那些在"婴儿高峰期"出生的，在整个人口中占有相当大的比例。可是，到了 20 世纪 80 年代初，昔日"婴儿高峰期"一代已成为中青年。为适应这一目标市场的变化，厂商只是将原有产品略加改进，使其正好适合中青年消费者的体形。结果，20 世纪 90 年代初，该品牌牛仔裤在中青年市场上的份额上升了 20%，销售量增长了 17%。

（四）可区分性（差异性）

市场细分后，各细分市场具有差异性。针对各细分市场的差异性，企业或者提供不同产品，或者采用不同的销售渠道，或者制定不同的促销策略，以最大限度地满足消费者需求。

训练营

训练任务： 分析家电市场的市场细分标准。

训练目的：

1. 训练学生掌握家电市场细分的能力。

2. 训练学生如何选择市场细分的标准。

3. 掌握选择家电市场细分标准应该注意的事项。

训练步骤：

1. 选择某家电销售企业，进行市场调查和小组讨论，了解企业市场细分的标准是什么。

2. 分组对某家电销售企业的某品牌进行深入、细致的了解，把握同一品牌北方市场和南方市场产品的差异性。

3. 每组推举一名学生，就分析结果进行阐述。

表 6-5　训练成绩考核表

训练评估指标	训练评估标准	分项成绩
选择家电市场细分标准的影响因素 50%	1. 对家电市场细分标准的影响因素分析全面 30% 2. 影响因素的权重估计较为准确 20%	
PPT 制作 20%	1. 简明扼要 5% 2. 设计美观、重点突出 15%	
分析报告陈述 30%	1. 语言表达流畅 10% 2. 陈述准确、层次清晰 10% 3. 重点突出 10%	
总成绩 100%		

超链接

A 产品的可替代产品及目标消费群体细分

A 产品是专业洗涤蔬菜、水果的洗涤用品，其主要功能在于能够去除蔬菜、水果表面及内部 95% 以上的残余农药。其主要成分是食品及食品添加剂，因此，不同于市场上一般的厨房洗洁精用品。其主要特点是：专业高效，绝无毒性，使用方便，无二次污染。从目前市场情况来看，A 产品所面对的竞争是来自"厨房洗洁精用品"这类产品。它们与 A 产品并非属于同类产品，但是二者却具有功能上的可替代性（因为大部分厨房洗洁精用品标明自己具有去除蔬菜表面农药的功能）。因此我们把 A 产品放到厨房洗洁精用品这个市场进行分析。

一、对"厨房洗洁精用品"类产品的细分

1. 复合式功效产品

这是当前市场的主流产品，拥有众多的强势品牌，产品功能多样化。如白猫、雕牌都强调自身产品对餐具、蔬菜、水果都有较强的清洗效果，并能去除蔬菜、水果表面的残余农药，且价格定位一般在10元以下，具有价格优势，占有绝大部分市场份额，故消费者一时还难以接受较高价格的产品。但在这类产品的市场上，竞争十分激烈，且都各拥有一定的市场占有率。如白猫在上海、雕牌在浙江都有明显优势。再加上厨房洗洁精用品市场进入门槛低，许多后来者，如巧手、奇强都进入市场，使竞争更趋白热化；产品特点不突出，各种产品都有一种千篇一律的感觉，除包装不同外，就没有什么可以区分的了，最大的不同也许就在于价格上的分毫之差。

2. 专业式功效产品

这是近几年来厨房洗洁精用品市场中新出现的产品种类，其有一定的市场前景，A产品就可归入该类产品。这类产品特色鲜明，市场机会较多。以A产品为例，以去除蔬菜、水果内外的残留农药为其唯一功能，特别是能够去除蔬菜、水果内部的残余农药，这是其他产品所不具备的，且蔬菜、水果中残余农药的问题已引起社会的广泛关注。但这类产品知名度不高，发展时间短，在消费者心目中的影响力还很低；价格偏高，以A产品为例，价格为19.8元，相比一般的复合功效产品，其价格确实偏高。

二、A产品目标市场的顾客群细分

由于厨房洗洁精用品一般是以家庭购买使用为主，因此以下分析将以家庭为单位进行。

1. 根据知识结构分类

一般来讲，对厨房洗洁精用品的需要，受过高等教育的家庭和未受过高等教育的家庭在购买时有一定的差异，因此可将其分为中等以下教育家庭和知识分子家庭两类。前者一般要求厨房洗洁精用品功能齐全，且特别看重价格，这类家庭一般购买复合式的；此外，品牌也是一个重要的因素，许多品牌在某一区域有很大的影响力。而知识分子家庭由于受教育程度高，对厨房洗洁精用品的要求相对而言较高，除了对品牌十分看重外，对于功效更为看重，如不伤手、去农药效果好等，这是其购买时的主要影响因素；相对而言他们对价格的要求不会太多，只要价格不是太离谱，一般都能接受，而且对新产品的接受能力比中等以下教育家庭要强。

2. 根据家庭收入分类

根据家庭收入，可将家庭分为高收入家庭、中等收入家庭和低收入家庭。高收入家庭，对于生活质量的要求较高，在对厨房洗洁精用品的选择上，倾向于功效突出，注重品牌，对于价格相对不太看重，对新产品、新事物有一定的接受能力；中等收入家庭，生活比较稳定，有一定的经济实力，对生活较看重，在对厨房洗洁精用品的选择上，对品牌有一定的偏好，但最看重产品的价格，而对于功效相对较为不看重，追求产品的物美价廉，对中档复合式产品有很大的需求，但对高档产品有偶然的购买行为；低收入家庭，相对经济比较紧张，在厨房洗洁精用品的选择上，只求价格合适，有一定的功效就行，对于品牌不是十分重视，倾向于购买多效且价格在10元以下的厨房洗洁精用品，对于高档或过于专业化的产品，一般不会尝试购买。

3. 根据家庭所在地分类

按家庭所在地不同，可将居民分为大中城市居民、中小城镇居民、农村居民。在中国，大中城市居民的生活大多相差不大，生活水平相比农村有很大的优越性，在厨房洗洁精用品的选择上十分注重产品品牌和功效，对于价格也较为看重，但相对农村要弱，对于许多新产品的接受能力比城镇和农村地区居民强许多；中小城镇居民大多由农村户口转为非农户口，对于厨房洗洁精用品的价格依然很看重，特别喜欢5~10元间的复合功效产品，对品牌相对不是太看重；农村居民由于长期的城乡差距，相比城市，其生活条件比较差，对厨房洗洁精用品的要求不是太高，注重物美价廉，对品牌的接受能力比较弱，对产品尤其是高档产品的心理承受能力不强。

任务二　目标市场选择

案例先导

安慕希借助《中国好声音》对目标市场选择

伊利安慕希获得《中国好声音》腾讯视频网络端独家冠名，利用这个顶级营销资源有巨大的挑战，因为电视端依旧是营销传播的制高点。

腾讯视频为安慕希进行大视频多维组合营销，把产品理念巧妙融入节目中，自然渗透目标人群的心理防线。15秒的视频插播广告，实现了全流量营销曝光，并通过好声音学员代言广告，全面固化安慕希与好声音的品牌联想。好声音的高播放量帮助实现人群海量曝光覆盖。安慕希除了在腾讯视频、腾讯网、微信、QQ、游戏产品等腾讯的生态圈中实现全媒体覆盖、最大限度的曝光，还借助微信红包平台，实现营销创新，巧妙地将"WANTU不踩白格"抢红包互动活动安插收视黄金时段，安慕希百万红包与好声音成为标配，得到了充分的关注，扩大了影响力。

安慕希又推出了"好声音，好酸奶"，还以"好"为连接点，紧随节目赛程，进行热点话题输出和公关传播活动。通过跨平台、多屏幕、全媒体的整合传播，借助线上线下所有强势入口，实现多维度整合营销，充分适应多屏时代和体验时代的用户要求。

（资料来源：根据 http://blog.sina.com.cn/s/blog_ 159ebc51d0102wuor.html 改编。）

请思考：
1. 你觉得安慕希借助《中国好声音》对目标市场选择的最大亮点是什么？
2. 你了解娃哈哈的目标市场选择吗？

知识库

一、目标市场的概念

目标市场是指企业在进行市场细分之后，根据自身资源和条件以及竞争对手的状况，经过分析评估之后准备进入的细分市场，也就是企业准备为之服务的消费者群体。市场细分是目标市场选择的前提，选择目标市场则是市场细分的结果，因此，细分市场的评估极为重要，评估细分市场主要包括四个方面：市场规模、预期增长速度、结构吸引力、与企业目标的一致性。

二、目标市场选择模式

企业的目标市场选择模式有以下五种。

（一）市场集中化

市场集中化是指企业在市场细分后，只选取一个细分市场，只生产一类产品，满足一类消费者需求。某鞋类生产厂商在经过市场细分后，目标市场选择模式实行市场集中化，只生产青年旅游鞋。市场集中化模式往往适用于规模较小、资源有限的企业。

表6-6　市场集中化

	少年	青年	中老年
皮鞋			
旅游鞋		○	
布鞋			

（二）选择专业化

选择专业化是指企业选取若干个具有良好的可盈利性和结构吸引力，且符合自身发展目标和拥有资源的细分市场作为目标市场，其中每个细分市场与其他细分市场之间关联性并不大。某鞋类生产厂商在经过市场细分后目标市场模式实行选择专业化，生产少年旅游鞋、青年皮鞋和中老年布鞋。选择专业化模式的优点是可以有效地分散经营风险。企业在某一领域产品销售下滑时，还有其他领域的产品维持企业发展。

表6-7　选择专业化

	少年	青年	中老年
皮鞋		○	
旅游鞋	○		
布鞋			○

（三）产品专业化

产品专业化是指企业集中生产某一种或某一类产品，并向各类消费者销售这种产品。某鞋类生产厂商在经过市场细分后，目标市场选择模式实行产品专业化，企业专门生产旅游鞋，并且面向少年、青年、中老年三类消费者销售。产品专业化模式的优点是企业专注于某一种或一类产品的生产，有利于形成产品在生产、技术、销售渠道和品牌上的优势。其缺点是当该领域被一种全新的技术与产品所代替时，产品销售量有大幅度下降的危险。

表6-8　产品专业化

	少年	青年	中老年
皮鞋			
旅游鞋	○	○	○
布鞋			

（四）市场专业化

市场专业化是指企业专门经营满足某一消费者群体需要的各种产品。某鞋类生产厂商在经过市场细分后，目标市场选择模式实行市场专业化，专门针对青年市场提供皮鞋、旅游鞋、布鞋三种产品。市场专业化经营的产品类型众多，能有效地分散经营风险。但由于集中于某一类消费者，当这类消费者的需求下降时，企业也会有收益下降的风险。

表6-9　市场专业化

	少年	青年	中老年
皮鞋		○	
旅游鞋		○	
布鞋		○	

（五）市场全面化

市场全面化是指企业生产多种产品去满足各种消费者群体的需要。某鞋类生产厂商在经过市场细分后，目标市场选择模式实行市场全面化，针对少年、青年、中老年三个市场，提供皮鞋、旅游鞋、布鞋三种产品。例如，就汽车市场而言，奔驰汽车公司针对家庭、医院、货运、客运、消防等市场，提供轿车、救护车、货车、客车、消防车等产品，就属于目标市场选择模式的市场全面化。往往只有实力雄厚的大型企业才会选择市场全面化模式。

表6-10　市场全面化

	少年	青年	中老年
皮鞋	○	○	○
旅游鞋	○	○	○
布鞋	○	○	○

三、目标市场营销战略

（一）无差异性营销策略

无差异性营销策略是指企业将产品的整个市场视为一个目标市场，用单一的营销策略开拓市场，即用一种产品和一套营销方案吸引尽可能多的购买者。无差异性营销策略只考虑消费者在需求上的共同点，而不关心他们在需求上的差异性。可口可乐公司在20世纪60年代以前曾以单一口味的品种、统一的价格和瓶装、同一广告主题将产品推向所有顾客，就是采取这种策略。

采取这种策略，企业的生产成本、管理费用、销售费用相对较低。无差异性营销的优点就在于其低成本。单一产品线可以产生相对的规模经营效益，存储和运输也都相对方便、快捷，广告宣传、物流配送等资源配置都集中在一种产品上，有利于强化品牌形象。美国的可口可乐公司最具代表性。1886年，一个名字叫班伯顿的药剂师发明了可口可乐的配方，并开始投入生产。一百多年以来，不论是在北美还是全球，可口可乐都奉行无差异性营销策略，这保证了可口可乐的品质、口感始终如一，成为一个全球的超级品牌。

这种策略可能引起激烈的竞争。实行无差异性营销的企业一般针对整体市场，当同行中有许多企业如法炮制之后，可能发生大市场内竞争过度，而小市场却无人问津的情况。

| 企业营销组合 | ⟶ | 整个市场 |

图6-1　无差异性营销策略

（二）差异性营销策略

差异性营销策略是将整体市场划分为若干个细分市场，针对每个细分市场制订一套独立的营销方案。比如，服装生产企业针对不同性别、不同收入水平的消费者推出不同品牌、不同价格的产品，并采用不同的广告主题来宣传这些产品，就是采用了差异性营销策略。

采用差异性营销策略的优点很多，小批量，多品种，生产机动、灵活，针对性强，能使消费者需求更好地得到满足，由此促进产品销售。另外，由于企业是在多个细分市场上经营，一定程度上可以减少经营风险；一旦企业在几个细分市场上获得成功，将有助于提高企业的形象及提高市场占有率。

但是采用差异性营销策略会增加营销成本。由于产品品种多，管理和存货成本将增加；由于公司必须针对不同的细分市场制订独立的营销计划，会增加企业在市场调研、促销和渠道管理等方面的营销成本，可能使企业的资源配置不能有效集中，顾此失彼，甚至在企业内部出现彼此争夺资源的现象，使拳头产品难以形成优势。

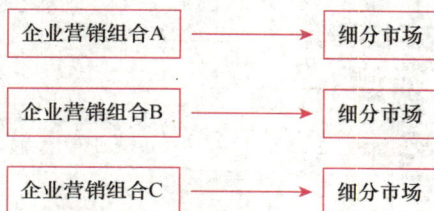

企业营销组合A	⟶	细分市场
企业营销组合B	⟶	细分市场
企业营销组合C	⟶	细分市场

图6-2　差异性营销策略

（三）集中性营销策略

集中性营销策略即集中营销，也称聚焦营销，是指企业不是面向整体市场，也不是把力量分散使用于若干个细分市场，而只选择一个或少数几个细分市场作为目标市场。资源有限的中小企业多采用这一策略。这种策略的优点是适应了本企业资源有限这一特点，可以集中力量迅速进入和占领某一特定细分市场，有利于市场的需求与企业的特长及目标相吻合，以便企业在未来的竞争角逐中能处于有利地位。生产和营销的集中性，使企业经营成本降低，但该策略风险较大。如果目标市场突然变化，如价格猛跌或突然出现强有力的竞争者，企业就可能陷入困境。

企业营销组合 ⟶ 特定细分市场

图 6-3　集中性营销策略

目标市场营销的三种策略的总结如表 6-11 所示。

表 6-11　目标市场营销策略的差异

类型	特征	优点	缺点	适用企业或产品
无差异性	不考虑市场细分，面对整个市场实施单一组合策略	规模效益，降低成本	忽视市场需求的差异	同质、规模效益明显的产品
差异性	针对不同的子市场，实施不同的组合策略	重视市场需求差异	增加了公司成本，抬高了价格	实力雄厚的大企业
集中性	针对某一子市场，集中全力实施一套组合策略	专业化经营、降低了成本	市场单一、风险较大	资源有限的中小企业或初次进入新市场的大企业

四、影响目标市场选择的因素

（一）企业资源

如果企业实力雄厚、拥有的资源比较丰富，在研发、生产、销售等方面有很强的优势，就可以考虑实行差异性目标市场营销战略；如果资源有限，则适合采用集中性目标市场营销战略或无差异性目标市场营销战略。例如，美国宝洁公司实力雄厚，在洗发水领域实行了差异性目标市场营销战略，分别推出飘柔、海飞丝、沙宣、伊卡璐、潘婷等品牌，每个品牌又包含多种产品。

（二）市场特点

如果企业所面临的市场为同质性市场，即消费者的需求大体相同时，可选择无差异性目标市场营销战略；反之，则可选择差异性目标市场营销战略。例如，针对学生市场，企业提供的产品多数是书包、钢笔、橡皮、直尺等。

（三）产品的特点

企业对于差别很小的同质性产品，可选择无差异性目标市场营销战略；对于差别较大的产品，则应选择差异性目标市场营销战略。例如，自来水就属于同质性产品，因此每个城市的自来水公司都选择无差异性目标市场营销战略，只提供一种自来水，而不是分别提供高温、低温、杀菌、直接饮用的自来水。

（四）产品的生命周期

产品处于不同的生命周期，企业选择目标市场的营销战略也不同。当产品处于投入期与成长期时，产品品种单一，竞争者少，可采用无差异性目标市场营销战略或集中性目标市场营销战略。而当产品进入成熟期后，由于竞争者的增加，产品丰富，消费者的选择面广，则宜选用差异性目标市场营销战略，增加新的品种，开拓新的市场，以提高企业的竞争能力，延长产品的生命周期。

（五）市场供求情况

当产品供不应求时，企业可采取无差异性目标市场营销战略；反之，则采用差异性或集中性目标市场营销战略。

（六）竞争者情况

如果企业面临的是采用无差异性目标市场营销战略的竞争者，那么本企业选择差异性目标市场营销战略就可以在竞争中获得优势；如果对手已实行差异性目标市场营销战略，那么本企业就应当对市场进行进一步的细分，实行更为有效的差异性目标市场营销战略或集中性目标市场营销战略。如果竞争对手力量较弱，也可采用无差异性目标市场营销战略。

表 6-12　影响市场目标选择的因素

影响因素		可选择的目标市场策略
企业实力	强	差异性
	弱	集中性、无差异性
产品特点（产品的差异性程度）	高	差异性、集中性
	低	无差异性
市场特点（市场的同质性程度）	高	无差异性
	低	差异性、集中性
产品的生命周期	投入期	无差异性、集中性
	成长期	无差异性、集中性
	成熟期	差异性、集中性
	衰退期	集中性

续表

影响因素		可选择的目标市场策略
竞争对手的目标市场策略	无差异性	差异性
	差异性	差异性
	集中性	差异性、集中性
市场供求情况	供不应求	无差异性
	供过于求	差异性、集中性

训练营

训练任务：化妆品目标市场策略选择。

训练目的：通过训练，使学生初步具备进行市场细分并在此基础上选择目标市场的能力。

训练步骤：

1. 自由组合，每5~8人组成一个项目学习小组。
2. 以小组为单位，收集、选择拟进行分析的项目的相关资料。
3. 根据资料信息，运用市场细分方法，分析该项目或该产品的细分市场特色。
4. 在小组讨论的基础上，初步进行项目的可行性分析，提交项目研究报告。
5. 选出小组代表发言，拟定课前发言稿。

表6-13　训练成绩考核表

训练评估指标	训练评估标准	分项成绩
分析化妆品目标市场策略选择 50%	1. 对当前该类商品市场细分标准分析准确 20% 2. 对化妆品目标市场策略选择分析全面 20% 3. 对化妆品产品定位合理 10%	
PPT 制作 20%	1. 简明扼要 5% 2. 设计美观、重点突出 15%	
策划报告陈述 30%	1. 语言表达流畅 10% 2. 陈述准确、层次清晰 10% 3. 重点突出 10%	
总成绩 100%		

超链接

目标市场选择的依据

发现目标市场是企业成功的关键，因而，为确定企业目标市场，须从以下四个方面对目标市场进行评价。

1. 目标市场的需求潜量

目标市场的需求潜量是指一定时期内，各细分市场中的消费者对某种产品的最大需要。

首先，细分市场应该有足够大的市场需求潜量。如果某一细分市场的潜量太小，则意味着该市场狭小，没有足够的挖掘潜力，企业进入后发展前景暗淡。

其次，细分市场的需求潜量规模应恰当。对小企业来说，需求潜量过大并不利，一则需要大量的投入；二则对大企业的吸引力过于强烈。唯有对企业发展有利的潜量规模才是具有吸引力的细分市场。要正确估测和评价每个市场的需求潜量，不可忽视消费者（用户）数量和他们的购买力水平这两个因素中的任何一个。

2. 目标市场内的竞争状况

对于某一细分市场，进入的企业可能会有很多，从而导致市场内的竞争。这种竞争可能来自市场中已有的同类企业，也可能来自即将进入市场的其他企业，企业在市场中可能占据的竞争地位是评价各个细分市场的主要方面。很显然，竞争对手实力越雄厚，企业进入的成本和风险就越大。而那些竞争者数量较少、竞争者实力较弱或市场地位不稳固的细分市场则更有吸引力，可能加入新的竞争者，它们是企业的潜在对手，会增加生产能力并争夺市场份额。

3. 目标市场与企业资源优势的吻合程度

企业进行市场细分的根本目的就是发现与自己的资源优势能够达到最佳结合的市场需求。企业的资源优势表现在资金实力、技术开发能力、生产规模、经营管理能力、交通地理位置等方面。既然是优势，必须是胜过竞争者的。消费需求的特点如能促进企业资源优势的发挥将是企业的良机，否则，会出现事倍功半的情况，造成企业资源的浪费，严重时甚至造成很大的损失。

4. 目标市场盈利水平

企业十分关心细分市场提供的盈利水平。投资少、回报率高是企业所追求的，企业必须对细分市场的投资回报能力做出正确的估测和评价。理想的目标市场应该是有利可图的市场，不能获利的市场谁也不会去选择。

任务三　市场定位

案例先导

以礼品定位引领消费潮流

提起脑白金，可能无人不知，但是提起美乐托宁或松果体素，可能知道的人就很少了。美乐托宁于1984年传入中国，一直到1997年从来没卖火过。1997年，史玉柱将其重新定位包装为脑白金，销售火爆，1997—2005年累计销售额突破70亿元。

现在，在中国，如果谁提到"今年过节不收礼"，随便一个人都能跟你开玩笑地说"收礼只收脑白金"。脑白金已经成为中国礼品市场的第一代表。睡眠问题一直是困扰中老年人的难题，因失眠而睡眠不足的人比比皆是。据资料统计，国内至少有70%的妇女存在睡眠不足问题，90%的老年人经常睡不好觉，"睡眠"市场如此之大，脑白金功能定位准确。在红桃K携"补血"、三株口服液携"调理肠胃"概念创造中国保健品市场高峰之后，保健品行业跌入谷底之时，脑白金单靠一个"睡眠"概念不可能迅速崛起。然而，作为单一品种的保健品，脑白金在极短的时间内迅速启动市场，并登上中国保健品行业"盟主"的宝座，引领我国保健品行业长达五年之久，其成功的最主要因素在于找到了"送礼"的轴心概念。

现在"脑白金就是送礼的"这种观念已深植人心，很多人提到礼品就想起脑白金。脑白金的成功，关键在于定位于庞大的礼品市场，而且先入为主地受益于"定位第一"法，第一个把自己明确地定位为"礼品"，以礼品定位引领消费潮流。

（资料来源：邵尉，《市场营销实务》，武汉理工大学出版社2019年版，第85页。）

请思考：

1. 脑白金为何能取得成功？
2. 结合案例，请谈谈在营销活动中市场定位的意义。

知识库

一、市场定位的概念和作用

（一）市场定位的定义

市场定位就是企业根据目标市场上同类产品的竞争状况，针对消费者对这类产品的某些特征或属性的重视程度，为本企业产品塑造强有力的、与众不同的鲜明个性，并将其形象生动地传递给消费者（如"优质产品""优质服务""廉价""经济实力雄厚""守信用""热心公益事业"等形象），求得消费者认同的过程。市场定位是企业通过为自己的产品创立鲜明的个性，从而塑造出独特的市场形象来实现的。产品因素包括性能、构造、成分、包装、形状、质量、价格等，市场定位就是要强化和放大某些产品因素，从而使产品形成与其他产品不同的独特形象。市场定位不仅强调产品差异，而且要通过产品差异建立独特的市场形象，赢得消费者的认同。市场定位的实质是使本企业产品与其他企业产品严格区分开来，使消费者明显感觉和认识到这种差别，从而使本企业产品在消费者心目中占有与众不同的有价值的位置。

（二）市场定位的作用

首先，它有利于企业及产品在市场中建立自己的特色，可以使企业在激烈的市场竞争中立于不败之地。现代社会早已进入买方市场时代，几乎每个市场都存在供过于求的现象，为了争夺有限的顾客，防止自己的产品被其他产品替代，保持或扩大企业的市场占有率，企业必须为其产品树立特定的形象，塑造与众不同的个性，从而在顾客中形成一种特殊的偏好。例如，海尔公司经过不懈的努力，在竞争激烈的家电市场上建立了以质量和服务取胜的形象，取得了消费者的信任，同时也增加了公司的效益。

其次，企业的市场定位决策是制定市场营销组合策略的基础，市场定位在企业的营销工作中有着极为重要的战略意义。比如，企业决定生产质优价高的产品，这种定位就决定了企业所生产的产品质量一定要好，价格则要定得高，相应的广告宣传的侧重点应该是强调产品所具备的高质量，让消费者相信虽然产品价格高，但是物有所值；销售渠道应选择档次较高的百货公司，而不能是廉价品市场。可见，企业的市场定位决定了企业要设计与之相适应的营销组合策略。

二、市场定位的步骤

市场定位的关键是企业要设法在自己的产品中找出比竞争者更具有竞争优势的特性。竞争优势一般有两种基本类型：一是价格竞争优势，即企业在同样的条件下比竞争者定出更低的价格，这就要求企业采取一切措施，力求降低单位成本；二是偏好竞争优势，即企业能提供明确的特色来满足消费者的特定偏好，这就要求企业采取一切措施在产品特色上下功夫。因此，市场定位的全过程包括以下三大步骤。

1. 确认本企业产品的竞争优势

确认本企业产品的竞争优势需要做好三方面的工作：一是要研究竞争者的产品定位状况；二是要研究目标市场上消费者需求满足程度如何，还有哪些需求没有被满足；三是要研究如何才能使本企业产品更好地满足消费者需求，如何才能投入新产品填补市场空白。企业市场营销人员必须通过一切调研手段，系统地调研和分析研究相关资料，找准本企业产品的竞争优势。

2. 选择相对的竞争优势

选择相对的竞争优势是指一个企业在各方面实力上与竞争者相比较的过程。通常的选择方法是分析、比较本企业与竞争者在以下七个方面的差异：

（1）经营管理方面：主要比较、分析领导能力、决策水平、计划能力、组织能力及个人应变能力等指标。

（2）技术开发方面：主要比较、分析技术资源（如专利等）、技术手段、技术人员能力和科研资金来源是否充足等指标。

（3）采购方面：主要比较、分析采购方法、存储及运输系统、供应商合作及采购人员能力等指标。

（4）生产方面：主要比较、分析生产能力、技术装备、生产过程控制能力及职工素质等指标。

（5）市场营销方面：主要比较、分析销售能力、分销网络、市场研究、服务与销售战略、广告、资金等是否充足及市场营销人员的能力等指标。

（6）财务方面：主要比较、分析长期资金和短期资金的来源及资金成本、支付能力、现金流量，以及财务制度与人员素质等指标。

（7）产品方面：主要比较、分析产品特色、价格、质量、支付条件、包装、服务、市场占有率、信誉等指标。

通过对上述指标体系的分析与比较，可选出最适合本企业的优势项目。

3. 显示独特的竞争优势

这一步骤的主要任务是企业要通过一系列的宣传促销活动，将其独特的竞争优势准确地传递给潜在消费者，并在消费者心目中留下深刻印象。因此，企业首先应使目标消费者了解、认同、喜欢和偏爱本企业的产品，在消费者心目中树立良好形象。其次，企业应通过一切努力强化目标消费者形象，保持与稳定目标消费者的态度与感情。最后，企业应注意目标消费者对其市场定位理解出现的偏差或由于企业市场定位宣传上的失误而造成的目标消费者模糊、混乱和误会，及时纠正与市场定位不一致的形象。

企业要避免使消费者造成三种误解：一是档次过低，不能显示出自己的特色；二是档次过高，不符合企业实际情况，使消费者误认为企业只经营高档、高价产品，而企业实际上也经营中档产品；三是混淆不清，在消费者心中没有统一的认识，如对同一种产品或同一服务项目，有人认为是高档的，有人认为是低档的。以上误解均由定位宣传失当所致，会给企业带来不利的影响。

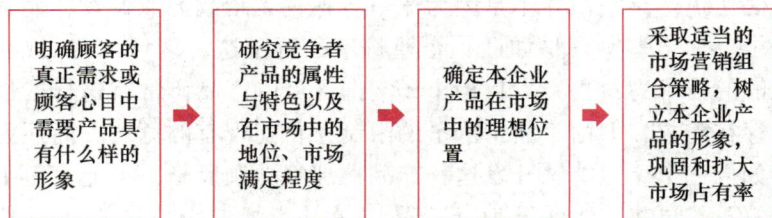

| 明确顾客的真正需求或顾客心目中需要产品具有什么样的形象 | → | 研究竞争者产品的属性与特色以及在市场中的地位、市场满足程度 | → | 确定本企业产品在市场中的理想位置 | → | 采取适当的市场营销组合策略，树立本企业产品的形象，巩固和扩大市场占有率 |

图6-4　市场定位过程

三、定位策略

市场定位策略的核心问题是本企业（企业产品）与其他竞争者的关系问题。

（一）对抗定位策略

这是一种"明知山有虎，偏向虎山行"的市场定位策略。它意味着要与目前市场上占据支配地位的、最强的竞争对手"对着干"，显示了企业知难而上、志在必得的自信心。这是一种危险的战术。选择对抗定位策略的企业必须具备以下条件：能生产出比竞争者的产品更好的产品；该市场容量足够大；比竞争者有更多的资源和更强的实力。这种定位战略具有三个明显的优势：第一，企业无须具有较高的生产技术水平仿制现有产品，用自己的品牌向市场推销即可；第二，由于无须开发新产品，甚至对现有产品不必做任何改进，因而企业可以节省大量的开发研究费用；第三，由于现有产品已畅销市场，企业不必承担不适销的风险。在世界饮料市场上，作为后来者的"百事可乐"进入市场时，就采用过这种方式，"你是可乐，我也是可乐"，与可口可乐展开面对面的较量。例如，麦当劳在夏天推出5元冰淇淋，肯德基马上也推出5元冰淇淋。

（二）避强定位策略

这是一种避开强有力的竞争对手进行市场定位的模式。企业不与对手直接对抗，将自己置于某个市场空隙，发展目前市场上没有的特色产品，拓展新的市场领域。避强定位显得较为平和、宽容，既避开了强有力的竞争者，又给消费者留下温和的印象。采用这种定位策略，能够使企业很快在市场上站稳脚跟，并且能在消费者心目中快速地树立企业形象。避强定位策略是一种市场风险低、成功率较高的定位策略。例如，娃哈哈的非常可乐在推向市场时，避开了可口可乐和百事可乐的主阵地城市，选择了中国广大的农村作为营销主战场，从而占据了一定的市场份额。

这种策略有两种情况：一是这部分潜在市场即营销机会没有被发现，在这种情况下，企业容易取得成功；二是许多企业发现了这部分潜在市场，但无力去占领，这就需要有足够的实力才能取得成功。因此企业在决定采用这种战略之前，必须搞清三个问题：首先，这一目标市场空白区位是否有相应数量的潜在顾客。很可能有这样的情况，目前这一市场区位仍然是空白并不是因为竞争者熟视无睹或无暇顾及，而是这里根本没有潜在消费需求。如果事实真是如此，企业将产品置于这一区域，将必败无疑。其次，企业是否有足够的技术力量去开发目标市场空白区域的产品。常有这样的情况：消费者对某一种产品存在需求，但由于技术水平的限制，目前现有的竞争厂商还无力生产这种产品。这时，如果一个企业能够开发这种产品，那将独领风骚，可能获得十分可观的经济效益和社会效益。再次，企业开发新产品以填补市场空白，这样做在经济上是否合算。企业是营利组织，因此即使某一市场空白存在潜在的顾客，而且企业也有能力去满足这一部分需要，但如果这样做它仅能获得微利甚至要亏损，那任何企业都不会做出这种不明智的选择。

（三）重新定位策略

重新定位就是根据市场的情况对企业原有的市场定位进行调整后的再定位。在现实生活中，这种定位方式有两种情况：第一类，经过一段时间的市场实践，企业发现原有的市场定位不准，产品打不开销路，市场反应差，必须对原市场定位进行调整；第二类，企业产品在市场推出后，获得了意想不到的成功，有更多的消费者对产品提出更高的要求，这说明企业对市场分析不够透彻，对市场潜力估计不足，原有的市场定位也必须进行调整。例如，日本某一款护肤品原来定位是婴幼儿使用的护肤品。由于这款护肤品采用纯植物萃取的方式生产，可以很好地保护人的皮肤，因此很多年轻的女性也大量购买和使用这款护肤品。于是，企业便进行重新定位，推出一款专门定位于年轻女性的护肤品，成分与婴幼儿使用的护肤品几乎一样，产品推出后迅速打开了市场。

（四）特色定位策略

特色定位是指企业通过分析市场中现有产品的定位状况，发掘具有鲜明特色的新产品，并在市场上找到合适的位置，来为企业的产品定位。企业根据市场需求情况与本身条件，尽量突出其产品的特色，这就是差异性营销策略。实施这种策略，对企业条件要求很高。利用特色产品来占领市场最有利位置的是高明的竞争者，因为这种策略成功率很高。例如，中国全聚德（集团）股份有限公司形成了以独具特色的全聚德烤鸭为龙头，集"全鸭席"和四百多道特色菜品于一体的全聚德菜系备受各国元首、政府官员、社会各界人士及国内外游客喜爱，被誉为"中华第一吃"。

四、市场定位的方法

各个企业经营的产品不同，面对的消费者不同，所处的竞争环境也不同，因而市场定位所依据的方法也不同。总体来讲，市场定位的方法有以下六种。

（一）根据产品特点定位

构成产品内在特色的许多因素都可以作为市场定位所依据的原则，如所含成分、材料质量、价格等。例如，七喜汽水的定位是"非可乐"，强调它是不含咖啡因的饮料，与可乐类饮料不同；艾罗宁止痛药的定位是"非阿司匹林的止痛药"，显示其药物成分与其他止痛药有本质的差异。

（二）根据产品用途定位

根据产品用途定位是一种比较常用的市场定位方法。比如，"怕上火就喝王老吉"说明王老吉的用途是预防上火；"云南白药创可贴，有药好得更快些"说明云南白药创可贴的用途是消炎、止血、治愈创伤。

（三）根据消费者利益定位

产品提供给消费者的利益是消费者最能切实体会到的。例如，瓜子二手车市场没有中间商赚差价，给消费者带来的利益就是卖方可以保证卖车款全部归卖方，而不是像以前，差价被中间商赚走了。

（四）根据使用者定位

企业常常试图将其产品指引给某一类特定的消费者，以便根据这些消费者的看法塑造恰当的形象。例如，市场上各种品牌的香水是针对各个不同的细分市场的。有些香水定位于雅致、富有、时髦的女性，有些则定位于热情奔放的年轻女性，如香奈儿5号香水定位于像玛丽莲·梦露那样成熟、自我、有女人味、性感而神秘的女性。美国米勒啤酒公司曾将其原来唯一的品牌"高生"啤酒定位于"啤酒中的香槟"，吸引了许多不常饮用啤酒的高收入妇女。后来发现，占30%的狂饮者大约消费了啤酒销量的80%。于是，该公司在广告中展示石油工人钻井成功后狂欢的镜头，以及年轻人在沙滩上冲刺后开怀畅饮的镜头，塑造了一个精力充沛的形象，在广告中提出"有空就喝米勒"，从而成功占领啤酒狂饮者市场达10年之久。

（五）根据文化定位

将某种文化注入产品之中，形成文化上的品牌差异。例如，万宝路香烟引入的"男性文化"表现出粗犷的男子汉形象。

（六）根据感情定位

企业运用产品直接或间接地冲击消费者的感情体验而进行定位。例如，"孝敬父母"的黄金酒、"真诚到永远"的海尔、"我的心中只有你"的娃哈哈。

🏠 训练营

训练任务：市场定位策划。

训练目的：通过实训，使学生了解、掌握市场定位策划方案的框架构成、具体内容、格式要求，重点掌握市场定位策划的程序、方法、技巧和重点。

训练步骤：

1. 选择某种产品进行市场分析。
2. 设计目标市场进入策略和市场定位方案。
3. 撰写市场定位策划书。

表6-14　训练成绩考核表

训练评估指标	训练评估标准	分项成绩
策划书的考核 50%	1. 考核策划书的格式和方案创意 30% 2. 考核策划书的可行性 10% 3. 考核策划书的完整性 10%	
个人在实训过程中的考核 20%	1. 简明扼要 5% 2. 重点突出 15%	

续表

训练评估指标	训练评估标准	分项成绩
策划报告陈述 30%	1. 语言表达流畅 10% 2. 陈述准确、层次清晰 10% 3. 重点突出 10%	
总成绩 100%		

🏠 **超链接**

品牌定位的策略

奔驰定位于"声望"，宝马定位于"驾驶"，沃尔沃定位于"安全"，法拉利定位于"速度"，王老吉定位于"预防上火"，以上都是品牌定位的经典案例。品牌定位主要有以下六种策略。

1. 类别定位

依据产品的类别建立起品牌联想，称作类别定位。七喜汽水定位为"非可乐"就是借助类别定位的一个经典案例。在我国，2004年河北中旺集团推出五谷道场方便面时，也特意强调其"非油炸"的特性，赚足了消费者的眼球，获得了很好的效果；娃哈哈把非常可乐定位为"中国人自己的可乐"，以与"两乐"霸占的国内市场相区别，最终取得了不错的销售业绩。

2. 比附定位

比附定位是以竞争者品牌为参照，依附竞争者定位。比附定位的目的是通过品牌竞争提升自身品牌的价值与知名度。内蒙古蒙牛乳业（集团）股份有限公司就是比附定位的受益者。在刚启动市场时，蒙牛只有区区1300多万元的资金，名列中国乳业的第1116位，与乳业"老大"伊利根本不可相提并论。但蒙牛却提出了"为民族争气、向伊利学习""争创内蒙古乳业第二品牌""千里草原腾起伊利集团、蒙牛乳业——我们为内蒙古喝彩"等广告口号，并将这些口号印在产品包装上。这些广告看似是对伊利的赞赏，其实是把蒙牛和伊利放在了并驾齐驱的位置，在消费者心里留下了深刻印象。

3. 档次定位

不同的品牌常被消费者在心中分为不同的档次，确定企业产品在消费者心目中的档次就是档次定位。如劳力士手表价格高达几万元，是众多手表品牌中的至尊，也是财富与地位的象征，拥有它无异于展示自己是一名成功人士或上流社会的一员。再以我国上汽公司为例，其定位是"公务员专用车"。上汽曾经成功地占据了中国公务用车70%的份额，它按照国内的行政级推出了细分的公务用车产品系列，如科级坐桑塔纳、县处级坐桑塔纳2000、厅局级坐帕桑特、省部级坐奥迪。正因为上汽针对特定的国内市场定位明确，并且市场档次划分得十分准确，才造就了今天的上汽。

4. 情感定位

运用产品直接或间接地冲击消费者的情感体验而进行的定位叫作情感定位。企业可以通过提升品牌文化意蕴，以情营销，培养消费者对品牌的情感，使消费者对品牌情有独钟。企业只有不断增强品牌的人性创意和审美特性，激起消费者的联想和情感共鸣，才能引起消费者兴趣，促进消费者购买。如太太口服液曾以"做女人真好""让女人更出色""滋润女人，让美丽飞扬"等诉求来满足女性的精神需求，加之"太太"这一品牌本身所隐含的高贵、典雅、迷人、温柔的感情形象，十几年来太太口服液在保健品市场始终占据着一席之地，获得了国内消费者的普遍认可。

5. 功能性定位

功能性定位是将品牌与一定环境、场合下产品的使用情况联系起来，以唤起消费者在特定情景下对该品牌的联想。如白加黑感冒药将感冒药的颜色分为白、黑两种形式，"白天吃白片，不瞌睡；晚上吃黑片，睡得好"，以此为基础改革了传统感冒药的服用方式，获得了不错的市场反应；香港手表制造商针对瑞士、日本手表的单一功能定位，推出了多功能定位的手表，设计了时装表、运动表、笔表、链坠表、情侣表、儿童表、计算表、打火表、时差表、报警表、里程表等，凭借功能性定位，香港手表得以畅销全世界，获得空前成功。

6. 文化定位

将某种文化内涵注入品牌之中形成文化上的品牌差异，称为文化定位。"只有民族的，才是世界的。"如中国的"景泰蓝"和法国的"人头马"，无不承载了深厚的民族文化特色；无锡的"红豆"服装品牌和绍兴的"咸亨"酒店，分别借助了人们早已熟悉和热爱的王维和鲁迅的名篇挖掘出中华文化的沉淀；"金六福——中国人的福酒"，这种定位已将品牌文化提升到一种民族的"福"；柒牌服饰以中国文化打动世界，情系"中国心、中国情、中国创"，认真谱写"立民族志气，创世界品牌"战略，并提出了"中国，才是美"的口号；"全聚德"烤鸭、"狗不理"包子等百年老字号，都是融入了中国独特的传统文化才获得巨大的影响力。

课后练习

一、单项选择题

1. （　　）差异的存在是市场细分的客观依据。
   A. 产品　　　　　　B. 价格　　　　　　C. 需求偏好　　　　D. 细分
2. 下列不属于市场细分的原则的是（　　）。
   A. 可衡量性　　　　B. 可区分性　　　　C. 可对比性　　　　D. 可盈利性
3. 市场细分是根据（　　）的差异对市场进行的划分。
   A. 买方　　　　　　B. 卖方　　　　　　C. 产品　　　　　　D. 中间商
4. 对于同质性较高的产品，宜采用（　　）策略。
   A. 产品专业化　　　　　　　　　　　B. 市场专业化
   C. 无差异营销　　　　　　　　　　　D. 差异性营销

5. 某工程机械公司专门向建筑业用户供应推土机、打桩机、起重机等建筑工程中所需要的机械设备，这是一种（　　）策略。

  A. 市场集中化　　　　　　　　　B. 市场专业化

  C. 全面市场覆盖　　　　　　　　D. 产品专业化

6. 采用无差异性营销战略最大优点是（　　）。

  A. 市场占有率高　　　　　　　　B. 成本的经济性

  C. 市场适应性强　　　　　　　　D. 消费者需求满足程度高

7. 麦当劳推出 5 元冰淇淋后，肯德基也马上推出 5 元冰淇淋。这个属于（　　）。

  A. 避强定位策略　　　　　　　　B. 对抗定位策略

  C. 特色定位策略　　　　　　　　D. 重新定位策略

8. 七喜汽水的定位是"非可乐"，这个是根据（　　）定位。

  A. 产品特点　　　　　　　　　　B. 产品用途

  C. 消费者利益　　　　　　　　　D. 文化

9. 依据目前的资源状况能否通过适当的营销组合去占领目标市场，即企业所选择的目标市场是否易于进入，这是市场细分的（　　）原则。

  A. 可衡量性　　　　　　　　　　B. 可实现性

  C. 可盈利性　　　　　　　　　　D. 可区分性

10. 就每一特定市场而言，最佳市场营销组合只能是（　　）的结果。

  A. 市场细分　　　B. 精心策划　　　C. 综合平衡　　　D. 统筹兼顾

二、多项选择题

1. 无差异性营销战略的特点包括（　　）。

  A. 具有成本的经济性　　　　　　B. 不进行市场细分

  C. 适宜于绝大多数产品　　　　　D. 只强调需求共性

  E. 适用于小企业

2. 企业采用差异性营销战略（　　）。

  A. 一般只适合于小企业　　　　　B. 要进行市场细分

  C. 能有效提高产品的竞争力　　　D. 具有最好的市场效益保证

  E. 是以不同的营销组合针对不同的细分市场

3. 产品专业化意味着（　　）。

  A. 企业只生产一种产品供应给各类消费者

  B. 有助于企业形成和发展其生产和技术上的优势

  C. 可有效地分散经营风险

  D. 可有效发挥大型企业的实力优势

  E. 进行集中营销

4. 市场细分的原则有（　　）。

  A. 可控制性　　　　　　　　　　B. 可实现性

  C. 可区分性　　　　　　　　　　D. 可衡量性

E. 可盈利性

5. 市场定位的主要方式有（　　　）。

    A. CIS　　　　　　　　B. POP　　　　　　　C. 避强定位　　　　　D. 对抗性定位

    E. 重新定位

6. 市场细分的阶段有（　　　）。

    A. 目标市场营销阶段　　　　　　　　B. 产品多样化营销阶段

    C. 大量营销阶段　　　　　　　　　　D. 调查阶段

7. 市场细分的理论基础有（　　　）。

    A. 消费需求的异质性　　　　　　　　B. 消费需求的相同性

    C. 消费需求的相似性　　　　　　　　D. 消费需求的一致性

8. 消费者市场细分的标准有（　　　）。

    A. 地理　　　　　　　B. 人口　　　　　　　C. 心理　　　　　　　D. 行为

    E. 用途

9. 以下哪些是按照产品特点进行定位？（　　　）

    A. 五谷道方便面：非油炸　　　　　　B. 瓜子二手车市场：没有中间商赚差价

    C. 万宝路香烟：男性文化　　　　　　D. 艾罗宁止痛药：非阿司匹林的止痛药

10. 市场定位策略有（　　　）。

    A. 避强定位策略　　B. 对抗定位策略

    C. 特色定位策略　　D. 重新定位策略

    E. 特殊人群定位策略

三、判断题

1. 在同类产品市场上，同一细分市场的消费者需求具有较多的共同性。　　　　（　　　）

2. 收入变量总是能够准确地反映市场细分。　　　　　　　　　　　　　　　（　　　）

3. 消费者对于某一品牌的产品重复购买次数越多、挑选产品品牌的时间越长，说明其对这一品牌的忠诚度越高。　　　　　　　　　　　　　　　　　　　　　　（　　　）

4. 对于同质性产品适合采用集中性市场营销战略。　　　　　　　　　　　　（　　　）

5. 产品差异化营销是以市场需求为导向的。　　　　　　　　　　　　　　　（　　　）

6. 如果竞争对手已采用差异性营销战略，企业则应以无差异性营销战略与其竞争。

    （　　　）

7. 与产品的市场生命周期阶段相适应，新产品在引入阶段可采用无差异性营销战略。

    （　　　）

8. 市场定位的基本出发点是竞争，是一种帮助企业确认竞争地位、寻找竞争策略的方法。　　　　　　　　　　　　　　　　　　　　　　　　　　　　　　　（　　　）

9. 将某种文化注入产品之中，形成文化上的品牌差异，这个是根据文化定位。

    （　　　）

10. 娃哈哈选择农村作为营销主战场，这个属于对抗定位策略。　　　　　　（　　　）

四、案例分析题

　　美国天美时钟表公司在战前还是一个不大起眼的公司，因此，公司极力想在美国市场上撕开一条口子，大干一番。当时，著名的钟表公司几乎都是以生产名贵手表为目标，而且主要通过大百货商店、珠宝商店推销。但是，美国钟表公司通过市场营销研究发现，实际上市场可进行划分，把市场上的购买者分为三类：第一类消费者希望能以尽量低的价格购买能计时的手表，他们追求的是低价位的实用品，这类消费者占23%。第二类消费者希望能以较高的价格购买计时准确、更耐用或式样好的手表。他们既重实用，又重美观，这类消费者占46%。第三类消费者想买名贵的手表，主要是以它作为礼物，他们占整个市场的31%。

　　由此企业发现，以往提供的产品仅是以第三类消费者为对象的。美国天美时钟表公司高兴地意识到，一个潜在的充满商机的大市场即在眼前。于是根据第一、二类消费者的需要，制造了一种叫作"天美时"的物美价廉的手表，一年内保修，而且利用新的销售渠道，广泛通过商店、超级市场、廉价商店、药房等各种类型的商店大力推销，结果很快提高了市场占有率，成为世界上最大的钟表公司之一。

　　分析：

1. 美国天美时钟表公司将市场上的购买者分为几类？
2. 这种细分是否有效？
3. 该公司的营销策略是如何体现的？

项目七

产品策略

学习目标

知识目标：

1. 了解整体产品概念与产品组合策略。
2. 明确产品生命周期理论与各阶段的营销策略。
3. 掌握新产品开发思路与策略。
4. 掌握品牌策略与包装策略。

能力目标：

1. 能对企业的产品组合进行分析并实施相应的策略。
2. 能灵活运用产品生命周期各阶段的营销策略。
3. 能熟练地按照新产品开发流程尝试新产品开发设计。
4. 能进行初步的产品品牌、包装的设计与策划。

任务一　产品与产品组合

案例先导

美的冰箱顺应市场需求

2012年1月，中国冰箱市场中最受消费者关注的产品类型无疑为三开门冰箱。三开门冰箱更加优秀的保鲜性能获得了中国冰箱市场广大消费者的认可，当月关注比例达到了40.9%。传统双开门冰箱的关注比例为34.5%。2012年1月，中国冰箱市场中最受消费者关注的产品容积段为201~250升，关注比例高达44.0%。消费者对更大容量产品的需求与日俱增。2012年1月，300升以上超大容量冰箱的用户关注比例高达24.7%。

尽管美的在冰箱领域的起步不算早，但经过其强势的市场推广，现在美的也已成为中国冰箱市场不可小觑的一股力量。另外，美的在家电下乡市场也获得了不错的回报。2012年1月，中国冰箱市场中美的品牌关注比例呈现缓慢下降的走势，但整体来说是比较稳定的。另外，市场对美的三开门和双开门冰箱的关注比例也高于整体市场水平。应该说美的产品策略是比较符合市场发展趋势的，其在当前关注度较高的三开门冰箱上投入了巨大的心血。

(资料来源：王方，《市场营销原理与实务》，高等教育出版社2013年版，第149页。)

请思考：
1. 品牌的重要性表现在什么地方？
2. 如何认识产品的概念？

知 识 库

一、产品的概念

在市场营销活动中，企业通过提供一定的产品或服务来满足客户需求，企业和市场的关系是通过产品来联结的。市场营销组合的核心就是产品。产品策略直接影响和决定着其他市场营销组合因素的决策。因而如何正确确定企业的产品组合结构、开发什么样的产品来满足客户需求、产品在品牌和包装上采取什么样的策略来为客户服务就成为企业的一项极其重要的决策，也是市场竞争的基础策略。

所谓产品，是指能提供给市场，用于满足人们某种欲望和需要的任何事物，包括实物、服务、场所、组织、观念、主意等。由此可见，产品的范围非常广泛，可以是电视机、空调等实物；也可以是律师、注册会计师等人员提供的服务；甚至可以是一种观念或主意，如广告公司的广告创意。

二、整体产品的概念

产品的整体含义是就一个产品营销学上的整体结构而言的。以现代观念对产品进行界定，产品是指为留意、获取、使用或消费以满足某种欲望和需要而提供给市场的一切物品（菲利普·科特勒）。在现代市场营销理论中，整体产品概念包含核心产品、形式产品、期望产品、附加产品和潜在产品五个层次。

（一）核心产品

核心产品是指产品提供给消费者的实际利益和效用，它回答"购买者真正要购买的是什么"这个问题。从根本上说，消费者在市场上购买的并不是物品的实体，而是需要的满足与满意，实体产品实质上只是传递利益的载体而已。例如，人们夏天购买空调不是为了获取装有某些电器零部件的物体，而是为了在炎热的夏季满足凉爽舒适的需求。因此，企业必须以向消费者提供尽量多的实际利益为出发点，来设计和开发新产品。

（二）形式产品

形式产品是核心产品借以实现的形式，即向市场提供的实体和服务的形象。如果形式产品是实体品，则它在市场上通常表现为产品质量、外观特色、式样、品牌名称和包装等。如冰箱，形式产品不仅仅指冰箱的制冷功能，还包括它的质量、造型、颜色、容量等。产品的基本效用必须通过某些具体的形式才能得以实现。企业应首先着眼于消费者购买产品时所追求的利益，以求更完美地满足消费者需要，从这一点出发去寻求利益得以实现的形式，进行产品设计。

（三）期望产品

期望产品是指消费者购买某种产品时通常所希望和默认的一组产品属性和条件。一般情况下，消费者在购买某种产品时，往往会根据以往的消费经验和企业的营销宣传，对所欲购买的产品形成一种期望，如旅店的客人期望的是干净的床、香皂、毛巾、热水、网络和相对安静的环境等。消费者所得到的是购买产品所应该得到的，也是企业在提供产品时应该提供给消费者的。对于消费者来讲，在得到这些产品的基本属性时，并没有太多的套路和形成偏好，但如果消费者没有得到这些，就会非常不满意，因为消费者没有得到其应该得到的东西，即其所期望的一整套产品属性和条件。

（四）附加产品

附加产品也叫延伸产品，是指消费者购买形式产品时所获得的全部附加服务和利益，包括提供信贷、免费送货、质量保证、安装、售后服务等。附加产品的概念来源于对市场需要的深入认识。因为消费者的购买目的是满足某种需要，因而他们希望得到与满足该项需要有关的一切。美国学者西奥多·莱维特曾经指出："新的竞争不是发生在各个公司的工厂生产什么产品，而是发生在其产品能提供何种附加利益（如包装、服务、广告、顾客咨询、融资、送货、仓储及具有其他价值的形式）。"例如，青岛电视机厂能在激烈的市场竞争中保持不败，让其产品走进全国 500 多万户家庭中，就是依靠热情周到的售后服务。到 1993 年 4 月，该厂已在全国设立了 236 个维修网点，并用最精密的维修检测设备、最先进的通信和交通工具、最优秀的技术人才和最优质的技术服务，向市场提供最佳的附加产品。

由于产品的消费是一个连续的过程，既需要售前宣传产品，又需要售后持久、稳定地发挥效用，因此，服务是不能少的。可以预见，随着市场竞争的激烈展开和消费者要求的不断提高，附加产品越来越成为企业竞争获胜的重要手段。

（五）潜在产品

潜在产品是指一个产品最终可能实现的全部附加和新增加的功能。许多企业通过对现有产品的附加与扩展，不断提供潜在产品，其给予消费者的就不仅仅是满意，还包括消费者在获得这些新功能时感到的喜悦。所以潜在产品指出了产品可能的演变，也使消费者对于产品的期望越来越高。潜在产品要求企业不断寻求满足消费者需求的新方法，不断将潜在产品变成现实产品，这样才能使消费者得到更多的意外惊喜，更好地满足消费者的需求。

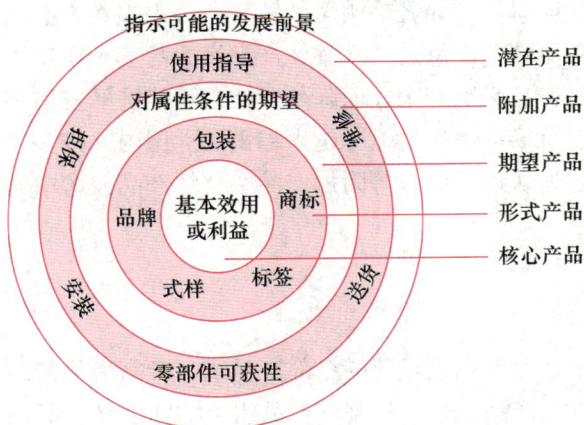

图 7-1　产品五层次图

三、整体产品的市场意义

整体产品概念是对市场经济条件下产品概念的完整、系统、科学的表述。它对市场营销管理的意义表现在：

（1）它以消费者基本利益为核心，指导整个市场的营销管理活动，是企业贯彻市场营销观念的基础。企业市场营销管理的根本目的就是保证消费者的基本利益。例如，消费者购买电视机是希望业余时间充实和快乐；购买计算机是为了提高生产和管理效率；购买服装是要满足舒适、风度和美感的要求。概括起来，消费者追求的基本利益大致包括功能和非功能两方面的要求。消费者对前者的要求是出于实际使用的需要，对后者的要求往往是出于社会心理动机。这两方面的需要又往往交织在一起，并且非功能需求所占的比重越来越大。而整体产品概念明确地向产品的生产经营者指出，要竭尽全力地通过形式产品和附加产品去满足核心产品所包含的一切功能和非功能的要求，充分满足消费者的需求。可以断言，不懂得整体产品概念的企业不可能真正贯彻市场营销观念。

（2）只有通过产品五层次的最佳组合才能确立产品的市场地位。企业要把为消费者提供的各种服务看作是产品实体的统一体。由于科学技术在今天的社会中能以更快的速度扩散，以及消费者对切身利益关注度的提高，企业的产品以独特形式出现越来越困难，消费者也就越来越以企业产品的整体效果来确认哪个厂家、哪种品牌的产品是自己喜爱和满意的。尤其是国内消费者在购买家电产品时，往往对有两层包装纸盒的产品（双包装产品）更为信任。对于不少缺乏电器专业知识的消费者来说，判别家电产品的质量可靠性，往往以包装的好坏作为依据。对于企业来说，产品越能以一种消费者易觉察的形式来体现消费者购物时所关心的因素，越能获得好的产品形象，进而确立有利的市场地位。

（3）产品差异构成企业特色的主体，企业要在激烈的市场竞争中取胜，就必须致力于创造自身产品的特色。不同产品项目之间的差异是非常明显的，这种差异或表现在功能上，如鸣笛水壶与一般水壶之别；或表现在设计风格、品牌、包装的独到之处上，甚至表现在与之相联系的文化因素上，如各种服装的差异；或表现在产品的附加利益上，如各种不同服务，可使产品各具特色。总之，在整体产品概念的五个层次上，企业都可以形成自己的特色，从而与竞争产品区别开来。而随着现代市场经济的发展和市场竞争的加剧，企业所提供的附加利益在市场竞争中也显得越来越重要。国内外许多企业的成功，在很大程度上应归功于它们更好地认识了服务等附加产品在整体产品概念中的重要地位。

四、产品组合

1. 产品组合的概念

产品组合是指一个企业生产或经营的全部产品线、产品项目的组合方式，它包括四个要素：产品组合的宽度、产品组合的长度、产品组合的深度和产品组合的关联度。产品组合包括以下概念：产品项目即产品大类中各种不同品种、规格、质量的特定产品，企业产品目录中列出的每一个具体的品种就是一个产品项目。产品线是许多产品项目的集合，这些产品项目之所以能组成一条产品线，是因为这些产品项目具有功能相似、用户相同、分销渠道统一、消费上相连带等特点。

产品组合具体来说便是企业生产经营的全部产品线、产品项目的组合方式，即产品组合的宽度、深度、长度和关联度。

2. 产品组合的四个要素

如何在生产和经销中进行产品的搭配和组合就成为企业在经营决策中必须面对的重要问题。

下列以宝洁公司（P&G）为例说明这些概念，如表7-1所示。

表 7-1　宝洁公司的产品组合

	宽度				
长度	洗衣粉	牙膏	肥皂	纸尿布	纸巾
	象牙雪 1930	格利 1952	象牙 1879	娇子 1961	媚人 1928
	德来夫特 1933	佳洁士 1955	佳美 1927	滤污 1976	粉扑 1960
	汰渍 1946		洗污 1928		旗帜 1982
	快乐 1950		柯克斯 1930		绝顶 1992
	奥克雪多 1952		香味 1952		
	德希 1954		保洁净 1963		
	圭尼 1966		海岸 1974		
	道尼 1972		玉兰油 1993		
	伊拉 1972				

（1）产品组合的宽度（Width）。产品组合的宽度，也叫广度，是指该公司具有多少不同的产品线。产品线是指密切相关产品，这些产品功能相同，售给同类顾客群，通过同一类渠道销售出去，销售在一定幅度内变动。由表7-1可以看出，宝洁公司有5个产品线，即洗衣粉、牙膏、肥皂、纸尿布、纸巾。

（2）产品线的长度（Length）。每一条产品线内的产品项目数称为该产品线的长度。当然如果一个公司有多条产品线，公司可以将所有产品线的长度加起来，得到公司产品组合的总长度，除以宽度（广度）则可以得到公司平均产品线长度。由表7-1可以看出，宝洁公司产品线的总数是25个。我们再来看一看该公司产品线的平均长度：平均长度等于总长度（这里是25）除以产品线数（这里是5），所以结果为：25/5=5。

（3）产品组合的深度（Depth）。生产线中每一产品的品种数称为产品组合的深度，如两面针牙膏具有多种口味与香型，这些就构成了两面针牙膏的深度。又比如，佳洁士牌牙膏有3种规格和2种配方（普通味和薄荷味），佳洁士牌牙膏的深度就是6。通过计算每一品牌的产品品种数目，我们就可以计算出宝洁公司的产品组合的平均深度。

（4）产品组合的关联度。产品组合的关联度是指一个企业的各产品线在最终用途、生产条件、分销渠道等方面的相关联程度。较高的产品的关联度能为企业带来规模效益和范围效益，提高企业在某一地区、行业的声誉。

企业产品系列之间是有某种联系的，即各种产品系列之间在最终用途、生产条件、销售渠道或其他方面都存在某种联系，这种各种产品系列之间的关联程度称为关联度。一般来说其包括下列联系：

①这些产品满足同样的需求；

②这些产品互为补充，可一起使用；

③这些产品销售给同一客户；

④这些产品通过同一中间商销售；

⑤这些产品按不同价格水平的同一组价格销售。

五、产品组合策略

（一）产品组合策略的类型

1. 扩大产品组合策略

扩大产品组合策略是开拓产品组合的广度和加强产品组合的深度的策略。开拓产品组合广度是指增添一条或几条产品线，扩展产品经营范围；加强产品组合深度是指在原有的产品线内增加新的产品项目。具体方式如下：

（1）在维持原产品品质和价格不变的前提下，增加同一产品的规格、型号和款式。

（2）增加不同品质和不同价格的同一种产品。

（3）增加与原产品相似的产品。

（4）增加与原产品毫不相关的产品。

扩大产品组合策略的优点：

（1）可以满足不同偏好的消费者的多方面需求，提高产品的市场占有率。

（2）可以充分利用企业信誉和商标知名度，完善产品系列，扩大经营规模。

（3）可以充分利用企业资源和剩余生产能力，提高经济效益。

（4）有利于减小市场需求变动性的影响，分散市场风险，降低损失程度。

2. 缩减产品组合策略

缩减产品组合策略是削减产品线或产品项目，特别是要取消获利小的产品，以便集中力量经营获利大的产品线和产品项目的策略。缩减产品组合的方式如下：

（1）减少产品线数量，实现专业化生产经营。

（2）保留原产品线，削减产品项目，停止生产某类产品，外购同类产品继续销售。

缩减产品组合策略的优点：

（1）可以集中资源和技术力量改进保留产品的品质，提高产品商标的知名度。

（2）有利于生产经营专业化，提高生产效率，降低生产成本。

（3）有利于企业向市场的纵深发展，寻求合适的目标市场。

（4）可以减少资金占用，加速资金周转。

3. 高档产品策略

高档产品策略就是在原有的产品线内增加高档次、高价格的产品项目。高档产品策略的优点如下：

（1）高档产品的生产经营容易为企业带来丰厚的利润。

（2）可以提高企业现有产品的声望和市场地位。

（3）有利于带动企业生产技术水平和管理水平的提高。

采用这一策略的企业也要承担一定风险：由于企业惯以生产廉价产品的形象在消费者

心目中不可能立即转变，使得高档产品不容易很快打开销路，从而影响新产品项目研制费用的迅速收回。

4. 低档产品策略

低档产品策略就是在原有的产品线中增加低档次、低价格的产品项目的策略。实行低档产品策略的优点如下：

（1）可以借高档名牌产品的声誉吸引消费水平较低的消费者慕名购买该产品线中的低价产品。

（2）有利于充分利用企业现有生产能力，补充产品项目空白，形成产品系列。

（3）有利于增加销售总额，扩大市场占有率。

与高档产品策略一样，低档产品策略的实施能够迅速为企业寻求新的市场机会，同时也会带来一定的风险。如果处理不当，可能会影响企业原有产品的市场声誉和市场形象。此外，这一策略的实施需要有一套相应的营销系统和促销手段与之配合，这必然会加大企业营销费用的支出。

（二）产品组合策略的形式

1. 全线全面型

全线全面型是指企业尽量向自己业务范围内的所有消费者提供其所需的产品。采取这一策略的企业必须有能力满足整个市场的需求。例如，近年来，国外一些商业银行不断扩大产品组合的宽度和深度，向企业提供全方位贷款服务，几乎能提供企业所需的全部金融服务。

2. 市场专业型

市场专业型是指企业着眼于向某专业市场提供其所需要的各种产品。这种策略强调的是产品组合的广度和关联度，产品组合的深度一般较小。

3. 产品线专业型

产品线专业型是指企业根据自己的专长，专注于某几类产品或服务的提供，并将它们推销给各类消费者。这种策略强调的是产品组合的深度和关联度，产品组合的宽度一般较小。

4. 特殊产品专业型

特殊产品专业型是指企业根据自身所具备的特殊资源条件和技术专长，专门提供或经营某些具有优越销路的产品或服务项目。这种策略的特点是产品组合的宽度极小，深度不大，但关联度极强。采取该策略时，由于产品或服务的特殊性，决定了企业所能开拓的市场是有限的，但竞争的威胁也很小。

（三）产品组合的动态平衡

随着市场需求和竞争形势的变化，产品组合中的每个项目必然会在变化的市场环境下发生分化，一部分产品获得较快的成长，一部分产品继续取得较高的利润，另有一部分产品则趋于衰落。企业如果不重视对新产品的开发和衰退产品的剔除，必将逐渐出现不健全、不平衡的产品组合。

为此，企业需要经常分析产品组合中各个产品项目或产品线的销售成长率、利润率和市场占有率，判断各产品项目或产品线在销售成长方面的潜力或发展趋势，以确定企业资金的运用方向，做出开发新产品和剔除衰退产品的决策，以调整其产品组合。

所以，所谓产品组合的动态平衡，是指企业根据市场环境和资源条件变动的前景，适时增加应开发的新产品和淘汰应退出的衰退产品，从而随着时间的推移，企业仍能维持最大利润的产品组合。由此可见，及时调整产品组合是保持产品组合动态平衡的条件。动态平衡的产品组合亦称最佳产品组合，实际上是产品组合动态优化的问题，其只能通过不断开发新产品和淘汰衰退产品来实现。产品组合动态平衡的形成需要综合性地研究企业资源和市场环境可能发生的变化，各产品项目或产品线的成长率、利润率、市场占有率将会发生的变化，以及这些变化对企业总利润率的影响。对产品项目或产品线众多的企业来说，这是一个非常复杂的问题。目前系统分析方法和电子计算机的应用已为解决产品组合最佳化问题提供了有力的支持。

🏠 训练营

训练任务：产品组合策略。

训练目的：了解产品组合策略并能够运用其进行营销策略的制定。

训练步骤：

1. 就近选择商家咖啡店（名典、新岛或其他休闲吧），浏览其菜单或产品目录，了解其产品组合，并从专业角度来说明。

2. 调查了解所提供产品中的畅销品与不太受欢迎的品类，与店员及顾客交流分析其原因。

3. 小组讨论决定选择某一款产品进行改良，形成报告并展示交流。

表 7-2 训练成绩考核表

训练评估指标	训练评估标准	分项成绩
分析产品组合，提供改良方案 50%	1. 对该店的菜单或产品目录的产品组合分析全面 30% 2. 对不畅销产品改良方案较为完善 20%	
PPT 制作 20%	1. 简明扼要 5% 2. 设计美观、重点突出 15%	
分析报告陈述 30%	1. 语言表达流畅 10% 2. 陈述准确、层次清晰 10% 3. 重点突出 10%	
	总成绩 100%	

🏠 超链接

产品分类

产品可按不同角度进行分类，营销学认为，与营销策略有关的产品分类方法通常有以下几种。

一、按产品的有形性和消费上的耐久性划分

1. 非耐用品。指消费周期很短、容易消耗的有形物品，如化妆品、食品等。由于这类产品具有消费时间短、购买频繁的特点，所以适应的营销战略应该是：尽量增加销售产品的地点、场所，分散经营，接近消费者；销售价格中不宜包含过多的盈利；并且应大量采用广告宣传，吸引顾客做尝试性购买，促使形成对该产品的偏好。

2. 耐用品。指能够长期使用的、价值较高的有形物品，如冰箱、电视机、家具等。这类产品一般倾向于较多的人员推销和服务，利润率较高。

3. 服务。指供出售的活动、利益或享受，如理发、修理等。服务是无形的非耐用品，一般就地销售和就地消费，因此要特别强调质量管理，注重信誉。

二、按消费者购买习惯不同划分

1. 便利品。指顾客经常或随时需要、通常不花费很多时间和精力去购买的物品。便利品可以进一步分成日用品、冲动品以及急救品。日用品是顾客有规律性地购买的商品，如牙膏、香烟、肥皂等。冲动品是顾客没有经过计划搜寻而顺便购买的产品。这类商品通常被放置在收银台旁边，就是为了使那些原来可能没有购买欲望的顾客做出冲动性购买行为。急救品是消费者有紧迫需求时购买的产品，如下暴雨时购买雨伞等。这类产品往往被生产厂家放置在许多网点销售，且顾客需要时能够迅速实现购买。

2. 选购品。指品种规格复杂、挑选性强，在质量、价格、花色、款式等方面需要反复挑选和比较才能决定购买的物品。选购品可分为同质品和异质品。同质品是顾客认为质量类似但品牌和价格不同的物品，如电视机、电冰箱、压力锅等，顾客购买时主要是通过比较价格、品牌知名度和售后服务来选择；而异质品诸如服装、鞋帽、家具等，消费者更重视其产品特色，价格和品牌次之，如顾客在购买一套高档服装时，主要是选择自己称心的款式、面料、花色等，而不只是选择品牌。

3. 特殊品。指特定品牌或具有特色的、为特定顾客群专门购买的物品，如高档乐器、名牌钟表、驰名风味食品等，消费者愿意花费较多时间和精力去购买的某种特定产品，这些产品一般是不能替代的。

4. 非渴求品。指消费者不知道的，或虽然知道但一般情况下没有想到要去购买的物品，如上市不久的新产品、人寿保险、百科全书等。对非渴求品须付出诸如广告和人员推销等大量营销努力。一些最复杂的人员推销技巧就是在推销非渴求品的竞争中发展起来的。

任务二　产品的生命周期

案例先导

最典型的导入期告知广告——"恒源祥，羊羊羊"

"恒源祥、羊羊羊"，几乎没有人不知道这个广告。毋庸置疑，在恒源祥产品的导入期这个广告起到了很好的效果。这个广告在中央电视台黄金时间播放，每次重复三遍，让全国人民迅速知道了这个品牌。在产品的导入期，企业对产品的广告诉求一定要建立在让消费者认识的基础上，这也是这个阶段广告的主要任务。只有消费者对产品认可，使其对品牌产生依赖才成为可能。营销专家六永炬先生说过一句话："一个产品要让消费者认识只要 18 天的时间，这 18 天是产品进入市场的关键。"这个时期，要让消费者认识产品、认知产品的功能，广告诉求对象是产品概念。

（资料来源：杨芳玲，《市场营销原理与实务》，中国传媒大学出版社 2017 年版，第 150 页。）

请思考：

1. 你觉得恒源祥的这个广告成功在哪里？
2. 你还能举出在产品导入期比较成功的其他广告吗？

知识库

一、产品生命周期概念

产品从投入市场到最终退出市场的全过程称为产品生命周期，该过程一般经历产品的引入期、发展期、成熟期和衰退期四个阶段。在产品生命周期的不同阶段，产品的市场占有率、销售额、利润额是不一样的。导入期产品销售量增长较慢，利润额多为负数。当销售量迅速增长、利润由负变正并迅速上升时，产品进入了发展期。经过快速增长的销售量逐渐趋于稳定，利润增长处于停滞，说明产品成熟期来临。在成熟期的后阶段，产品销售量缓慢下降，利润开始下滑。当销售量加速减少、利润也较快下降时，产品便步入了衰退期。

二、产品生命周期的各个阶段及营销策略

典型的产品生命周期一般可以分成四个阶段，即介绍期（引入期）、发展期、成熟期和衰退期。

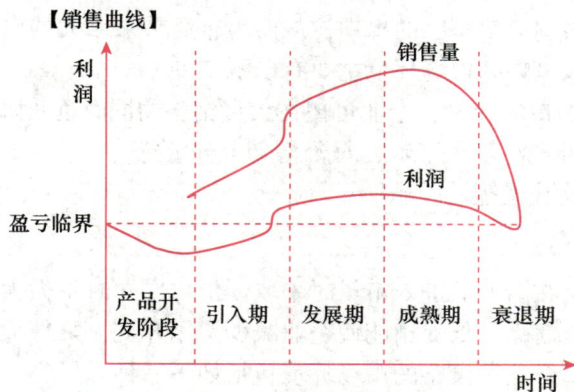

图 7-2　产品生命周期图

（一）第一阶段：介绍（引入）期

介绍（引入）期是指产品从设计投产直到投入市场进入测试的阶段。当新产品投入市场，便进入了引入期。此时产品品种少，消费者对产品还不了解，除少数追求新奇的消费者外，几乎无人实际购买该产品。企业为了扩大销路，不得不投入大量的促销费用，对产品进行宣传推广。该阶段由于生产技术方面的限制，产品生产批量小，制造成本高，广告费用多，产品销售价格偏高，销售量极为有限，企业通常不能获利，甚至可能亏损。一般有以下四个可供选择的市场策略：

1. 高价快速策略

这种策略的形式是采取高价格的、同时配以大量的宣传推销活动，把新产品推入市场，其目的在于先声夺人抢先占领市场，希望在竞争者还没有大量出现之前就能收回成本，获得利润。适合采用这种策略的市场环境主要包括三种：

（1）必须有很大的潜在市场需求量。

（2）这种产品的品质特别高，功效又比较特殊，很少有其他产品可以替代，消费者一旦了解这种产品常常愿意出高价购买。

（3）企业面临着潜在的竞争对手，须快速建立良好的品牌形象。

2. 选择渗透策略

这种战略的特点是在采用高价格的同时只做很少的促销努力，高价格的目的在于能够及时收回投资获取利润。低促销的方法可以减少销售成本，这种策略主要适用于以下三种情况：

（1）产品市场比较固定明确。

（2）大部分潜在的消费者已经熟悉该产品，并愿意出高价购买。

（3）产品的生产和经营必须有相当的难度和要求，普通企业无法参加竞争或由于其他原因潜在的竞争不迫切。

3. 低价快速策略

这种策略的方法是在采用低价格的同时做出巨大的促销努力。其特点是可以使产品迅速进入市场，有效地限制竞争对手的出现，从而为企业带来巨大的市场占有率。该策略的适应性很广泛，适合该策略的市场环境主要有以下三种：

（1）产品有很大的市场容量，企业可望在大量销售的同时逐步降低成本。

（2）消费者对这种产品不太了解，对价格又十分敏感。

（3）潜在的竞争比较激烈。

4. 缓慢渗透策略

这种策略的方法是在新产品进入市场时采取低价格，同时不做大的促销努力。低价格有助于市场快速地接受商品；低促销能使企业减少费用开支，降低成本，以弥补低价格造成的低利润或亏损。适合这种策略的市场环境包括如下三种：

（1）产品的市场容量大。

（2）消费者对产品有所了解，同时对价格又十分敏感。

（3）存在某种程度的潜在竞争。

（二）第二阶段：发展期

当产品进入引入期，销售取得成功之后，便进入了发展期。发展期是指产品通过试销效果良好，消费者逐渐接受该产品，产品已在市场上站住脚并且打开了销路。这是需求增长阶段，需求量和销售额迅速上升，生产成本大幅度下降，利润迅速增长。与此同时，竞争者看到有利可图，将纷纷进入市场参与竞争，使同类产品供给量增加，价格随之下降，企业利润增长速度逐步减慢，最后达到生命周期利润的最高点。这一阶段适用的具体策略有以下几种：

（1）积极筹措和集中必要的人力、物力和财力，进行基本建设或技术改造，以利于迅速增加生产批量。

（2）改进商品的质量，增加商品的新特色，在商标、包装、款式、规格和定价方面做出改进。

（3）进一步开展市场细分，积极开拓新的市场，吸引新的消费者，以利于扩大销售量。

（4）努力疏通并增加新的流通渠道，扩大产品的销售面。

（5）改变企业的促销重点。例如，在广告宣传上，从介绍产品转为树立形象，以利于进一步提高企业产品在社会上的声誉。

（6）充分利用价格手段。在发展期，虽然市场需求量较大，但企业可以在适当时机降低产品价格，以增加竞争力。当然，降价可能会暂时减少企业的利润，但随着市场份额的扩大，长期利润还有望增加。

（三）第三阶段：成熟期

成熟期指产品被大批量生产并稳定地进入市场销售。经过发展期之后，随着购买产品的消费者人数的增多，市场需求趋于饱和。此时，产品得到普及并日趋标准化，成本低而产量大，销售增长速度缓慢直至转而下降。由于竞争的加剧，同类产品生产企业之间不得不加大在产品质量、花色、规格、包装、服务等方面的投入，在一定程度上增加了成本。

在产品成熟期，企业应该放弃弱势产品，以节省费用开发新产品；但同时要注意到原来的产品可能还有发展潜力，有的产品就是由于开发了新用途或新的功能而重新进入新的生命周期。因此，企业不应该忽略或仅是消极地防卫产品的衰退。优越的攻击往往是最佳的防卫。企业应该有系统地考虑市场、产品及营销组合的修正策略。

1. 市场修正策略

市场修正策略即企业通过努力开发新的市场，来保持和扩大自己的商品市场份额。可采取以下策略：

（1）通过努力寻找市场中未被开发的部分，如使非使用者转变为使用者；

（2）通过宣传推广，促使消费者更频繁地使用或每一次使用更多的量，以增加现有消费者的购买量；

（3）通过市场细分化，努力打入新的市场区划，如地理、人口、用途的细分；

（4）赢得竞争者的客源市场。

2. 产品改良策略

企业可以通过对产品特征的改良来提高销售量。可采取以下策略：

（1）品质改良，即增加产品的功能性效果，如耐用性、可靠性、速度及口味等；

（2）特性改良，即增加产品的新特性，如规格、重量、材料、质量、添加物以及附属品等；

（3）式样改良，即增加产品的美感。

3. 营销组合调整策略

营销组合调整策略指的是企业通过调整营销组合中的某一因素或多个因素刺激销售。可采取以下策略：

（1）通过降低售价来加强竞争力；

（2）改变广告方式以引起消费者的兴趣；

（3）采用多种促销方式，如大型展销、附赠礼品等；

（4）扩展销售渠道，改进服务方式或货款结算方式等。

（四）第四阶段：衰退期

衰退期是指产品进入了淘汰阶段。随着科技的发展以及消费者消费习惯的改变等，产品的销售量和利润持续下降，产品在市场上已经老化，不能适应市场需求，市场上已经有其他性能更好、价格更低的新产品足以满足消费者的需求。此时生产成本较高的企业就会由于无利可图而陆续停止生产，该类产品的生命周期也就陆续结束，以致最后完全撤出市场。

1. 维持策略

维持策略即企业在目标市场、价格、销售渠道、促销等方面维持现状。由于这一阶段很多企业会先行退出市场，因此对一些有条件的企业来说，并不一定会减少销售量和利润。使用这一策略的企业可配以延长产品寿命的策略。延长产品寿命周期的途径是多方面的，主要有以下几种：

（1）通过价值分析降低产品成本，以利于进一步降低产品价格；

（2）通过科学研究增加产品功能，开辟新的用途；

（3）加强市场调查研究，开拓新的市场，创造新的内容；

（4）改进产品设计，以提高产品性能、质量、包装、外观等，从而使产品寿命周期不断实现再循环。

2. 缩减策略

缩减策略即企业仍然保留原来的目标继续经营，但根据市场变动的情况在规模上进行适当的收缩。如果企业把所有的营销力量集中到一个或者少数几个细分市场上，加强这几个细分市场的营销力量，也可以大幅度降低市场营销的费用，以增加当前的利润。

3. 撤退利润

撤退利润即企业决定放弃经营某种产品以撤出目标市场。在撤出目标市场时，企业应该先考虑以下几个问题：

（1）将进入哪一个新领域，经营哪一种新产品，可以利用以前的哪些资源。

（2）品牌及生产设备等残余资源如何转让或卖出。

（3）保留多少零件存货和服务以在今后为过去的消费者服务。

总之，在产品生命周期的各个阶段，无论是在销售量还是利润等方面都有明显不同的特征，如表 7-3 所示。

表 7-3　产品生命周期不同阶段的特点

阶段	销售量	生产量	成本	利润	竞争	消费者
引入期	低	低	高	低或亏	少	不了解
发展期	迅速增加	扩大	降低	迅速上升	加剧	了解
成熟期	稳中有降	大	低	高	激烈	偏好
衰退期	迅速下降	减少	上升	迅速下降	淡化	转移

针对产品生命周期在不同阶段的不同特点，可采取以下营销策略：

表 7-4　产品生命周期不同阶段的营销策略

策略	引入期	发展期	成熟期	衰退期
营销目标	创造产品知名度，提供试用率	市场份额最大化	保护市场份额，争取最大利润	压缩开支，榨取品牌价值
产品	提供基本产品	扩大服务保证	品牌和型号多样化	逐步撤出衰退产品
价格	用成本加成法	渗透市场市价法	定价与竞争者抗衡或战胜他们	降价
分销	建立选择性分销	密集分销	建立更密集分销	有选择地减少无利润渠道出口

续表

策略	引入期	发展期	成熟期	衰退期
广告	在早期使用者和经销商中建立知名度	在大众市场建立知名度，激发兴趣	强调品牌差异和利益	降低至维持绝对忠诚者的水平
促销	加强促销，引诱使用	减少促销利用使用者的要求	加强促销，鼓励转换品牌	降低到最低标准

三、产品生命周期理论的优缺点

1. 产品生命周期理论的优点

产品生命周期理论提供了一套适用的营销规划观点。他将产品分成不同的阶段，企业可针对各个阶段不同的特点而采取不同的营销组合策略。此外，产品生命周期理论只涉及销售和时间两个变数，简单易懂。

2. 产品生命周期理论的缺点

（1）产品生命周期各阶段的起止点划分标准不易确认。

（2）并非所有的产品生命周期曲线都是标准的 S 形，还有很多特殊的产品生命周期曲线。

（3）无法确定产品生命周期曲线到底适合单一产品项目层次还是产品集合层次。

（4）该曲线只考虑销售和时间的关系，未涉及成本及价格等其他影响销售的变数。

（5）易造成营销近视症，导致企业认为产品已到衰退期，而过早地将仍有市场价值的好产品从产品线中剔除。

（6）产品衰退并不表示无法再生，如通过合适的改进策略，企业可能再创产品新的生命周期。

🏠 训练营

训练任务：设计某产品处于引入期所采取的营销组合策略。

训练目的：熟悉产品市场生命周期的原理与应用。

训练步骤：

1. 由小组组织市场调研，针对样本产品的整体概念、市场生命周期等问题收集市场信息，确定所研究产品的整体概念和市场生命周期阶段。

2. 根据研究结论，针对该产品的竞争和营销现状提出改进方案。

表 7-5 训练成绩考核表

训练评估指标	训练评估标准	分项成绩
分析某产品当前市场状况，设计产品营销组合策略50%	1. 分析当前某产品市场状况 20% 2. 设计该产品营销组合策略30%	
各组讨论，交换意见，派代表陈述20%	1. 简明扼要 5% 2. 思路清晰、重点突出15%	

续表

训练评估指标	训练评估标准	分项成绩
策划书撰写 30%	1. 语言表达流畅 10% 2. 陈述准确、层次清晰 10% 3. 重点突出 10%	
总成绩 100%		

⌂ 超链接

特殊的产品生命周期

特殊的产品生命周期包括风格型产品生命周期、时尚型产品生命周期、热潮型产品生命周期、扇贝型产品生命周期四种类型。它们的产品生命周期曲线并非通常的 S 形。

1. 风格（style）：是一种在人们生活中基本但特点突出的表现方式。风格一旦产生，可能会延续数代，根据人们对它的兴趣而呈现出一种循环再循环的模式，时而流行，时而可能并不流行。

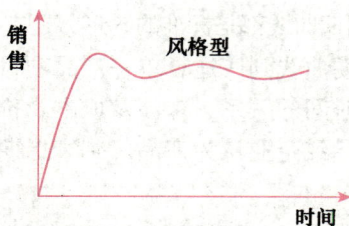

图 7-3　风格型产品生命周期

2. 时尚（fashion）：是指在某一领域里目前为大众所接受且受欢迎的风格。时尚型产品生命周期的特点是刚上市时很少有人接纳（独特阶段），但接纳人数会随着时间的推移慢慢增长（模仿阶段），终于被广泛接受（大量流行阶段），最后缓慢衰退（衰退阶段），消费者开始将注意力转向另一种更吸引他们的时尚。

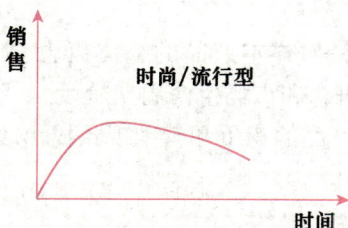

图 7-4　时尚型产品生命周期

3. 热潮（fad）：是一种来势汹汹且很快就会吸引大众注意的时尚，俗称时髦。热潮型产品的生命周期往往是快速成长又快速衰退，主要因为它只满足消费者一时的好奇心或需求，只限于少数追求刺激、标新立异的人，通常无法满足其更强烈的需求。

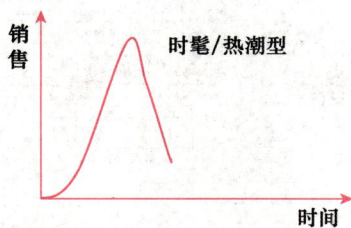

图 7-5　热潮型产品生命周期

4. 扇贝（scallop）：主要是指产品生命周期不断地延伸再延伸，这往往是因为产品创新或不时发现产品的新用途。

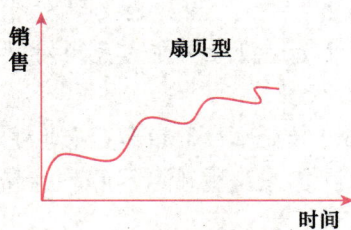

图 7-6　扇贝型产品生命周期

任务三　新产品开发

案例先导

无线电熨斗的诞生

在日本熨斗生产领域，松下电器公司的熨斗事业部很有权威性。然而，到了20世纪80年代，随着电器市场高度饱和，电熨斗也进入滞销行列。

事业部的科研人员心急如焚。一天，被人称为"熨斗博士"的事业部长岩见宪一召集了几千名年龄不同的家庭主妇，让她们不客气地对"松下"的熨斗挑毛病。一位妇女说："熨斗若没有电线就方便多了。"

"妙！无线熨斗。"岩见宪一兴奋地叫了起来。事业部马上成立了攻关小组，开始，他们想用蓄电的办法取消电线。但是，研制出来的蒸汽熨斗底厚5厘米，重量达5公斤，妇女用起来简直像铅球。

为了解决这一难题，攻关小组把主妇们熨烫衣物的过程拍成录像片，分析研究动作的规律。结果发现，妇女并非总拿着熨斗熨衣物，而是多次把熨斗竖在一边，调整衣物后再熨。攻关小组修正了蓄电方法，他们设计了一种蓄电槽，每次熨衣后可将熨斗放入槽内蓄电，8秒钟即可蓄足电，熨斗的重量就大大减轻了。蓄电槽装有自动断电系统，十分安全。

这样，新型无线电熨斗终于诞生了，成为当年最抢手的畅销产品。

（资料来源：张建华，《市场营销》，高等教育出版社2016年修订版，第170页。）

请思考：

1. 无线电熨斗的发明说明了什么？
2. 你认为什么样的产品属于新产品？

知 识 库

一、新产品的界定

市场营销意义上的新产品含义很广，除包含科学技术在某一领域的重大发现所产生的新产品外，还包括在生产销售方面，只要产品在功能或形态上发生改变，与原来的产品不一样，甚至只是产品从原有市场进入新的市场，都可视为新产品；在消费者方面，则是指能进入市场给消费者提供新的利益或新的效用而被消费者认可的产品。具体分为以下几类：

1. 按新产品创新程序分类

（1）全新新产品。全新新产品是指应用新原理、新技术、新材料，具有新结构、新功能的产品。该新产品在全世界首先开发，能开创全新的市场。

（2）改进新产品。改进新产品是指在原有产品的基础上进行改进，使产品在结构、功能、品质、花色、款式及包装上具有新的特点和新的突破。改进后的新产品，其结构更加合理，功能更加齐全，品质更加优越，能更多地满足消费者不断变化的需要。

（3）换代新产品。换代新产品是指采用新技术、新结构、新方法或新材料在原有技术基础上有较大突破的新产品。

（4）模仿型新产品。企业对国内外市场上已有的产品进行模仿生产，称为本企业的新产品。

2. 按新产品所在地的特征分类

（1）地区或企业新产品。在国内其他地区或企业已经生产，但本地区或本企业初次生产和销售的产品。

（2）国内新产品。在国外已经研制成功，但国内尚属首次生产和销售的产品。

（3）国际新产品。在世界范围内首次研制成功并投入生产和销售的产品。

3. 按新产品的开发方式分类

（1）技术引进新产品。企业直接引进市场上已有的通过成熟技术制造的产品，这样可以避开自身研发能力较弱的难点。

（2）独立开发新产品。从消费者所需要的产品功能出发，探索能够满足其功能需求的原理和结构，结合新技术、新材料的研究独立开发制造的产品。

（3）混合开发新产品。在新产品的开发过程中，既有直接引进的部分，又有独立开发的部分，将两者有机结合在一起而制造出的新产品即混合开发新产品。

二、新产品开发的注意要点

企业开发新产品，通常把有限的人力、财力、物力有效地分配在急需的开发项目上，使新产品开发取得最佳效果。企业开发新产品的关键在于准确地确定新产品的开发方向。由于市场竞争日益激烈，消费者的需求日益多样化和个性化，新产品开发呈现出多能化、系列化、复合化、微型化、智能化、艺术化等发展趋势。企业在选择新产品开发方向时应着重考虑以下几点：

1. 产品性质和用途

在进行新产品开发前，企业应充分考察同类产品和相应的替代产品的技术含量和性能用途，确保所开发的产品具有先进性或独创性，避免新产品自诞生之日起就被市场淘汰。

2. 价格和销售量

系列化产品成本低，可以通过降价出售增加销售量。但如果系列化产品单调的话，也可能影响销售量。因此，对系列化、多样化产品及价格、销售之间的关系，企业要经过调查研究再加以确定。

3. 消费者需求变化速度和变化方向

随着人们物质生活水平的提高，消费者的需求呈多样化趋势，并且变化速度很快。而开发一种新产品需要一定的时间，这个时间一定要比消费者需求变动的时间短，才能使新产品有市场，企业才能获得经济效益。

4. 企业产品创新满足市场需求的能力

曾经代表中国民族通信的旗帜——巨龙、大唐、中兴、华为四家企业，面对的市场机会差不多，起步也差不多，但经过三四年时间，华为、中兴已远走在了前面，巨龙则几乎退出了通信市场。决定四家企业差距的最关键因素就是各自推向市场的产品所包含的产品和技术创新的能力。

5. 企业技术力量储备和产品开发团队建设

企业在开发新产品时，是否具备开发新产品的技术力量？新产品开发团队的建立能否形成组合优势？是否有利于新产品开发？这些问题都是要企业在开发新产品前认真考虑与解决的。

三、新产品开发的不同阶段

1. 调查研究阶段

发展新产品的目的是满足社会和消费者的需求。消费者的需求是新产品开发选择决策的主要依据，因此企业必须认真做好调查计划工作。这一阶段主要是提出新产品构思以及新产品的原理、结构、功能、材料和工艺方面的开发设想和总体方案。

2. 构思创意阶段

新产品开发是一种创新活动，产品创意是开发新产品的关键。在这一阶段，企业要根据社会调查掌握的市场需求情况以及自身条件，充分考虑消费者的使用要求和竞争对手的动向，有针对性地提出开发新产品的设想和构思。产品创意对新产品能否开发成功有着至关重要的意义和作用。企业新产品开发的构思创意主要来自三个方面：

（1）来自消费者。企业着手开发新产品，首先要通过各种渠道掌握消费者的需求，了解消费者在使用老产品过程中有哪些改进意见和新的需求，并在此基础上形成新产品开发创意。

（2）来自本企业职工。特别是销售人员和技术服务人员，由于他们经常接触消费者，对老产品的改进意见和变化比较清楚。

（3）来自专业科研人员。科研人员具有比较丰富的专业理论和技术，要鼓励其发扬这方面的专长，为企业提供新产品开发的创意。

此外，企业还可以通过情报部门、工商管理部门、外贸等，征集新产品开发创意。

新产品创意包括三个方面的内容：产品构思、构思筛选和产品概念的形成。

（1）产品构思。产品构思是在市场调查和技术分析的基础上，提出新产品的构想或有关产品改良的建议。

（2）构思筛选。并非所有的产品构思都能发展成为新产品。有的产品构思可能很好，与企业的发展目标不符合，也缺乏相应的资源条件；有的产品构思可能本身就不切实际，缺乏开发的可能性。因此，企业必须对产品构思进行筛选。

（3）产品概念的形成。经过筛选后的构思仅仅是设计人员或管理者头脑中的概念，还需要形成能够为消费者接受的、具体的产品概念。产品概念的形成过程实际上就是构思创意与消费者需求相结合的过程。

3. 设计阶段

产品设计是指从确定产品设计任务书起到确定产品结构为止的一系列技术工作的准备和管理，是产品开发的重要环节，是产品生产过程的开始，必须严格遵循"三段设计"程序。

（1）初步设计阶段。这一阶段一般是为下一步技术设计做准备。这一阶段的主要工作就是编制设计任务书，让上级对设计任务书提出体现产品合理设计方案的改进性和推荐性意见，经上级批准后，作为新产品技术设计的依据。这一阶段的主要任务在于正确地确定产品最佳总体设计方案、设计依据、产品用途及使用范围、基本参数及主要技术性能指标、产品工作原理及系统标准化综合要求、关键技术解决办法及关键元器件、特殊材料资源分析、对新产品设计方案进行分析比较、运用价值工程、研究确定产品的合理性能及通过不同结构原理和系统的比较选出最佳方案等。

（2）技术设计阶段。技术设计阶段是新产品的定型阶段。它是在初步设计的基础上设计过程中必需的试验研究（新原理结构、材料元件工艺的功能或模具试验），并写研究大纲和研究试验报告；做出产品设计计算书；画出产品总体尺寸图、产品主要零部件图并校准；运用价值工程，对产品中造价高的、结构复杂的、体积笨重的、数量多的主要零部件的结构、材质精度等选择方案进行成本与功能关系的分析，并编制技术经济分析报告；绘出各种系统原理图；列出特殊元件、外购件、材料清单；对技术任务书的某些内容进行审查和修正；对产品进行可靠性、可维修性分析。

（3）工作图设计阶段。工作图设计的目的是在技术设计的基础上完成供试制（生产）及随机出厂用的全部工作图样和设计文件。设计者必须严格遵守有关标准规程和指导性文件的规定，设计绘制各项产品工作图。

4. 试制与评价鉴定阶段

（1）样品试制阶段。该阶段企业的任务是考核产品设计质量，考验产品结构、性能及主要工艺，验证和修正设计图纸，使产品设计基本定型，同时验证产品结构的工艺性，审查主要工艺上存在的问题。

（2）小批试制阶段。企业在这一阶段的工作重点在于工艺准备，主要目的是考验产品的工艺，验证其在正常生产条件（生产车间条件）下能否达到所规定的技术条件、质量和良好的经济效果。试制后，必须进行鉴定，对新产品从技术、经济上做出全面评价，然后才能得出全面定型结论，投入正式生产。

5. 生产技术准备阶段

在这一阶段，企业应完成全部工作图的设计，确定各种零部件的技术要求。

6. 正式生产和销售阶段

在这一阶段，企业不仅需要做好生产计划、劳动组织、物资供应、设备管理等一系列工作，还要考虑如何把新产品引入市场，如研究产品的促销宣传方式、价格策略、销售成果、提供服务等方面的问题。新产品的市场开发既是新产品开发过程的终点，也是下一代产品再开发的起点。通过市场开发，企业可确切地了解开发的产品是否适应需要及适应程度；分析与产品开发有关的市场情报，可为开发产品决策、改进下一批（代）产品提高开发研制水平提供依据，还可取得有关潜在市场大小的数据资料。

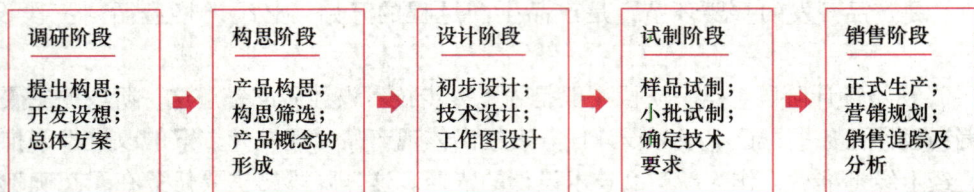

调研阶段	构思阶段	设计阶段	试制阶段	销售阶段
提出构思；开发设想；总体方案	产品构思；构思筛选；产品概念的形成	初步设计；技术设计；工作图设计	样品试制；小批试制；确定技术要求	正式生产；营销规划；销售追踪及分析

图 7-7　新产品的开发过程

四、新产品开发策略

1. 冒险策略

冒险策略是具有高风险性的新产品策略，企业通常会在面临巨大的市场压力时采用这种策略，此时企业会孤注一掷地调动其所有资源投入新产品开发，期望风险越大，回报越大。冒险策略具有以下特点：该策略的产品竞争领域是产品最终用途和技术的结合，企业希望在技术上有较大发展甚至得到一种技术突破；新产品开发的目标是迅速提高市场占有率，成为该新产品市场的领先者；创新度希望是首创，甚至是首创中的艺术性突破；以率先进入市场为投放契机；创新的技术来源采用自主开发、联合开发或技术引进的方式。实施该新产品策略的企业须具备领先的技术、强大的资金实力和强有力的营销运作能力，中小企业显然不适合运用这一新产品开发战略。

2. 进取策略

进取策略具有以下特点：竞争领域在于产品的最终用途和技术方面，新产品开发的目标是通过新产品市场占有率的提高使企业获得较快的发展；创新程度较高，频率较快；大多数新产品选择率先进入市场；开发方式通常是自主开发；以一定的企业资源进行新产品开发，不会因此而影响企业现有的生产状况。新产品创意可来源于对现有产品用途、功能、工艺、营销策略等方面的改进，改进型新产品、降低成本型新产品、形成系列型新产品、重新定位型新产品都可成为选择；也不排除具有较大技术创新的新产品开发。该新产品策略的风险相对要小。

3. 紧跟策略

紧跟策略是指企业紧跟本行业实力强大的竞争者，迅速仿制竞争者已成功上市的新产品，来维持本企业的生存和发展。许多中小企业在发展之初常采用该开发策略。该策略的特点如下：产品的策略竞争领域是由竞争对手所选定的产品或产品的最终用途，本企业无能力也无须选定；企业新产品开发的目的是维持或提高市场占有率；仿制新产品的创新程度不高；产品进入市场的时机选择具有灵活性；开发方式多为自主开发或委托开发；研究开发费用低，但市场营销风险相对较大。实施该新产品策略的关键是紧跟要及时，全面、快速和准确地获得竞争者有关新产品开发的信息是仿制新产品开发策略成功的前提；对竞争者的新产品进行模仿式改进会使其新产品更具竞争力，强有力的市场营销运作是该策略的保障。

4. 防御策略

保持或维持企业现有的市场地位，有这种策略目标的企业会选择新产品开发的防御策略。该策略有以下特点：其产品竞争领域是市场上的新产品；新产品开发的目的是维持或适当扩大市场占有率，以维持企业的生存；多采用模仿型新产品开发模式；以自主开发为主，也可采用技术引进的方式；产品进入市场的时机通常要滞后；新产品开发的频率不高；成熟产业或夕阳产业中的中小企业常采用此策略。

五、新产品开发途径

在现代市场上，企业要得到新产品，并不意味着必须由企业独立完成新产品的创意到生产的全过程。除了自己开发外，企业还可以通过购买专利、经营特许、联合经营甚至直接购买现成的新产品来获得新产品的开发途径。

1. 技术引进

从外部引进先进、成熟的技术从事新产品开发。常见的方式有：购买专利和专门技术、购买设计图纸和工艺文件、仿制等。技术引进能赢得时间，缩小差距，迅速掌握新技术，提高企业产品开发的技术经济性，是科技开发能力较小的企业常用的方式。

2. 自主研制

运用基础研究和应用研究成果，由企业自行开发研究。有条件的企业，甚至可以开展包括基础、应用、开发全过程的研究。行业领先企业适宜采用这种途径，着力开发更新换代产品和全新产品，保持技术领先地位，推动全行业的技术进步。

3. 自主研制与引进相结合

有两种实施方式：一是自主研制为主，选用先进技术，形成具有企业特色的新产品；二是引进为主，"一学，二用，三改，四创"。

4. 联合研制

企业和其他组织（科研机构、大学、配套产品企业等）联手组成开发团队，协作研制。

5. 升级换代

不断开发改进产品，一旦成熟，实现更新换代，甚至创造全新产品。这种步步为营的方式，比较稳健，容易实现。企业新产品开发升级可根据不同情况选用渐进式或蛙跳式。

训练营

训练任务：宝洁公司的新产品开发分析。

训练目的：初步掌握新产品的概念；明确新产品开发在企业成长中的作用。

训练步骤：

1. 分组对宝洁公司的某一新产品开发进行讨论。

2. 撰写宝洁公司某一新产品现状分析报告。

表7-6 训练成绩考核表

训练评估指标	训练评估标准	分项成绩
宝洁公司的新产品开发程序分析 50%	1. 对当前市场上该类商品进行调查的情况 20% 2. 对宝洁公司新产品诉求点的分析要准确 20% 3. 了解新产品满足市场需求的情况 10%	
各组讨论，交换意见，派代表陈述 20%	1. 简明扼要 5% 2. 思路清晰、重点突出 15%	
调查报告撰写 30%	1. 语言表达流畅 10% 2. 陈述准确、层次清晰 10% 3. 重点突出 10%	
	总成绩 100%	

超链接

让企业处于不败之地的四种营销思维

很多企业家在实际营销工作中，一般情况下总是尝试通过不断的试错，来找到更适合企业的营销方案。当耗费了大量的人力物力摸索出一条营销的路径时，由于缺乏正确的理论指导，往往身在途中而难以知返，最终推出的产品投放市场时却发现市场不接受、被竞争对手抢先占领了市场等诸多问题。那么，营销到底有什么难以琢磨的逻辑，让很多营销人总是与正确的道路背道而驰？下面予以剖析。

1. 产品思维

企业面向市场投放的任何一个产品，都必须是满足目标消费者需要的。

（1）比市面上的产品更好一点。为什么要跟市面上现有的产品比较呢，因为我们推广新产品所需要替代的是消费者当前所拥有的选择。任何一个新产品的出现，如果不能有充分的理由让消费者改变原有的消费习惯，他们是不会轻易做出一个改变消费习惯的决定的。举例说明，苹果手机的出现，让一部分消费者感受到智能手机相对于功能机的体验感，所以这些消费者愿意付出更多金钱，也要买一部使用感好、亮出来很有面子的一款智能机。小米手机推向市场的时候，国内的智能机市场已是苹果、三星、金立、联想等国内外品牌充分竞争的局面，小米手机则直接定位为具有超高性价比软硬件配置的智能机新选择，卖点只是比同类产品性价比更高，仅此而已。一次次排队抢到没货的状况，让小米模式成为"饥饿营销"的最佳案例，小米手机也一跃成为近几年国内手机出货量最大的品牌之一。

（2）比消费者想要的更多一点。乔布斯曾说："消费者并不知道自己需要什么，直到我们拿出自己的产品，他们才发现，这就是我要的东西。"作为一个产品经理，我们要比消费者更了解他们。在蒸汽机出现之前，当问消费者怎么才能跑得更快一些呢，消费者往往会说："我可能需要一匹快马。"蒸汽机出现之后，消费者需要的是一台蒸汽机车，然而当时的消费者并不会知道，再过几百年会有高铁、飞机等交通工具能够让自己跑得更快一些。共享单车的出现，解决了人们出行最后 1 公里的痛点。然而在共享单车出现之前，人们是如何解决这个问题的呢？步行、公交、出租车，甚至还有一些摩的、三轮车等，这些解决方式能够解决最后 1 公里的出行困扰，但同时面对的困扰也有很多，消费者往往是被动接受解决办法，寻找解决办法的同时面对的困扰也有很多。你需要更懂消费者，给他们比想要的更多一点。

（3）比自己以前的产品更好一点。你发现没，你手机上装的所有的 APP 都在不定期更新，所有的产品每过一年都会有新的包装，让消费者觉得"你看，我一直在改变"。这样的举动，是在点燃消费者的好奇心，"我又变了新的花样，选择我，你会得到更好的体验哦！"只要做到以上三点，相信你的产品至少已经与 98% 的同类产品不一样了，已经具备了营销成功的先决条件了。

2. 用户思维

（1）用户思维，体现在沟通上。江小白作为区域性白酒品牌，在 2017 年一跃成为网红级的白酒品牌，其一流的产品文案成为江小白与消费者情感沟通的纽带。有人说"没有文案，就没有现在的江小白"，说起来不无道理。作为目标消费者为年轻人的小众品牌，江小白切中了现在年轻人的情感世界。"90 后"有的刚踏入职场，有的已结婚生子，面对着社会的压力，需要一个品牌能够为他们代言，释放积压已久的情感。江小白不偏不倚刚好成为这个群体的代言人，双方在产品包装文案上找到了情感共鸣。所有的消费者在超市看到酒瓶身上的文案时，大概都会在想：这文案里诉说的故事，不正是我嘛！这就是江小白营销的成功，成功地输出自己的价值观，也打开了这个群体的市场。

（2）用户思维还体现在服务上。很多企业在经营过程中往往忽视客户管理的工作，以为产品销售出去就万事大吉，其实产品销售出去只是营销工作的第一步，后续客户的服务质量才是营销工作的关键。

海尔在 20 世纪 80 年代被张瑞敏一锤砸坏 76 台冰箱打响质量攻坚战之后，之后的数十年都在坚持海尔特色化服务，时至今日，海尔电器让我们第一个想到的关键词应该就是"售后服务"了吧。国内外的大品牌，肯德基、麦当劳、海底捞、京东等，无一不把服务作为自己的核心竞争力之一来看待。

3. 市场思维

市场思维：做企业，要一只眼盯政策，一只眼盯市场。一个企业经营的风险大多并不是来自政策，而是来自市场的瞬息万变。微软创始人、董事长比尔·盖茨曾说："微软离破产永远只有 18 个月。"没有恒定不变的宇宙，也没有止步不前的市场，一个企业只有时刻关注着市场变化，迎接消费者的改变，不断地进行着产品创新满足他们的需要，才不会被自己懒惰的战略所击败。

企业应该具有以下的市场思维：

（1）树立正确的市场观。要相信市场配置资源的主导作用，千万不要以为每个市场都是简单的、独立的、没有变化的市场，要尊重市场。

（2）正确找到市场参与者的位置并合理调动参与职能。营销离不开各个渠道的参与者。市场参与者角色有：厂家、经销商、代理商和营销人，他们都在营销中起着至关重要的作用。厂家负责生产产品，制定各类市场政策，与经销商进行合作，与消费者进行沟通。同样，经销商也承担着上传下达的任务，营销人要懂得如何调动经销商、代理商的积极性。

4. 竞争思维

缺乏市场竞争意识，必定导致被市场淘汰。满足于现状而不思求进的企业比比皆是，通过狂砸广告一夜成名的品牌，大多在之后数年便销声匿迹。我们在寻找他们失败的原因时，发现他们往往减少了对于创新和研发的投入，过多地满足于现状，竞争对手的一款新产品就能抢走他们的现有市场。

（1）竞争思维体现在企业是否专注于一件事情上。企业做品牌，任何事情都是一件事。所有的营销行为都必须是一件事，研发和营销都是为了抢占消费者，不要盯着竞争对手，要花更多的时间盯着消费者，只有消费者才是你竞争的最终目的。当企业明确最终的目的之后，那么80%的市场行为都可以省掉，集中资源做好最重要的20%，就可以在激烈的营销战中活到最后。特劳特定位理论说："企业要避免品牌延伸陷阱。"然而很多企业都失败在盲目的扩张上，一个个曾经叱咤风云的品牌最后落个明日黄花的境地。

（2）企业之间的竞争。企业之间的竞争，更多是体现在谁能更好地提供针对消费者痛点的"解决方案"上。消费者只会选择现在最适合他们的产品和服务，他们忠诚于自己的选择权，而不会忠诚于一个没有名气的品牌。除非这个品牌代表的产品质量好，价格公道，有情感共鸣，等等，而最关键的还是一个永远都超越竞争对手的"解决方案"。

任务四　品牌与包装策略

案例先导

完美包装：品牌的成功包装案例

一、"时代之风"（L'air du temps）的包装设计

"时代之风"是当今世界上最为畅销的法国高级香水之一，它是一瓶东方花香调的代表作，有难得的清香，独树一帜。它最为著名的是"和平鸽"造型的水晶瓶子，是由著名的设计师马克·拉利克设计的，它想阐述的是经过大战后，和谐与平安已降临，人类对平安的渴望以及给人心灵的抚慰。水晶制成的一对正在展翅飞翔的和平鸽，晶莹剔透，栩栩如生，象征飞翔的时代与时间，爱和温柔与香水的浪漫自然风格相映照。和平、青青永恒，忘却战争的阴影，无忧无虑、轻松的生活，是这个浪漫品牌最完美的诠释。同时，它在每一瓶香水的瓶盖上，都用手工将羊肠线牢牢绑住，为第一个打开香水瓶的主人带来好运。这款香水在东方深受欢迎，这个品牌成为名副其实的国际巨星！

二、甜甜圈的包装设计

甜甜圈食品面临的挑战不仅在于要吸引人们购买这种产品，而且还要让他们感到摆在早餐桌上的包装盒设计得非常有趣。毕竟，超过半数的消费者会不止一次地端详包装盒。冷冻甜圈是针对十几岁孩子的，这个年龄段的孩子开始排斥那些带有小孩味儿的东西，并努力把自己装扮成一个独立的大人。所以这款甜甜圈的包装不仅有趣、时尚，而且独特之处是：在盒子后部，精心设计了一些有趣的游戏和信息，既增强孩子们的好奇心，又可以让他们开发智力，起到寓教于乐的作用，特别适合这个年龄段的孩子们。

三、"酒鬼"酒的包装设计

酒类市场竞争激烈，一个无知名度的新品牌怎样才能较短时间内在市场中争得一席之地？"酒鬼"酒的包装设计可以说在全国众多的酒品中脱颖而出，除了产品自身的品质外，品牌以及包装设计的创新是重要因素。"酒鬼"酒在传达品牌的传统文化、历史特点、商品性、民族情感、价格规律上都具有典型性。在酒的包装设计中，除了文字、色彩、图案的构图摆布以外，更重要的是要传达一种情感。包装设计不能只表达商品性而没有人情味，这样的设计只是一个标签符号。许多畅销商品都是借助于具有极强情感特色的品牌来占领市场。给商品注入"情感"是包装设计要把握的重点，只有极富个性的并能引起人们共鸣的优秀设计，才能在浩如烟海的商品中夺目而出，抓住消费者，达到促销的目的。

由上述分析我们可以清楚现代包装设计不再是设计者的自我表现，它必须与商业行为发生关联，必须与所有营销环节相配合。而设计又是促销的有力手段。作为营销

中关键一环的包装设计，应把生产力、销售力与市场的机会结合在一起，经设计传达出明显的商品概念，正确吸引某个消费群体，并产生预期购买行为，才能显现包装产品的强大的生命力！

（资料来源：根据 http：//www. docin. com/p-573695768. html 改编。）

请思考：

1. 如果要你来设计"酒鬼"酒的包装，你会怎么设计？
2. 你能够再举一个包装设计成功的案例吗？

知 识 库

一、品牌策略

（一）品牌的定义

品牌是一种名称、术语、标记、符号或设计，或是它们的组合运用，其目的是借以辨认某个销售者或某群销售者的产品或服务，并使之与竞争对手的产品或服务相互区别。由此可见，品牌是一个复合概念，它包括品牌名称、品牌标记和商标等。

品牌名称是品牌中可以用语言称呼的部分，如可口可乐、海尔等。

品牌标记是指品牌中可以被认出但不能用言语称呼的部分，如符号、图案、独具一格的颜色或印字。

商标是指已获专用权，并受到法律保护的一个品牌或品牌的部分。商标具有排他性，不同企业的商标不能相同。一般来说，同行业经营范围内商标必须是独家拥有。

（二）品牌的内涵

1. 属性

品牌代表着特定的商品属性，这是品牌最基本的含义。例如，奔驰牌轿车意味着工艺精湛、制造优良、昂贵、耐用、声誉高、行驶速度快等。这些属性是商品经营者广为宣传的重要内容，它反映了品牌所代表的产品或企业的品质内涵。

2. 利益

顾客购买商品实质是购买某种利益，这就需要属性转化为功能性或情感性利益。就奔驰而言，"工艺精湛、制造优良"的属性可转化为"安全"这种功能性和情感性利益；"昂贵"的属性可转化为情感性利益："这车令人羡慕，让我感觉到自己很重要并受人尊重"；"耐用"属性可转化为功能性利益："多年内我不需要买新车"。

3. 价值

品牌体现了生产者的某些价值感。例如，奔驰代表着高绩效、安全、声望等。品牌的价值感客观要求企业营销者必须分辨出对这些价值感兴趣的购买者群体。

4. 文化

品牌还依附和象征着特定的文化。它可使消费者产生与其文化背景相关的各种联想，从而决定其取舍。从奔驰汽车给人们带来的利益等方面来看，奔驰品牌蕴含着"有组织、高效率和高品质"的德国文化。

5. 个性

好的品牌应具有鲜明的个性特征，使消费者感到独一无二，新颖突出，这样才能使品牌产生有效的识别功能。奔驰会让人想到一位严谨的老板、一只勇猛的雄狮或一座庄严的宫殿。

6. 用户

品牌还体现了购买或使用这种产品的是哪一类消费者。如果我们看到一位二十来岁的女秘书驾驶奔驰汽车就会感到很吃惊，我们更愿意看到驾驶奔驰轿车的是有成就的企业家或高级经理。

品牌最持久的含义是其价值、文化和个性，它们构成了品牌的基础，揭示了品牌间差异的实质。奔驰的"高技术、绩效、成功"等是其独特价值和个性的反映。若奔驰公司以奔驰的名称推出一种廉价小汽车，那将是一个莫大的错误，因为这将会严重削弱奔驰公司多年来苦心经营所建立起来的品牌价值和个性。

（三）具有代表性的品牌策略

品牌策略的确立应该是围绕企业的竞争实力来进行的，企业要根据自己的情况，以及行业的特点、市场的发展、产品的特征，灵活地探询合适的策略。下面将具体分析一些具有代表性的品牌策略。

1. 单一品牌策略

单一品牌又称统一品牌，它是指企业所生产的所有产品都同时使用一个品牌。由此可以在企业不同的产品之间形成一种最强的品牌结构协同，使品牌资产在完整意义上得到最充分的共享。

单一品牌策略的优势不言而喻，企业可以集中力量塑造一个品牌形象，让一个成功的品牌附带若干种产品，使每一个产品都能够共享品牌的优势。海尔就是单一品牌策略的代表。海尔在2005年以702亿元的品牌价值连续四年蝉联最有价值品牌榜第一名，比第二名高出222亿。在2005年世界品牌500强中海尔荣登第89位。海尔从1984年起开始推进自己的品牌策略，从产品名牌到企业名牌，再发展到社会名牌，现在已经成功树立了"海尔"的知名形象。海尔从1984年的单一冰箱发展到拥有包括白色家电、黑色家电、米色家电在内的96大门类15100多个规格的产品群，并出口到世界100多个国家和地区，使用的全部是单一的海尔品牌。不仅如此，海尔也作为企业名称和域名来使用，做到了"三位一体"。一个成功的海尔品牌使得海尔的上万种商品成为名牌商品，单一品牌策略的优势尽显其中。

单一品牌的另一个优势就是品牌宣传的成本较低，这里的成本不仅仅指市场宣传、广告费用的成本，还包括品牌管理的成本。单一品牌更能集中体现企业的意志，容易形成市场竞争的核心要素，避免消费者在认识上发生混淆，但需要企业在各个品牌之间进行协调。

当然，作为单一的品牌策略，也存在着一定的风险，它有"一荣共荣"的优势，也具有"一损俱损"的危险。如果某一品牌名下的某种产品出现了问题，那么在该品牌下附带的其他产品也难免会受到牵连，至此整个产品体系可能面临着重大的灾难。作为单一品牌，缺少区分度、差异性差，往往不能使不同产品的特征得以区分，不利于企业开发不同类型的产品，也不便于消费者有针对性地选择。因而在单一品牌中往往会出现"副品牌"。

2. 副品牌策略

采用副品牌策略的具体做法是以一个成功品牌作为主品牌，涵盖企业的系列产品，同时赋予不同产品一个富有魅力的名字作为副品牌，以突出产品的个性形象。依然以海尔为例，虽然海尔在其所有的产品之上都使用同一个商标，但为了区分彼此的特点，仅冰箱就分为变频对开门的"领航系列"、变频冰箱"白马王子系列"和"彩晶系列"、电脑冰箱"数码王子系列"和"太空王子系列"、机械冰箱"超节能系列"和"金统帅系列"等。在家电行业使用副品牌已经成为通行做法，由此可以有效地划分不同产品的功能和特点，彰显每组产品各自的特点，也弥补了单一品牌过于简单、不生动的缺点。

3. 多品牌策略

一个企业同时经营两个以上相互独立、彼此没有联系的品牌就是多品牌策略。众所周知，商标的作用是就同一种的商品或服务，区分不同的商品生产者或服务的提供者。多品牌策略为每一个品牌各自营造了一个独立的成长空间。

多品牌策略的优点很明显，它可以根据功能或价格的差异进行产品划分，这样有利于企业占领更多的市场份额，面对更多的消费者；各品牌之间看似是竞争的关系，但实际上很有可能壮大了整体的竞争实力，提高了企业的市场总体占有率；避免了产品性能之间的相互影响，如把卫生用品的品牌扩展到食品上，消费者从心理上就很难接受。而且，采用多品牌策略可以分散风险，某种商品出现问题时，可以避免其殃及其他商品。

其缺点如下：宣传费用高昂。企业打造一个知名的品牌需要财力、人力等多方面的配合，如果想成功打造多个品牌，自然要以高昂的投入作为代价；多个品牌之间会发生自我竞争；品牌管理成本过高，也容易让消费者产生混淆。

采用多品牌策略的代表非宝洁公司莫属了。宝洁公司的原则是如果某一个种类的市场有空间，那些"其他品牌"最好也是宝洁公司的产品。因此宝洁公司的多品牌策略使其在各产业中拥有极高的市场占有率。举例来说，在美国市场上，宝洁公司有 8 种洗衣粉品牌、6 种肥皂品牌、4 种洗发水品牌和 3 种牙膏品牌，每种品牌的特征描述都不一样。以洗发水为例，飘柔以柔顺为特长，潘婷以全面营养吸引公众，海飞丝则具有良好的去屑功效，沙宣强调的是亮泽。不同的消费者在洗发水的货架上可以自由选择，然而都没有脱离开宝洁公司的产品。

在多品牌策略中，也有些企业使用的并非功能划分，而是等级划分，即不同的品牌用于相同的商品，但品质、级别不尽相同。比如，欧莱雅公司就选择了以档次为标准的区分，兰蔻、碧欧泉是它的高端产品，而羽西、美宝莲则是它相对低端的产品。也许即使是热衷于化妆的女士们也不一定清楚以上所提及的四个品牌竟然都归属于欧莱雅公司，它们都各自占领着自己的市场份额，拥有不同层次的消费人群。有人不禁会问，为什么人们都知道飘柔、潘婷和海飞丝是宝洁公司的产品，而鲜有人知悉兰蔻、碧欧泉、羽西和美宝莲的关系呢？原因在于宝洁公司使用了背书品牌策略。

4. 背书品牌策略

宝洁公司在使用它的品牌时不会忘记指出"飘柔——宝洁公司优质产品"。背书品牌依附于产品，贯穿于整个公司品牌和项目品牌之中，背书品牌的管理通过在价值链的各环节实施，确保开发项目能够成为公司区别于其他品牌的鲜明特征体现。

为什么宝洁公司使用背书品牌而欧莱雅却不使用？仔细分析可以看到，宝洁公司也并非所有的品牌都使用了背书品牌的方式。在美容化妆品领域中，SK-Ⅱ以及玉兰油也同样是宝洁公司的产品，却没有使用背书品牌，就是因为宝洁公司在人们心目中已经成为大众消费品的代表，它大量出现在洗涤、卫生用品的领域，如果再把它使用在高档化妆品上，很可能会影响这些产品的身价。再如品客薯片也是宝洁公司的产品，在这里它也不会使用宝洁的背书商标，因为这样会使消费者在购买薯片时联想到洗发水、洗衣粉等宝洁产品，很有可能影响它在公众心中的形象。欧莱雅也是如此，它在化妆品领域中只能算一个中档品牌，如果让它背书在兰蔻等高档产品之中显然是不合适的。所以在这种情况下，欧莱雅采用的是淡化总品牌的策略，让这些高端品牌以更优越的良好形象树立自己的形象，打造自己的市场。背书品牌策略，不仅提升了企业的整体竞争实力，也观照了不同档次的消费人群。

5. 品牌重新定位策略

某一个品牌在市场上的最初定位即使很好，但随着时间的推移和市场环境的变化，往往需要重新定位。例如，顾客的偏好发生了变化，减少了对原品牌的需求；竞争者推出一个品牌，使本企业的品牌占有率下降等。品牌的重新定位一般需要改进产品的性能，或改变产品的外观。当然，有时只改变产品的广告宣传，也能达到重新定位的目的。

二、包装策略

（一）包装的含义

进入市场的许多产品必须经过包装。所谓包装化，是指设计并生产容器或包扎物的一系列活动。这种容器或包扎物被称为包装。包装可以包括多达三个层次的材料：第一层次的包装是指最接近产品的容器，如装有"六神花露水"的瓶子是最接近产品的包装；第二层次的包装是指保护第一层次包装的材料，当产品使用时，它即被丢弃，如用来包装瓶装的"六神花露水"的硬纸板盒子就属于第二层次的包装，它为产品提供了进一步的保护和促销机会；第三层次的包装是运输包装，即产品储存、辨认和运输时所必需的包装，如装有六打"六神花露水"的波纹盒就是运输包装。此外，标签亦是包装化的一个组成部分，它由表明该产品的印制好的信息所构成，出现在包装物上或和包装物合为一体。

（二）包装的意义

目前，包装已成为企业强有力的营销手段。设计良好的包装能为消费者创造方便价值，为生产者创造促销价值。多种多样的因素会促进包装作为一种营销手段在应用方面的进一步发展。由于越来越多的产品在超级市场和折扣商店里以自助的形式出售，现在包装必须承担许多推销任务。包装具有多方面的意义：

（1）保护产品，便于储运。产品包装最基本的功能便是保护产品，使其便于储运。有效的产品包装可以起到防潮、防热、防冷、防挥发、防污染、保鲜、防易碎、防变形等保护产品的作用。因此，在包装产品时，要注意对产品包装材料的选择以及包装的技术控制。

（2）吸引消费者的注意力，说明产品的特色，给消费者以信心，形成一个有利的总体印象。随着收入的提高，消费者愿意为良好的包装所带来的方便、外观、可靠性和声望多付些钱。

（3）提供创新机会。包装的创新能够给消费者带来巨大的好处，也会给生产者带来利润。1899年，尤尼达饼干公司创新开发了一种具有保鲜装置的包装（纸板，内部纸包扎，外部纸包扎），使该包装中的饼干的货架寿命长于饼干盒、饼干箱和饼干桶中保存的饼干的货架寿命。克拉夫特食品公司开发了听装混合乳酪，从而延长了乳酪的货架寿命，并使公司赢得了"可靠"的声誉。目前，该公司正在试验杀菌小袋，它是用金属混合塑料制成的容器，是罐头的换代物。一些公司把软饮料放在拉盖式的罐头内，或把液态喷雾剂放入按钮式罐头内，以此吸引更多消费者。现在，制酒商正在试验拉盖式罐头和纸盒袋装等包装形式。

（三）包装设计的基本原则

1. 产品包装的基本原则

（1）适用原则。包装的主要目的是保护商品。因此，首先要根据产品的不同性质和特点，合理地选用包装材料和包装技术，确保产品不损坏、不变质、不变形等，尽量使用符合环保标准的包装材料；其次要合理设计包装，便于运输等。

（2）美观原则。销售包装具有美化商品的作用，因此在设计上要求外形新颖、大方、美观，具有较强的艺术性。

（3）经济原则。在符合营销策略的前提下，应尽量降低包装成本。

2. 产品包装设计的基本原则："目""理""好"

（1）"目"即醒目。包装要起到促销的作用，首先要能引起消费者的注意，因为只有引起消费者注意的商品才有被购买的可能。因此，包装要使用新颖别致的造型，鲜艳夺目的色彩，美观精巧的图案，颇具特点的材质使包装能呈现出醒目的效果，使消费者一看见就产生强烈的兴趣。

造型的奇特、新颖能吸引消费者的注意力。比如酒瓶造型，一般以圆柱体为主，有的酒瓶运用模仿造型，设计成复杂的形状或人体形，这样的话，在一批以圆柱体造型为主的酒瓶中，会显得非常突出，吸引人眼球。

色彩美是人最容易感受的，有的市场学者甚至认为色彩是决定销售的第一要素。他们在长期的市场调查中发现，有的颜色作为产品的包装，会使产品惊人地不好销，灰色便是其中之一。他们认为，这是因为灰色难以使人心动，自然难以产生购买的冲动。他们提出红、蓝、白、黑是四大销售用色，这是在制作红、蓝、白、黑、绿、橙、黄、茶色的形象并进行调研比较时发现的。

一般来说，包装的图案要以衬托品牌商标为主，充分显示品牌商标的特征，使消费者从整体包装的图案上立即能识别某厂的产品，特别是名牌产品与名牌商店，包装上商标的醒目可以立即起到招徕消费者的作用。包装的材质变化同样引起人们的注意，比如，山东出口的瓷器礼品，别出心裁地用玉米皮编成手提式套箱做包装，既充分利用了农村富余劳动力，又使本地大量的廉价材料变成民间特色、质地雅致的工艺品包装，比起一般的纸盒包装更具有艺术价值；四川名产"缠丝兔"食品，原来以红色长方形纸盒做包装，现在用细细的竹篾片编成精致的圆柱形容器，独特美现，形成令人难忘的印象。

（2）"理"即理解。成功的包装不仅要通过造型、色彩、图案、材质的使用引起消费者对产品的注意与兴趣，还要使消费者通过包装了解产品。因为人们购买的目的并不是包装，而是包装内的产品。准确传达产品信息的最有效的方法是真实地传达产品的形象。可以或采用全透明包装；或在包装容器上开窗展示产品；或在包装上绘制产品图形；或做简洁的文字说明；或印刷彩色的产品照片；等等。

准确地传达产品信息也要求包装的档次与产品的档次相适应，掩盖或夸大产品的质量、功能等都是失败的包装。根据国内外市场的成功经验，对高收入者使用的高档日用消费品的包装多采用单纯、清晰的画面，柔和、淡雅的色彩及上等的材质原料；对低收入者使用的低档日用消费品，则多采用明显、鲜艳的色彩与画面，再用"经济实惠"之词加以表示，这都是为了使产品信息准确地传达给消费者，使消费者理解。

（3）"好"即好感。也就是说，包装的造型、色彩、图案、材质要能引起人喜爱的情感，因为人的喜爱厌恶对购买冲动起着极为重要的作用。好感来自两个方面：首先是实用方面，即包装能否满足消费者的各方面需求，为消费者提供方便，这涉及包装的大小、多少、精美等方面。同样的护肤霜，可以是大瓶装，也可以用小瓶装，消费者可以根据自己的习惯选择；同样的产品，包装精美的容易被人选作礼品，包装差一点的只能自己使用。其次，好感还直接来自对包装的造型、色彩、图案、材质的感觉，这是一种综合性的心理效应，与个人以及个人所处的环境有密切的关系。

（四）产品包装策略

1. 类似包装策略

类似包装策略是指一家企业将其所生产的各种不同产品，在包装外形上采用相同的图案、近似的色彩及其他共有的特征，使消费者和用户极易联想到这是同一家企业生产的产品。例如，日本三洋家电公司的家电产品包装都是蓝色的。类似包装策略的优点是：可以壮大企业声势，扩大企业影响，特别是新产品初次上市时，可以用企业的信誉消除用户对新产品的不信任感，使产品尽快打开销路；此外，可以节约设计和印刷费用，从而降低包装成本；还有利于介绍新产品。类似包装策略适用于同一品质的商品。否则，不仅使低档产品的包装费用提高，而且会使优质产品蒙受不必要的损失。

2. 差异性包装策略

差异性包装策略也称为等级包装策略，是指企业把生产不同等级、不同品种的产品，按各自的特征，在设计上采取不同的风格、不同的色调和不同的材料进行包装。如在销售茶叶时，第一、第二级茶叶可以听装；第三、第四级茶叶可以盒装；第五、第六级茶叶可以塑料袋装；其他碎茶可以散称。北京京华牌茶叶就是这样分等级包装的。这种策略的优点是不会因某种商品营销的失败而影响其他商品的市场声誉，其不足之处是设计的成本较高。

3. 双重用途包装策略

双重用途包装策略是指企业在进行产品包装时，要注意即使原包装的产品用完后，空的包装容器还可以做其他用途。如盛装咖啡、水果罐头的瓶子可做茶杯用，装衣服的袋子可做手提袋等。这种包装策略一方面可以引起用户的购买兴趣，另一方面还能使刻有商标的容器发挥广告宣传作用，吸引用户重复购买。但是，这类包装成本一般较高，实际上包装已成为一种产品。

4. 配套包装策略

配套包装策略是指在同一包装内放入相关联的多种产品，同时出售。如化妆品盒内，可以把粉蜜、粉霜、香粉、香水和口红等包装在一起。这种包装策略的好处是：既便于用户购买和使用，又有利于带动多种产品销售，特别是有利于新产品的推销。例如，把新产品与其他旧产品放在一起出售，可以使用户在不知不觉中接受新观念、新设计，从而习惯于新产品的使用。这种策略主要适用于小商品，且不能把毫不相干的商品搭配在一起，否则必然会影响销售。

5. 附赠品包装策略

附赠品包装策略是目前国内外市场上比较流行的包装策略。例如，儿童市场上玩具、糖果等商品附赠贴纸、认字图；化妆品包装中附有赠券，积累到一定数量，可以得到不同的赠品，像美厨双胞胎的促销曾引起人们的踊跃购买，其原因是双胞胎包装中含有"美厨粮票"，价值若干，在一定期限内用其继续购买美厨双胞胎，可当作等值货币使用。附赠品包装策略成本较高，容易影响产品在价格上的竞争力。

6. 附带标志语包装策略

附带标志语包装策略是一种宣传策略。标志语有提示性标志语，如写上"新鲜""软"等字眼；还有解释性标志语，如日本快速面袋上标明"无漂白"，德国的速溶咖啡袋标明"无咖啡因"，法国的花生油瓶上标明"不含黄曲霉素"，我国的粮食、蔬菜、水果上标明"最佳生态环境生产、绿色产品"等，都起到消除消费者对商品所含成分的顾忌的作用。

7. 创新包装策略

产品包装上的改变，正如产品本身的改进一样，对于扩展销路同样具有重要意义。目前，国外正在流行一种牙膏气压式配量器，其市场占有率已经超过了20%，因为众多的消费者感到这种装置比较方便，也避免了挤牙膏时会把手弄脏。在英国，酒类零售市场上的包装更是多样化，如斯塔威的塑料包装、圣詹姆士兰格的玻璃瓶包装、杰士特瑞尼及布鲁克斯公司拉松尼牌的罐装等，都是创新包装的典范。它们也正是依靠这种改变包装的策略而获得市场地位的。

8. 透明包装策略

通过透明的包装材料，能看见部分或全部内装商品的实际形态，透视商品的新鲜度和色彩，增加商品的魅力，使顾客放心地选购。透明包装是一种备受消费者欢迎的包装，有着广阔的发展前景。例如，江苏扬州玩具厂生产的出口玩具熊猫，尽管产品美观精致，但开始时采用纸盒包装，较为简陋，每只售价仅为0.88美元。后来改进包装图案，盒面采用透明包装（顾客可以看到熊猫形象），并在熊猫颈上套了个金属挂牌，每只售价提高到6.78美元。仅此一项，每年多为国家创汇17.7万美元。

9. 错觉包装策略

错觉包装策略是利用人们对外界各物的观察错觉，进行产品的包装。例如，两个容量相同的果酱包装，扇形的看起来就比圆形的大些、多些；笨重物体的包装宜采用较淡的颜色，会使人感到轻松些。这是利用人们的错觉设计包装的心理策略。

🏠 训练营

训练任务：品牌设计。

训练目的：通过对企业产品策略的评析，让同学们在营销活动的实践中亲身体验营销，加深对产品策略的理解；懂得如何把产品、品牌策略的理论知识运用到实践中去，掌握收集资料的方法与方式，掌握一定的关于产品策划、品牌形象策划的方法和技巧，初步培养产品策划能力，使同学们对所学知识有更进一步的了解与提高。

训练步骤：

1. 收集资料。小组通过网络、刊物等途径收集某企业的产品组合情况以及品牌运作现状。

2. 分析整理。小组根据所收集的资料进行分析、归纳、总结，为该企业初步拟订产品、品牌计划方案。

3. 交流讨论。小组相互交流、讨论拟订的方案。

表7-7　训练成绩考核表

训练评估指标	训练评估标准	分项成绩
品牌设计方案 50%	1. 品牌方案和创意 20% 2. 品牌实施的可行性 20% 3. 品牌策略的制定要合理 10%	
个人在实训过程中的考核 20%	1. 对品牌理解和掌握的程度 10% 2. 对某一企业的产品组合情况以及品牌运作的现状掌握的程度 10%	
策划报告陈述 30%	1. 语言表达流畅 10% 2. 陈述准确、层次清晰 10% 3. 重点突出 10%	
	总成绩 100%	

超链接

宝洁公司的产品策略：品牌策略和新产品开发

一、品牌策略

品牌是有形产品的一个重要组成部分，特别是在消费者市场，它是一种联结产品生产线内部物体和强调产品个体性的方式。品牌也是公司表现的一个重要方向之一。一个追求发展的公司可以从以下三个方面实现公司成长的需要：多样化增长、集成化增长和集中化增长。品牌扩展在多样化增长里应用十分普遍，而当公司追求集中化增长时，往往通过生产线扩展。公司扩展产品生产线一般有两种基本品牌策略：一种是下属品牌，如吉列下属系列产品；另一种是多品牌策略，如宝洁公司的海飞丝、潘婷、沙宣等品牌。宝洁公司总结出多品牌产品策略的一些功能，包括提高上架率和零售商依赖性，通过侧面产品保护主要品牌，加强企业内部竞争，吸引不同市场分区的顾客，以及吸引那些追求多样化的顾客，以防他们选择其他厂家的产品。

二、新产品开发

新产品开发有六种营销策略可选择：产品革新、新产品线、产品线延伸、现有产品的改进或改变、重新定位和削减成本。新产品开发非常重要，因为企业不是处于一个静态的环境中，而是不断地面对技术变革，顾客喜好的改变和竞争者产品范围的改变都会对公司产品产生影响。任何一个积极管理其产品的企业都会认识到，现有产品处在其产品生命周期的不同阶段都可以加以改良以最大限度地发挥潜力，但是，推出新产品来取代成熟期和衰退期的产品也是不可避免的。

三、评价

1. 成功地树立了品牌和公司形象

宝洁拥有超过 250 种世界知名品牌的产品，畅销世界 130 多个国家和地区。在中国，宝洁以其大量深入人心的著名品牌如飘柔、海飞丝、舒肤佳、玉兰油、汰渍等，已经成为日化市场无可抗衡的品牌领袖。

2. 高质量和本土化的产品

宝洁注重发展产品品牌的策略使它推向市场的产品总是具有顾客期望的高质量。而在中国市场宝洁建立自己的研发中心，使其产品高度本土化，因此，中国市场的消费者往往认为宝洁产品具有高质量、高价值，并且符合中国人的需求。

3. 不断更新的产品

宝洁进入中国市场后不久就在广州建立了技术中心，1998年更与清华大学合作建立了它的全球第18个技术中心，利用宝洁的技术优势生产更多符合中国消费者喜好的产品。对产品研发进行的大量投资保证了宝洁在中国市场平均每半年就推出一个新产品。通过改进现有产品和开发新产品，产品更新已经成为宝洁的一个强大竞争优势。

4. 产品多样化

宝洁公司在中国拥有9个种类的15个品牌的产品，包括头发护理产品、个人清洁用品、皮肤护理产品、洗涤用品等。公司采用的多品牌策略之所以成为宝洁公司的成功要素之一，是因为它可以满足顾客的多种需要，吸引不同市场分区的消费者。总之，宝洁所采用的按照本土消费者的需要重视开发新产品和多品牌的产品策略赢得了巨大的市场成功，使其产品为中国消费者所接受，并且占领了越来越多的市场份额。当然，宝洁公司的成功还与其营销策略，包括定价策略、促销策略、分销渠道等密切相关，但产品无疑是整个市场营销活动中最基本也最重要的因素。作为一个跨国公司在中国市场获得成功的榜样，从长远的发展来看，宝洁应该随时注意把握中国消费者的需求变化，随着市场环境的改变调整策略，才能获得持续性的发展。

课后练习

一、单项选择题

1. 在微波炉行业，格兰仕占了一半以上的市场份额，财源滚滚而入。根据波士顿咨询集团分析法，微波炉是格兰仕的（　　　）。
   A. 问号类战略业务单位　　　　　　　　B. 明星类战略业务单位
   C. 现金牛类战略业务单位　　　　　　　D. 瘦狗类战略业务单位

2. 下列各项中，（　　）不属于产品整体范畴。
   A. 品牌　　　　　B. 包装　　　　　C. 价格　　　　　D. 运送

3. 长虹集团利用原有的技术、经验发展并增加了彩电的种类和品种，这种做法是（　　　）。
   A. 水平多角化　　B. 同心多角化　　C. 集团多角化　　D. 产品开发

4. 市场增长率和相对市场占有率都较低的业务单位是（　　　）。
   A. 问号类　　　　B. 明星类　　　　C. 现金牛类　　　D. 瘦狗类

5. 处于（　　　）的产品，可采用无差异性的目标市场营销策略。

    A. 发展期   B. 衰退期   C. 引入期   D. 成熟期

6. 一般而言，在产品市场生命周期的哪一阶段竞争最为激烈？（   ）

    A. 引入期   B. 发展期   C. 成熟期   D. 衰退期

7. 以现有产品开发新市场，这是（   ）战略。

    A. 一体化   B. 市场渗透   C. 市场开发   D. 产品开发

8. 利用原有市场，采用不同技术开发新产品，这是（   ）战略。

    A. 产品开发   B. 同心多元化   C. 综合多元化   D. 水平多元化

9. （   ）品牌就是指一个企业的各种产品分别采用不同的品牌。

    A. 个别   B. 制造商   C. 中间商   D. 统一

10. 设计精美的酒瓶，在酒消费之后可用作花瓶或凉水瓶，这种包装策略叫（   ）。

    A. 配套包装   B. 附赠品包装   C. 分档包装   D. 再使用包装

二、多项选择题

1. 产品整体概念包括（   ）。

    A. 工业品   B. 消费品   C. 核心产品   D. 形式产品

    E. 附加产品

2. 企业的产品组合包括（   ）等三个因素。

    A. 广度   B. 深度   C. 产品线   D. 产品项目

    E. 关联性

3. 产品可以根据其耐用性和是否有形进行分类，大致可分为（   ）。

    A. 高档消费品   B. 低档消费品   C. 耐用品   D. 非耐用品

    E. 劳务

4. 产品的生命周期包括（   ）。

    A. 引入期   B. 发展期   C. 成熟期   D. 衰退期

    E. 创新期

5. 产品构思的来源主要有（   ）。

    A. 顾客   B. 竞争者   C. 企业生产部门   D. 企业销售部门

    E. 代理商

6. 下面属于典型的新产品开发战略的有（   ）。

    A. 冒险或创业战略   B. 进取战略

    C. 紧跟战略   D. 缓慢战略

    E. 保持地位或防御战略

7. 产品组合策略的类型有（   ）。

    A. 扩大产品组合策略   B. 缩减产品组合策略

    C. 高档产品策略   D. 中档产品策略

8. 关于产品组合策略中的一种形式——特殊产品专业型，以下哪些说法是正确的？（   ）

    A. 该策略的特点是产品组合的宽度比较大

    B. 该策略的特点是产品组合的宽度极小

C. 该策略的特点是产品组合的深度不大

D. 该策略的特点是产品组合的关联度不强

9. 引入期的营销策略有（　　）。

    A. 高价快速策略　　　　　　　　B. 选择渗透策略

    C. 低价渗透策略　　　　　　　　D. 市场修正策略

10. 品牌策略的内容包含（　　）。

    A. 品牌化决策　　　　　　　　　B. 品牌模式选择

    C. 品牌识别界定　　　　　　　　D. 品牌延伸规划

    E. 品牌管理规划

三、判断题

1. 顾客购买的总价值是产品价值和服务价值之和。　　　　　　　　　　（　　）

2. 产品观念对企业提高产品质量有好处，但往往导致市场营销近视症。　（　　）

3. 产品品牌的生命周期比产品种类的生命周期长。　　　　　　　　　　（　　）

4. 只要企业对其产品的需求函数有充分的了解，则借助需求函数便可制定确保当期利润最大化的价格。　　　　　　　　　　　　　　　　　　　　　　　　（　　）

5. 高市场增长率和低相对市场占有率的单位是问题类战略业务单位。　（　　）

6. 根据产品市场扩展矩阵，企业将现有产品投放到新的市场，以扩展企业业务的一种发展战略是市场开发战略。　　　　　　　　　　　　　　　　　　　　　（　　）

7. "好"竞争者的存在会给公司带来一些战略利益。　　　　　　　　　（　　）

8. 不同亚文化群的消费者有相同的生活方式。　　　　　　　　　　　　（　　）

9. 统一品牌和个别品牌是两种相互排斥的品牌名称策略，企业不应同时采用。

                                                 （　　）

10. 单一品牌又称统一品牌，是指企业所生产的所有产品都同时使用一个品牌。

                                                 （　　）

四、案例分析题

品牌到底是什么？品牌为什么这样炙手可热？让我们看看台湾统一企业创建"统一咖啡馆"的品牌历程。

统一咖啡馆是台湾"统一"企业下属的一个休闲餐饮品牌。台湾统一企业的乳类食品都是以"统一"牌子出售，在市场上长期以来无法突破二、三线商品的形象。为此，"统一"希望它的乳类食品建立一个新品牌，并具有较强的竞争力，实现形象的突破。

首先，为确保能创造出一个高级品牌，在考虑过很多商品如葡萄汁、果汁、牛奶等之后，最后选取了咖啡。因为咖啡不易变质，被认为是高质饮品；接着，经过策划人员分析尝试，确定以"统一咖啡馆"来销售这种咖啡，而且还编造一些动人的故事，来为品牌赋予个性。

其次，"统一"决定选择17~22岁的年轻女士作为目标对象，她们诚实、多愁善感、喜爱文学艺术，"统一咖啡馆"，这个来自法兰西塞纳河边的神秘幽远的艺术圣地，带着咖啡芬芳、成人品位，给她们精神上一种全新的感觉。

第三，策划人员想到：既然我们的品牌是咖啡馆，那么它不仅卖咖啡，还可以延伸到咖啡馆餐单上的所有东西。从此，从便利店的冷藏柜里，能找到统一咖啡馆牌子的奶茶、牛奶冻和其他法式甜品。

第四，统一咖啡馆推出了自己的广告。电视广告是一位女孩的旅行摘记；平面广告是一系列发生在咖啡馆的短篇故事；电台则在深夜播放着诗一般的咖啡馆故事。

统一咖啡馆广告如一阵旋风刮过台湾，在一批年轻女士的心中产生很大反响，她们说："广告太棒了，我们去买吧！"头一年，统一咖啡馆的销售收入达 400 万美元，品牌继续得到巩固。统一咖啡馆最终成为名副其实的高级品牌。

分析：

1. "统一咖啡馆"成功的关键是什么？
2. 企业品牌名称决策有哪些？
3. 企业可以进行的品牌策略有哪些？

项目八

定价策略

学习目标

知识目标：

1. 准确理解价格的含义，熟悉影响企业定价的因素，掌握企业定价的目标。

2. 掌握企业定价的步骤与方法。

3. 掌握企业定价的策略与技巧。

能力目标：

1. 具有针对企业选择合适的定价方法、制定相应的定价策略的能力。

2. 能针对竞争对手的价格调整制定合理的价格应对策略。

3. 在营销实践工作中具备自主学习的意识，并具有探索创新及团队合作的精神。

任务一 定价目标与影响因素

案例先导

比利时画廊定价

在比利时的一间画廊里，一位美国画商正和一位印度画家在讨价还价，争辩得很激烈。其实，印度画家的每幅画底价仅在 10 到 100 美元之间。但当印度画家看出美国画商购画心切时，对其所看中的 3 幅画单价非要 250 美元不可。美国画商对印度画家敲竹杠的宰客行为很不满意，吹胡子瞪眼睛要求降价成交。印度画家也毫不示弱，竟将其中的一幅画用火柴点燃，烧掉了。美国画商亲眼看着自己喜爱的画被焚烧，很是惋惜，随即又问剩下的两幅画卖多少钱。印度画家仍然坚持每幅画要卖 250 元。从对方的表情中，印度画家看出美国画商还是不愿意接受这个价格。这时，印度画家气愤地点燃火柴，竟然又烧了另一幅画。至此，酷爱收藏的画商再也沉不住气了，态度和蔼多了，乞求说："请不要再烧最后一幅画了，我愿意出高价买下。"最后，竟以 800 美元的价格成交。

（资料来源：职业教育现代宠物技术教学资源库。）

请思考：

价格是市场营销中最重要的因素之一，商品价格的变化直接影响消费者的购买决策，同时影响企业的收入和利益。无论是生产者、消费者还是竞争者，对产品的价格都十分关注。那么价格的含义是什么？影响定价的因素有哪些？选择什么样的定价目标？如何定价？

知 识 库

一、产品价格

从经济学的角度看，价格是商品价值的货币表现，价格是严肃的，它与实现企业利润密切相关，定价是一门科学。

1. 价格的含义

在经济学及营销的过程中，价格是一项以货币为表现形式，为商品、服务及资产所订立的价值数字。

2. 价格的构成

产品成本是定价的下限。通常情况下，产品的售价不可能低于其成本，如果低于成本定价格，就会造成企业亏损。

$$产品销售价格=固定成本+可变成本+合理利润$$

3. 消费者对产品价格的认识特点

消费者对价格认识具有两大特点：一是不同消费者对同一产品可能有不同的认知价格。二是同一消费者对产品价格的认知随着市场条件的不同而不同。

消费者认知价值决定价格上限，某种程度上，消费者对产品的认知决定了产品的需求量，企业产品价格的制定要以消费者对产品的需求程度为上限。

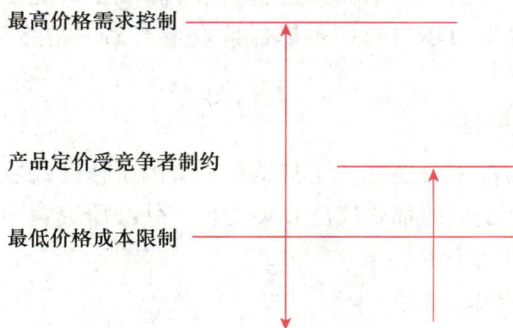

最高价格需求控制

产品定价受竞争者制约

最低价格成本限制

图 8-1　产品价格的基础

4. 定价的作用

（1）商品价格是客户选购商品的主要因素。顾客选购商品，在价格方面主要通过需求能力、需求强度、需求层次三个层面加以反映。按照需求定理：在影响需求的其他因素不变的情况下，某种商品的需求能力、需求强度、需求层次与价格成反方向变化。但这一定理也有例外，如奢侈品，重要的是炫耀性商品。

（2）商品价格是营销组合中的重要因素。在营销组合中，价格是若干营销变量中作用最大、见效最快的一个变量。

（3）商品价格对企业经营的成败有决定性影响。商品价格直接关系到企业所能获得经济效益的大小。价格高，利益大，反之，利益小。当今市场竞争非常激烈，合理的商品价格是企业取得竞争最有力和最直接的手段。

二、定价目标

定价目标（Pricing Objectives）是企业在对其生产或经营的产品制定价格时，有意识地要求达到的目的和标准。它是指导企业进行价格决策的主要因素，定价目标取决于企业的总体目标。不同行业的企业，同一行业的不同企业，以及同一企业在不同的时期、不同的市场条件下，都可能有不同的定价目标。

定价目标是指企业通过制定一定水平的价格，所要达到的预期目的。通常包括以下几种：

1. 以获取利润为定价目标

利润目标是企业定价目标的重要组成部分，获取利润是企业生存和发展的必要条件，是企业经营的直接动力和最终目的。因此，利润目标为大多数企业所采用。

2. 以销售额为定价目标

这是在保证一定利润水平的前提下，谋求销售额的最大化。销售额的最大化既不等于销量最大，也不等于价格最高。采用销售额目标时，确保企业的利润水平尤为重要。

3. 以市场占有率为定价目标

市场份额定价目标即把保持和提高企业的市场占有率（市场份额）作为一定时期的定价目标。市场占有率是企业的经营状况和企业产品在市场上的竞争能力的直接反映，关系到企业的兴衰存亡。较高的市场占有率可以保证企业产品的销路、巩固企业的市场地位，从而使企业的利润稳步增长。

4. 防止竞争为定价目标

企业对竞争者的行为都十分敏感，尤其是竞争者的价格变动状况。在市场竞争日趋激烈的形势下，企业在实际定价前都要广泛收集资料，仔细研究竞争者产品价格的情况，通过自己的定价目标去对付竞争者。

5. 以稳定价格为定价目标

稳定的价格通常是大多数企业获得一定目标收益的必要条件，市场价格越稳定，经营风险也就越小。因此，可采取以保持价格相对稳定、避免正面价格竞争为目标的定价。当企业准备在一个行业中长期经营，或某行业经常发生市场供求变化与价格波动，需要有一个稳定的价格来稳定市场时，该行业中的大企业或占主导地位的企业率先制定一个较长期的稳定价格，其他企业的价格与之保持一定的比例。这样对大企业而言是稳妥的，中、小企业也可避免遭受由于大企业随时随意的提价而带来的打击。

6. 维持生存为定价目标

当市场竞争激烈，经营状况不佳时，企业应把维持生存作为定价目标。这时，企业以低价为基本定价策略，价格如果能补偿变动成本和部分固定成本，就能维持企业的经营。

三、影响定价的因素

1. 产品成本

成本是营销价格的最低界限，对企业营销价格有很大的影响。产品成本是由产品在生产过程和流通过程中耗费的物质资料和员工的劳动报酬所形成的。其一般由固定成本和变动成本两部分组成。产品成本是企业核算盈亏的临界点，产品销售大于产品成本时企业就有可能形成盈利，反之则亏本。

2. 市场需求

市场需求是影响企业定价的重要因素，也是制定产品价格的上限。

（1）价格与需求的关系。一般地，市场需求随着产品价格的上升而减少，随着价格的下跌而增加。价格与需求之间成反比关系。

表 8-1　价格与需求关系

供求关系	商品多少	竞争态势	购销态度	价格变化	稀缺状况	市场状况
供不应求	商品短缺	买主竞争	销售者趁机提价	价格上涨	物以稀为贵	卖方市场
供过于求	商品过剩	卖主竞争	购买者持币待购	价格下降	货多不值钱	买方市场

（2）需求价格弹性。价格的变动会影响市场需求，那么需求对价格的变动将做出多大的反应呢？这就需要了解需求价格弹性。

需求弹性：是指价格变动而引起的需求相应变动的比率，反映需求变动对价格变动的敏感程度。其大小以系数 EP＝需求变动（％）÷价格变动（％）的绝对值来表示。

不同产品具有不同的需求价格弹性，对价格的制定影响很大。

$EP>1$，富于弹性。定价时应降低价格，薄利多销。

$EP<1$，缺乏弹性。定价时应适当地提高价格，增加盈利。

$EP=1$，单一弹性。定价时应采取通行价格，实现预期的利润。

$EP=0$，完全无弹性。定价时可适当提价。

$EP\to\infty$，完全有弹性。定价时应综合考虑各种因素。

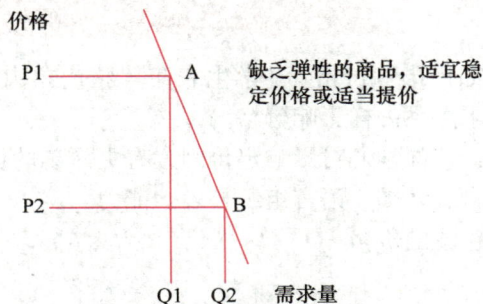

图 8-2　产品价格的基础（一）

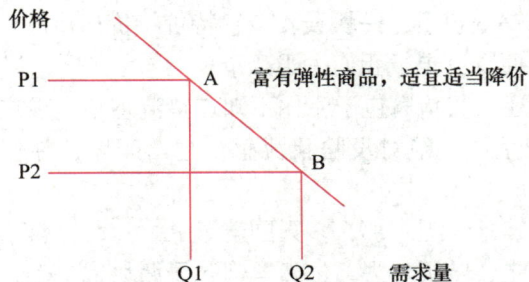

图 8-3　产品价格的基础（二）

3. 竞争状况

竞争是影响企业产品定价的重要因素之一，在实际营销过程中，以竞争对手为主的定价方法主要有三种：一是低于竞争对手的价格；二是与竞争对手同价；三是高于竞争对手的价格。到底采取什么样的竞争价格，这主要看企业在营销市场中，与其他竞争对手相比处于一种什么样的相对地位。

4. 消费者对产品的认知

产品价格受供求关系的影响。但是，在新冠疫情期间，不管口罩的价格如何上升，供求关系如何紧张，消费者依然积极选购；同样在猪瘟期间，即使猪肉价格再如何降价，都不会降到几毛钱一斤。这是因为商品的价格除了受到供求的影响外，还关系到消费者对产品价值的认知，在其他条件不变的情况下，商品的价值量越大，价格越高；相反，商品的价值量越小，价格越低。因此，这一规律也影响着产品的定价。

5. 政府的法律政策

国家的法律、政策对市场价格的制定和调整都有相应的规定。为了平衡市场物价，政府会通过行政、法律、经济手段影响企业定价。比如现在的房产税试点、限购令和二套房首付提高等一系列措施和手段对于房地产市场价格的影响是很大的。再如禁止价格垄断、禁止价格欺诈、禁止价格歧视、禁止低价倾销等。

此外，其他因素也会对产品价格产生一定影响，如产品周期不同阶段、市场竞争激烈程度差异、收入弹性等都会影响企业定价。

🏠 训练营

训练任务：供求关系如何影响价格？（学生表演"猪肉羊肉包子的价格"的小情景，通过小情景让学生理解供求关系怎样影响价格。）

训练目的：通过训练，使同学们对影响定价因素有更深刻的认知。有针对性地组织教学与实践活动；锻炼学生自我认知、语言组织与表达能力。

训练情景：猪肉羊肉包子的价格

A. 商贩

B. 买方1

C. 买方2

A. 卖包子咯，刚出锅的包子，一块钱4个，特价特价！

B. 这包子怎么这么便宜，走，我们去买几个。

C. （一把拦住）你还敢买猪肉包子？你不知道猪流感吗？现在闹得可凶呢。

A. 我们这包子可卫生了，绝对没啥猪流感，吃出问题，你们来找我行吗？这样吧，一块钱8个，怎样？

B. 算了。咦？那边卖什么呢？那么多人围着。

C. 卖羊肉包子呢。走，咱买点去。虽然羊肉包子两块钱一个，但吃得放心。

思考：是什么原因导致了这种奇怪的现象？

通过学生自主调查，激发了学生学习的兴趣和热情，提高了学生在生活中收集信息的能力，并能体会经济理论存在于生活中。

表 8-2　训练成绩考核表

训练评估指标	训练评估标准	分项成绩
准备工作 20%	1. 准备语言措辞	
整体表现 50%	1. 声音洪亮 5% 2. 语言流畅 10% 3. 表情自然、大方 30% 4. 没有不必要的小动作 5%	
思考总结 30%	1. 文字简洁、流畅 15% 2. 特点突出、针对性强 15%	
总成绩 100%		

超链接

价值决定价格

1. 价值与价格的关系：价值决定价格，价格是价值的货币表现

各种商品价格的高低不同，首先是因为它们的价值量不同。在其他条件不变的情况下，商品的价值量越大，价格越高；商品的价值量越小，价格越低。

通过价值的概念，引出价值量的大小由社会必要劳动时间决定，并解释社会必要劳动时间的概念，对比个别劳动时间与社会必要劳动时间。

社会必要劳动时间，是指在现有的社会正常的生产条件下，社会平均的劳动熟练程度和劳动强度下，制造某种商品所需要的劳动时间。把握这个概念，注意抓住"绝大多数"这个标准，绝大多数商品使用的生产条件，绝大多数商品消耗的劳动时间。

2. 商品的价值量由社会必要劳动时间决定

社会必要劳动时间决定商品的价值量。社会必要劳动时间越长，价值量就越大；社会必要劳动时间越短，价值量就越小。

3. 社会必要劳动时间对商品生产者的意义

个别劳动时间低于社会必要劳动时间的，处于有利的地位；高于社会必要劳动时间的，则处于不利的地位。这就促使商品生产者努力缩短个别劳动时间，提高劳动生产率。

4. 社会劳动生产率与商品价值量的关系

通过计算方式让学生找出商品价值量、价值总量与社会劳动生产率、社会必要劳动时间、个别劳动生产率、个别劳动时间的关系。

（商品的价值总量＝商品数量×价值量）

表8-3 社会劳动生产率与商品价值量的关系

劳动生产率	社会必要劳动时间	商品的价值量	单位时间生产的商品数量	商品的价值总量
假设：社会劳动生产率一定	8小时	8元	1件	8×1=8 元
社会劳动生产率提高一倍				
个别劳动生产率提高一倍				

（由学生填好表格，把班级分为两组，一组讨论社会必要劳动时间、社会劳动生产率与价值量的关系；一组分析个别劳动生产率、个别劳动时间与价值总量的关系。）

通过实实在在的数字我们可以看出，商品的价值量与社会必要劳动时间成正比，与社会劳动生产率成反比，与个别劳动时间、个别劳动生产率无关；而商品的价值总量与个别劳动时间成反比，与个别劳动生产率成正比，与社会必要劳动时间、社会劳动生产率无关。

任务二 定价方法

案例先导

星巴克的定价方法

以星巴克一杯售价 42 元的中杯美式咖啡为例，其所耗费的物料成本为价值 2 元的 20 克咖啡豆、0.6 元的一次性纸杯、2 元的牛奶，即一杯中杯美式咖啡的物料成本为 4.6 元；再加上运营成本，约 5.5%的人工费、约 20%的水电广告费用、约 14.3%的房租、约 4%的设备折旧、约 5%的其他成本和约 4.4%的行政开支，即 16.7 元的运营成本。所以一杯售价 42 元的中杯美式咖啡的总成本为 4.6+16.7＝21.3 元，远远低于其售价。星巴克的这种定价方法是基于其本身所提供的服务能够使得顾客感受到付出和收获的平衡，从而使得顾客不仅仅是追求最低的消费价格和成本。星巴克的价格是基于本身良好的服务品质以及能够满足顾客期望的特点所进行的定价。而星巴克在咖啡市场中的强大竞争力和较大的市场份额也证明了星巴克这种定价方法的正确性。

（资料来源：https：//zhuanlan.zhihu.com/p/86201128。）

请思考：

星巴克的定价方法有什么成功之处？除此之外，企业还可以采用哪些定价方法？

知 识 库

定价方法是企业在特定的定价目标指导下，综合考虑影响定价的各种因素，并运用价格决策理论对产品价格水平进行计算或确定的具体方法，是将企业定价策略和具体价格水平联系起来的重要环节。产品成本、市场需求和市场竞争是影响定价的三个最基本的因素：产品成本规定了价格的下限；市场需求或消费者对企业产品独特性的评估规定了价格的上限；竞争者产品和替代品的价格规定了企业产品价格在最高价格和最低价格之间的标价点。因此，从这三个不同的侧重点出发，企业的定价方法就可以分为三种类型：成本导向定价法、需求导向定价法和竞争导向定价法。

一、成本导向定价法

成本导向定价法（Cost Oriented Pricing）是指企业制定价格时主要以成本为依据，同时考虑企业目标、政府法令、需求情况、竞争格局等因素。

成本导向定价法最大的优点是简单易行，适用于以下几种情形：一是大多数企业的成本结构相似，为避免激烈竞争，可采用成本导向定价法；二是按市场条件，企业本可以制定较高价格，但为了使顾客形成定价公平合理的印象，从而赢得更多顾客，实现企业收益的目标，企业亦可采用成本导向定价法。

常见的成本导向定价法主要有：总成本加成定价法、边际成本定价法、变动成本定价法。

1. 成本加成定价法

即以单位产品成本为基础，再加上一定百分比的加成率，形成产品销售价格。这个加成率就是预期利润占产品成本的百分比。

公式表示：

$$单位产品价格 = 单位产品总成本 + 单位产品预期利润$$
$$= 单位产品总成本 \times （1 + 成本利润加成率）$$

即
$$P = C（1 + R）$$

P 为单位产品售价，C 为单位产品成本，R 为成本加成率

这个方法简单，使用普遍，加成率的确定是关键。但该方法通常没有考虑市场供求和竞争，缺乏灵活性。

例：假设某产品的销售量为 10 000 件，总成本为 100 万元，预期的成本利润率为 20%，请用成本加成定价法算出这个产品的单价应是多少？

单位价格 = 单位产品总成本 × （1 + 成本利润加成率） = 1 000 000/10 000 （1 + 20%） = 120 元

答：单位产品价格是 120 元。

2. 售价加成定价法

售价加成定价是零售商以售价为基础，按加成百分率计算售价。相同的加成百分率，以成本为基础则售价较低，以售价为基础则售价较高。

公式为：
$$P = C（1 - R）$$

例：假设某地一零售商店经营各种呢制成衣，进货成本每件 30 元，加成百分率为 25%。

以售价为基础计算零售价，则：每件零售价格 = 30/ （1 - 25%） = 40 （元）

以成本为基础计算零售价，则：每件零售价格 = 30× （1 + 25%） = 37.5 （元）

3. 变动成本定价法

又称边际贡献定价法，其特点是定价时不考虑价格对总成本和利润的补偿贡献，在定价时只计算变动成本，而不计算固定成本，在变动成本的基础上加上预期的边际贡献。

$$边际贡献 = 销售收入 - 可变成本$$

若边际贡献 > 0，这部分收益就可用于补偿固定成本。所以：

边际贡献 = 固定成本，企业保本

边际贡献 > 固定成本，企业盈利

边际贡献 < 固定成本，企业亏损

公式表示：

$$单位产品价格 = （变动总成本+预期边际贡献）/预期产品产量$$
$$= 单位产品变动成本+单位成本边际贡献$$

例：某服装厂年产服装 2 万件，已知总固定成本 21 万元，总变动成本 82 万元，请用变动成本定价法计算边际贡献为 24 万元时，单位产品销售价格是多少？

单位价格 = （变动总成本+预期边际贡献）/预期产品产量

= （820 000+240 000）/20 000

= 53（元）

答：单位产品销售价格是 53 元。

4. 收支平衡定价法

收支平衡定价法也称保本点定价法，这种方法是企业按照生产某种产品的总成本和该产品的销售收入保持平衡的原则来制定该产品的价格。

设 Q 为生产产品数量，P 为产品单价，F 为固定成本，Cv 为变动成本，则由 $Q = F/(P-Cv)$

得：

$$P = F/Q + Cv$$

例：某产品的年固定成本总额为 16 万元，每件产品的变动成本为 45 元，如果订货量分别为 4000 件和 5000 件，其保本点价格各为多少？

计算：由上面的公式，得

订货量为 4000 件时，$P1 = 160\,000/4000 + 45 = 85$（元）；

订货量为 5000 件时，$P2 = 160\,000/5000 + 45 = 77$（元）。

5. 收益比较定价法

收益比较定价法就是在定低价与定高价之间进行比较，选择一个最佳的价格水平，以便使企业得到最多的利润。消费者对价格的接受程度可以通过试销和预测来确定。

设 Q 为生产产品数量，P 为产品单价，F 为固定成本，Cv 为变动成本，Z 为收益，则公式为：

$$Z = Q×（P-Cv）-F$$

例：某产品的生产能力为 3 万件，固定成本总额为 16 万元，单位变动成本为 22 元。经市场预测分析，当单位产品定价为 25 元时，其需求量为 3 万件；定价为 30 元时，需求量为 2 万件；定价为 35 元时，需求量为 1.8 万件；定价为 40 元时，需求量为 1 万件。试问应采用哪个价格？

根据公式 $Z = Q×（P-Cv）-F$ 得

$Z1 = 30\,000×（25-22）-160\,000 = 70\,000$（元）

$Z2 = 20\,000×（30-22）-160\,000-0$（元）

$Z3 = 18\,000×（35-22）-160\,000 = 74\,000$（元）

$Z4 = 10\,000×（40-22）-160\,000 = 2000$（元）

故应定价 35 元，收益最大。

成本导向定价的优点是：产品价格能保证企业的制造成本和期间费用得到补偿后还有一定利润，产品价格水平在一定时期内较为稳定，定价方法简便易行。

成本导向定价的缺点是：忽视了市场供求和竞争因素的影响；忽略了产品生命周期的变化；缺乏适应市场变化的灵活性；不利于企业参与竞争；容易掩盖企业经营中非正常费用的支出；不利于企业提高经济效益。

二、需求导向定价法

需求导向定价法是指以需求为中心的定价方法，是在预计市场能够容纳目标产销量的需求价格限度内，确定消费者价格、经营者价格和生产者价格的一种定价方法。

1. 认知价值定价法

以消费者对产品价值的认知和理解程度作为定价的依据。理解价值是消费者对企业或产品的综合评价的数量化，不是产品的实际价值。因此，企业应利用营销手段，提高消费者对产品效用和价值的理解。

认知价值定价方法关键是企业对消费者愿意承担的价格要有正确的估计和判断，要充分考虑顾客的消费心理和需求弹性。此外，必须有产品质量、服务态度、广告宣传等非价格因素的密切配合，以影响消费者购买行为，使之易于接受产品定价。

2. 区分需求定价法

区分需求定价法也叫需求差异定价法，是指同一质量、功能、规格的商品，可以根据消费者的不同而采用不同价格的定价方法。

由于购买者、销售地点、销售时间等因素的不同，形成需求特性的差别，企业可对同一产品制定两种或两种以上的价格。在市场上常见的需求差别定价有：

（1）同一产品，对不同的消费者制定不同的价格或采用不同的价格方式。

（2）同种产品由于不同的外观、款式、花色而采用不同的价格。

（3）同种产品或服务在不同的地点和位置采用不同的价格。

（4）同种产品或服务在不同的时间提供，采用不同的价格。

例如，乘客在乘坐飞机从克利夫飞往迈阿密的同一条航线上，有 10 种不同的票价可供选择。在这条航线上服务的三家航空公司和东方、联合等公司的激烈竞争中，精明的顾客就可以得到不少好处。许多票价是针对着不同的细分市场的。这 10 种可能的票价是：

①头等舱是 218 美元；　　　　　　②标准经济舱是 168 美元；

③晚间二等舱是 136 美元；　　　　④周末短途旅行是 134 美元；

⑤义务工作人员是 130 美元；　　　⑥周内短途旅行是 128 美元；

⑦短途旅游观光团是 118 美元；　　⑧军事人员 128 美元；

⑨青少年机票是 112 美元；　　　　⑩周末机票是 103 美元。

三、竞争导向定价法

竞争导向定价就是企业主要依据竞争对手产品的价格来确定自己产品的价格。当然，这也必须考虑自己产品的成本、市场需求情况等。企业在某一时期、某一市场上以击败某一或某些竞争对手为主要目标，使价格定得低于或等于竞争价格，并随竞争产品价格变动而调整，直到击败竞争对手；或者企业初进某一市场，对需求、渠道加成等因素知之不多，只能简单地模仿竞争产品价格定价，待到一定情况下再调整；或经营的产品属于世界市场上有流行价格的产品，只能随行就市。

市场导向定价法的原则是不论成本、需求如何变化，只依据竞争对手价格的变动而变动。主要有随行就市定价法、主动竞争定价法、拍卖定价法。

1. 随行就市定价法

即将本企业某产品价格保持在市场平均价格水平，利用这样的价格来获得平均报酬。这种方法需求弹性小、供求基本平衡、市场竞争较充分，且市场上已经形成了一种行业价格，适于中小企业采用。

随行就市定价法可以避免挑起价格战，有利于与同行和平相处，减少市场风险，同时可以补偿平均成本，获得适度利润，容易为消费者所接受。

2. 主动竞争定价法

定价不是追随竞争者的价格，而是根据本企业产品的实际情况与竞争对手的产品差异状况来定价。适于实力雄厚，产品独特的企业。

定价时首先将市场上竞争商品价格与企业估算价格进行比较，分为高、一致及低三个价格层次。其次，将企业商品的性能、质量、成本、式样、产量等与竞争企业进行比较，分析造成价格差异的原因。再次，根据以上综合指标确定企业商品的特色、优势及市场定位，在此基础上，按定价所要达到的目标，确定商品价格。最后，跟踪竞争商品的价格变化，及时分析原因，相应调整企业商品价格。

3. 拍卖定价法

拍卖定价法是指卖方预先展示所售产品，在一定的时间和地点，按照一定的规则，由买主公开叫价竞购的定价方法。一般是由卖方规定一个较低的起价，买主不断抬高价格竞买产品，直到没有竞争者回应最后一个叫价，即最高价格时，卖方把产品销售给出最高价格的买主。一般适用于古董、艺术品、土地或大宗商品。

🏠 训练营

训练任务： 以小组为单位，选择一种感兴趣的产品，从国美、苏宁或淘宝、京东等搜集资料，调查了解其产品的定价方法和特点，完成 10 页的 PPT 报告，并进行展示汇报。

训练目的： 强化训练同学对产品定价方法的掌握情况，并能根据产品特性选择不同的定价方法。

训练步骤：

1. 通过网络或书籍查找二手资料。
2. 选择某种产品的定价进行调查了解，掌握一手资料。
3. 对资料进行整理分析，小组讨论并写分析报告。

4. 分组进行汇报、讨论与交流。

5. 教师进行点评和总结。

表 8-4　训练成绩考核表

训练评估指标	训练评估标准	分项成绩
调查报告 65%	1. 调查地点、时间、对象明确 10% 2. 完成态度 10% 3. 完成质量 35% 4. 团队合作精神 10%	
汇报答辩 35%	1. PPT 制作专业性强、结构层次分明 10% 2. 汇报思路清晰、语言表达流畅 15% 3. 回答问题思路清晰、内容准确 10%	
总成绩 100%		

🏠 超链接

疫情下企业如何定价

自新型冠状病毒感染肺炎疫情暴发以来，在疫情防控期间，根据公开报道，一些地区出现了大量违反市场经营、价格管理等规定，哄抬粮、油、肉、蛋、菜、食品、口罩、抗病毒药品等物价，牟取暴利和扰乱市场竞争秩序的行为。

据国家市场监管总局副局长甘霖称，自疫情发生以来至 2 月 1 日，全国市场监管系统共出动价格执法人员 39 万人次，立案查处价格违法案件 1413 件。例如，2020 年 1 月 23 日，丰台区市场监管局对某药品经营企业大幅度抬高 N95 口罩价格行为立案调查。依据《价格法》等法律法规，拟处以 300 万元罚款，适用了顶格处罚；2020 年 1 月 28 日，上海某超市有限公司徐汇店销售的多种蔬菜涉嫌哄抬物价，上海市场监管局执法总队抓紧对该案立案查处，拟做出罚款 200 万元的行政处罚。

上述情形涉及价格法、反垄断法在内的多重法律问题。

请思考：疫情下企业应当如何进行定价？国家应当采取哪些措施来维护市场正常进行？

新法速递

1. 国家层面

《市场监管总局关于坚决维护防疫用品市场价格秩序的公告》（以下简称"《公告》"）

国家市场监督管理总局于 2020 年 1 月 25 日就加强口罩、消毒杀菌用品、抗病毒药品及相关医疗器械等防疫用品市场价格监管，维护防疫用品市场价格秩序的有关事项发布《公告》。《公告》对于捏造、散布涨价信息，大量囤积市场供应紧张的防疫用品等违反价格法律法规的行为，要求依法从重从快查处，典型案例及时公开曝光；要求广大经营者合法合理行使自主定价权。不排除未来《公告》规制的商品范围会进一步扩大，也不排除执法部门在执法时会有一定的扩大裁量。

《市场监管总局关于新型冠状病毒感染肺炎疫情防控期间查处哄抬价格违法行为的指导意见》（"以下简称《指导意见》"）

2020年2月1日发布的《指导意见》主要是在《价格法》和《价格违法行为行政处罚规定》之下，对认定其中的价格违法行为的具体情形和处罚规则做进一步详细列举和规定。

本次《指导意见》中也对违反价格规定的行政处罚和刑事责任进行了衔接。《指导意见》第九条规定，市场监管部门发现经营者哄抬价格违法行为构成犯罪的，应当依法移送公安机关。2003年5月出台的《最高人民法院、最高人民检察院关于办理妨害预防、控制突发传染病疫情等灾害的刑事案件具体应用法律若干问题的解释》第六条规定，违反国家在预防、控制突发传染病疫情等灾害期间有关市场经营、价格管理等规定，哄抬物价、牟取暴利，严重扰乱市场秩序，违法所得数额较大或者有其他严重情节的，依照刑法第二百二十五条第（四）项的规定，以非法经营罪定罪，依法从重处罚。

2. 地方层面

国家市场监督管理总局发布《公告》和《指导意见》之后，包括湖北省、山东省在内的部分省市根据各地区的具体情况进一步确立了各地区对于商品销售价格违法行为的认定和处罚细则，对哄抬价格的情形认定和涨价幅度界定问题在市场监督总局的《指导意见》之下又进一步做细化规定。不排除其他省市也会出类似的细化规定，因此企业需要根据自身所在地做相关跟踪，并及时掌握相关信息。

表8-5　各地区疫情期间商品定价处罚细则

地区	湖北	山东	天津
文件	《省市场监管局关于新型冠状病毒感染的肺炎疫情防控期间有关价格违法行为认定与处理的指导意见》	《关于新型冠状病毒感染的肺炎疫情防控期间哄抬价格违法行为认定有关问题的通知》	《市场监管总局转发<市场监管总局关于新型冠状病毒感染肺炎疫情防控期间查处哄抬价格违法行为指导意见>的通知》
相关内容	自2020年1月22日起，销售商品或者提供服务存在下列情形之一的，依法认定为哄抬价格行为：（一）以2020年1月21日前商品销售价格或者提供服务的价格为原价，在1月22日后超出原价销售或者提供服务的；（二）商品进货成本发生变化，购销差额未与1月21日前保持一致并扩大的；（三）所售商品无参照原价，购销差价额超过15%的。	对与疫情防控相关的口罩、消毒水、药品等防疫用品，以及与人民群众日常生活密切相关的肉、蛋、菜、米、面、油等生活必需品价格实行涨价幅度控制，上述商品购销差价超过35%的，按照哄抬价格行为依法查处。	经营者在疫情发生前已实际销售防疫用品或蔬菜等生活必需品，能够提供1月19日前（含当日，下同）最后一次实际交易的进销差价率（进销差价除以进货价格乘以100%）的，自1月19日起至疫情结束前，未超过提供的进销差价率的，不认定为哄抬价格违法行为；超过提供的进销差价率的，可认定为哄抬价格违法行为。

任务三　定价策略

案例先导

小米手机定价策略

　　小米公司成立于 2010 年 4 月，是一家专注于智能产品自主研发的移动互联网公司，首创了用互联网模式开发手机操作系统、发烧友参与开发改进的模式。小米手机、MIUI、米聊是小米公司旗下三大核心业务。"为发烧而生"是小米的产品理念，定位于中低端市场。小米公司首创了利用互联网开发和改进手机操作系统，60 万发烧友参与了开发改进。小米的 LOGO 是一个"MI"形，是 Mobile Internet 的缩写，代表小米是一家移动互联网公司，小米的 LOGO 倒过来是一个"心"字，少一个点。意味着小米要让小米的用户省一点心。另外，MI 是米的汉语拼音，正好对应其名字称号。

　　小米官网所有产品定价几乎都是以"9"结尾，这给人一种心理上低价的暗示，能够提高人们的购买欲望。就比如小米 4 的 1999 元，事实上就体现了尾数定价的哲学，1999 元实际上就是 2000 元，但别小看这 1 元钱。少了这 1 元，就是 1 开头，而多了这 1 元，就变成了 2 开头，这当中的"1 和 2"，对于消费者产生了巨大的心理影响。这就好比收费和免费的区别，免费的话消费者感觉是白来的，所以不管喜欢不喜欢都会去尝试，就达到了产品推广的目的。而如果收费，哪怕是 1 元，也会给消费者造成心理压力，如果消费者不跨过这个心里门槛，将很难有机会接触到产品，就更别提去购买和使用了。

（数据来源：江西财经大学 2016 年经典案例分析。）

请思考：

　　小米手机在对产品定位时采用的是什么策略？如何抓住消费者的心理的？这种定价策略有什么好处？

知 识 库

一、新产品定价策略

　　新产品的定价是营销策略中一个十分重要的问题。它关系到新产品能否顺利地进入市场，能否站稳脚跟，能否获得较大的经济效益。目前，国内外关于新产品的定价策略，主要有三种，即取脂定价策略、渗透定价策略和满意定价策略。

1. 取脂定价策略

取脂定价策略，又称撇油定价策略，是指企业在产品寿命周期的投入期或成长期，利用消费者的求新、求奇心理，抓住激烈竞争尚未出现的有利时机，有目的地将价格定得很高，以便在短期内获取尽可能多的利润，尽快地收回投资的一种定价策略。其名称来自从鲜奶中撇取乳脂，含有提取精华之意。

该策略适用于生产能力不能迅速扩大、有独特技术的产品。

利用高价产生的厚利，使企业能够在新产品上市之初，即能迅速收回投资，减少了投资风险，这是使用撇脂策略的根本好处。此外，撇脂定价还有以下几个优点：

（1）在全新产品或换代新产品上市之初，顾客对其尚无理性的认识，此时的购买动机多属于求新求奇。利用这一心理，企业通过制定较高的价格，以提高产品身份，创造高价、优质、名牌的印象。

（2）先制定较高的价格，在其新产品进入成熟期后可以拥有较大的调价余地，不仅可以通过逐步降价保持企业的竞争力，而且可以从现有的目标市场上吸引潜在需求者，甚至可以争取到低收入阶层和对价格比较敏感的顾客。

（3）在新产品开发之初，由于资金、技术、资源、人力等条件的限制，企业很难以现有的规模满足所有的需求，利用高价可以限制需求的过快增长，缓解产品供不应求状况，并且可以利用高价获取的高额利润进行投资，逐步扩大生产规模，使之与需求状况相适应。

当然，撇脂定价策略也存在着某些缺点：

（1）高价产品的需求规模毕竟有限，过高的价格不利于市场开拓、增加销量，也不利于占领和稳定市场，容易导致新产品开发失败。

（2）高价高利会导致竞争者的大量涌入，仿制品、替代品迅速出现，从而迫使价格急剧下降。此时若无其他有效策略相配合，则企业苦心营造的高价优质形象可能会受到损害，失去一部分消费者。

（3）价格远远高于价值，在某种程度上损害了消费者利益，容易招致公众的反对和消费者抵制，甚至会被当作无良商家来加以取缔，诱发公共关系问题。

从根本上看，撇脂定价是一种追求短期利润最大化的定价策略，若处置不当，则会影响企业的长期发展。因此，在实践当中，特别是在消费者日益成熟、购买行为日趋理性的今天，采用这一定价策略必须谨慎。

2. 渗透定价策略

渗透定价策略，又称薄利多销策略，是指企业在产品上市初期，利用消费者求廉的消费心理，有意将价格定得很低，使新产品以物美价廉的形象，吸引顾客，占领市场，以谋取远期的稳定利润。

为了吸引消费者，新产品以物美价廉的形象，吸引顾客，尽快打开并占领市场，为谋取远期的稳定利润企业以低价向市场投放新产品。这是一种长期的定价策略，适用于市场需求潜力大、批量大、成本低、需求弹性大的产品。

利用渗透定价的前提条件有：①新产品的需求价格弹性较大；②新产品存在着规模经济效益。日本精工手表即是在具备这样两个条件的基础上，采用渗透定价策略，以低价在国际市场与瑞士手表角逐，最终夺取了瑞士手表的大部分市场份额。

采用渗透价格的企业无疑只能获取微利，这是渗透定价的薄弱处。但是，由低价产生的两个好处是：首先，低价可以使产品尽快为市场所接受，并借助大批量销售来降低成本，获得长期稳定的市场地位；其次，微利阻止了竞争者的进入，增强了自身的市场竞争力。

对于企业来说，撇脂策略和渗透策略何者为优，不能一概而论，需要综合考虑市场需求、竞争、供给、市场潜力、价格弹性、产品特性、企业发展战略等因素才能确定。在定价实务中，往往要突破许多理论上的限制，通过对选定的目标市场进行大量调研和科学分析来制定价格。

3. 满意价格策略

满意价格策略，又称平价销售策略，是介于取脂定价和渗透定价之间的一种定价策略。由于取脂定价法定价过高，对消费者不利，既容易引起竞争，又可能遇到消费者拒绝，具有一定风险；渗透定价法定价过低，对消费者有利，对企业最初收入不利，资金的回收期也较长，若企业实力不强，将很难承受。而满意价格策略采取适中价格，基本上能够做到供求双方都比较满意。

采用满意定价策略为了保持产品线定价策略的一致性。例如，通用汽车公司的雪佛兰汽车（Chevrolet Camaro）的定价水平是相当大一部分市场都承受得起的，市场规模远远大于愿意支付高价购买它的"运动型"（sporty）外形的细分市场。这种适中定价策略，甚至当这种汽车的样式十分流行，供不应求时仍数年不变。为什么呢？因为通用汽车跑车生产线上已经有一种采取撇脂定价的产品——Corvette，再增加一种产品是多余的，会影响原来高价产品的销售。将大量购买者吸引到展示室尝试驾驶 Camaro 的意义远比高价销售 Camaro 能获得的短期利益要大得多。

虽然与撇脂定价或渗透定价法相比，满意定价法缺乏主动进攻型，但并不是说正确执行它就非常容易或一点也不重要。满意定价没有必要将价格定得与竞争者一样或者接近平均水平。从原则上讲它甚至可以是市场上最高的或最低的价格。东芝笔记本电脑具有高清晰度的显示器和可靠的性能，认知价值很高，所以虽然产品比同类产品昂贵，市场占有率仍然很高。与撇脂价格和渗透价格类似，满意价格也是参考产品的经济价值决定的。当大多数潜在的购买者认为产品的价值与价格相当时，纵使价格很高也属适中价格。

二、折扣定价策略

折扣定价策略是通过减少一部分价格以争取顾客的策略，在现实生活中应用十分广泛，用折让手法定价就是用降低定价或打折扣等方式来争取顾客购货的一种售货方式。通过对基本价格做出一定的让步，直接或间接降低价格，以争取顾客，扩大销量。其中，直接折扣的形式有数量折扣、现金折扣、功能折扣、季节折扣，间接折扣的形式有回扣和津贴。

例如，日本东京银座美佳西服店为了销售商品采用了一种折扣销售方法，颇获成功。具体方法是这样：先发一公告，介绍某商品品质性能等一般情况，再宣布打折扣的销售天数及具体日期，最后说明打折方法：第一天打九折，第二天打八折，第三、四天打七折，第五、六天打六折，以此类推，到第十五、十六天打一折，这个销售方法的实践结果是，第一、二天顾客不多，来者多半是来探听虚实和看热闹的。第三、四天人渐渐多起来，第五、六天打六折时，顾客像洪水般地涌向柜台争购。以后连日爆满，没到一折售货日期，商品早已售罄。

（一）数量折扣

指按购买数量的多少，分别给予不同的折扣，购买数量愈多，折扣愈大。其目的是鼓励大量购买，或集中向本企业购买。数量折扣包括累计数量折扣和一次性数量折扣两种形式。累计数量折扣规定顾客在一定时间内，购买商品若达到一定数量或金额，则按其总量给予一定折扣，其目的是鼓励顾客经常向本企业购买，成为可信赖的长期客户。一次性数量折扣规定一次购买某种产品达到一定数量或购买多种产品达到一定金额，则给予折扣优惠，其目的是鼓励顾客大批量购买，促进产品多销、快销。

数量折扣的促销作用非常明显，企业因单位产品利润减少而产生的损失完全可以从销量的增加中得到补偿。此外，销售速度的加快，使企业资金周转次数增加，流通费用下降，产品成本降低，从而导致企业总盈利水平上升。

1. 累计数量折扣

累计数量折扣是指代理商、中间商或顾客在规定的时间内，当购买总量累计达到折扣标准时，给予一定的折扣。累计数量折扣定价法可以鼓励购买者经常购买本企业的产品，成为企业可信赖的长期客户；企业可据此掌握产品的销售规律，预测市场需求，合理安排生产；经销商也可保证货源。

运用累计数量折扣定价法时，应注意购买者为争取较高折扣率在短期内大批进货对企业生产的影响。

2. 非累计数量折扣

非累计数量折扣是一种只按每次购买产品的数量而不按累计的折扣定价方法。其目的是鼓励客户大量购买，节约销售中的劳动耗费。

累计数量折扣和非累计数量折扣两种方式，可单独使用，也可结合使用。

例如，美容业、餐饮业的很多商店都会推出会员卡，就是折扣销售。比如，到一家美发连锁店，做一次面部保养，要168元，如果买卡了，每次可以打5折，就只要84元了。而办一张卡，最低的面值也要2000元，2000元的卡可能只能打8折，要想打5折甚至更多，至少要买面值5000元的卡。即：根据不同面值的卡，给予的折扣大小不一样。

请思考：会员卡属于哪种性质的数量折扣？能给企业带来什么好处？

运用数量折扣策略的难点是如何确定合适的折扣标准和折扣比例。如果享受折扣的数量标准定得太高，比例太低，则只有很少的顾客才能获得优待，绝大多数顾客将感到失望；购买数量标准过低，比例不合理，又起不到鼓励顾客购买和促进企业销售的作用。因此，企业应结合产品特点、销售目标、成本水平、资金利润率、需求规模、购买频率、竞争者手段以及传统的商业惯例等因素来制定科学的折扣标准和比例。

（二）现金折扣

现金折扣是对在规定的时间内提前付款或用现金付款者所给予的一种价格折扣，其目的是鼓励顾客尽早付款，加速资金周转，降低销售费用，减少财务风险。采用现金折扣一般要考虑三个因素：折扣比例；给予折扣的时间限制；付清全部货款的期限。在西方国家，典型的付款期限折扣表示为"3/20，Net 60"。其含义是在成交后 20 天内付款，买者可以得到 3% 的折扣，超过 20 天，在 60 天内付款不予折扣，超过 60 天付款要加付利息。

由于现金折扣的前提是商品的销售方式为赊销或分期付款，因此，有些企业采用附加风险费用、管理费用的方式，以避免可能发生的经营风险。同时，为了扩大销售，分期付款条件下买者支付的货款总额不宜高于现款交易价太多，否则就起不到"折扣"促销的效果。

提供现金折扣等于降低价格，所以，企业在运用这种手段时要考虑商品是否有足够的需求弹性，保证通过需求量的增加使企业获得足够利润。此外，由于我国的许多企业和消费者对现金折扣还不熟悉，运用这种手段的企业必须结合宣传手段，使买者更清楚自己将得到的好处。

（三）功能折扣（职能折扣）

中间商在产品分销过程中所处的环节不同，其所承担的功能、责任和风险也不同，企业据此给予不同的折扣称为功能折扣。对生产性用户的价格折扣也属于一种功能折扣。功能折扣的比例，主要考虑中间商在分销渠道中的地位、对生产企业产品销售的重要性、购买批量、完成的促销功能、承担的风险、服务水平、履行的商业责任以及产品在分销中所经历的层次和在市场上的最终售价等等。功能折扣的结果是形成购销差价和批零差价。

鼓励中间商大批量订货，扩大销售，争取顾客，并与生产企业建立长期、稳定、良好的合作关系是实行功能折扣的一个主要目标。功能折扣的另一个目的是对中间商经营的有关产品的成本和费用进行补偿，并让中间商有一定的盈利。

（四）季节折扣

有些商品的生产是连续的，而其消费却具有明显的季节性。为了调节供需矛盾，这些商品的生产企业便采用季节折扣的方式，对在淡季购买商品的顾客给予一定的优惠，使企业的生产和销售在一年四季能保持相对稳定。例如，啤酒生产厂家对在冬季进货的商业单位给予大幅度让利，某些旅游地，如滑雪度假胜地，在淡季给出的旅游价格很低，羽绒服生产企业则为夏季购买其产品的客户提供折扣等。

季节折扣比例的确定，应考虑成本、储存费用、基价和资金利息等因素。季节折扣有利于减轻库存，加速商品流通，迅速收回资金，促进企业均衡生产，充分发挥生产和销售潜力，避免因季节需求变化所带来的市场风险。

（五）回扣和津贴

回扣是间接折扣的一种形式，它是指购买者在按价格目录将货款全部付给销售者以后，销售者再按一定比例将货款的一部分返还给购买者。津贴是企业为特殊目的，对特殊顾客以特定形式所给予的价格补贴或其他补贴。比如，当中间商为企业产品提供了包括刊登地方性广告、设置样品陈列窗等在内的各种促销活动时，生产企业给予中间商一定数额的资助或补贴。又如，对于进入成熟期的消费者，开展以旧换新业务，将旧货折算成一定的价格，在新产品的价格中扣除，顾客只支付余额，以刺激消费需求，促进产品的更新换代，扩大新一代产品的销售。这也是一种津贴的形式。

上述各种折扣价格策略增强了企业定价的灵活性，对于提高厂商收益和利润具有重要作用。但在使用折扣定价策略时，必须注意国家的法律限制，保证对所有顾客使用同一标准。

三、心理定价策略

心理定价策略是针对消费者的不同消费心理，制定相应的商品价格，以满足不同类型消费者的需求的策略。产品价值与消费者心理之间的关联使得企业在定价时可以利用消费者心理因素，有意识地将产品价格定得高些或低些，以满足消费者生理的和心理的、物质的和精神的多方面需求，通过消费者对企业产品的偏爱或忠诚，扩大市场销售，获得最大效益。常用的心理定价策略有尾数定价、整数定价、声望定价和招徕定价。

（一）尾数定价策略

尾数定价又称零头定价，是指企业针对的是消费者的求廉心理，在商品定价时有意定一个与整数有一定差额的价格。这是一种具有强烈刺激作用的心理定价策略。

例如，心理学家的研究表明，价格尾数的微小差别能够明显影响消费者的购买行为。一般认为，5元以下的商品，末位数为9最受欢迎；5元以上的商品末位数为95效果最佳；百元以上的商品，末位数为98、99最为畅销。尾数定价法会给消费者一种经过精确计算的、最低价格的心理感觉；有时也可以给消费者一种是原价打了折扣，商品便宜的感觉；同时，顾客在等候找零期间，也可能会发现和选购其他商品。

如某品牌的54寸彩电标价998元，给人以便宜的感觉。认为只要几百元就能买一台彩电，其实它比1000元只少了2元。尾数定价策略还给人一种定价精确、值得信赖的感觉。

使用尾数定价，可以使价格在消费者心中产生三种特殊的效应：①便宜。标价99.97元的商品和100.07元的商品，虽仅相差0.1元，但前者给购买者的感觉是还不到"100元"，后者却使人认为"100多元"，因此前者可以给消费者一种价格偏低、商品便宜的感觉，使之易于接受；②精确。带有尾数的定价可以使消费者认为商品定价是非常认真、精确的，连几角几分都算得清清楚楚，进而会产生一种信任感；③中意。由于民族习惯、社会风俗、文化传统和价值观念的影响，某些数字常常会被赋予一些独特的含义，企业在定价时如能加以巧用，则其产品将因之而得到消费者的偏爱。

尾数定价法在欧美及我国常以奇数为尾数，如 0.99，9.95 等，这主要是因为消费者对奇数有好感，容易产生一种价格低廉，价格向下的概念。但由于 8 与发谐音，在定价中 8 的采用率也较高。当然，某些为消费者所忌讳的数字，如西方国家的"13"、日本国的"4"，企业在定价时则应有意识地避开，以免引起消费者的厌恶和反感。

（二）整数定价策略

整数定价与尾数定价相反，针对的是消费者的求名，求方便心理，将商品价格有意定为整数，由于同类型产品，生产者众多，花色品种各异，在许多交易中，消费者往往只能将价格作为判别产品质量、性能的指示器。同时，在众多尾数定价的商品中，整数能给人一种方便、简洁的印象。

对于那些无法明确显示其内在质量的商品，消费者往往通过其价格的高低来判断其质量的好坏。但是，在整数定价方法下，价格的高并不是绝对的高，而只是凭借整数价格来给消费者造成高价的印象。整数定价常常以偶数，特别是"0"做尾数。例如，精品店的服装可以定价为 1000 元，而不必定为 998 元。这样定价的好处：可以满足购买者炫耀富有、显示地位、崇尚名牌、购买精品的虚荣心；省却了找零钱的麻烦，方便企业和顾客的价格结算；花色品种繁多、价格总体水平较高的商品，利用产品的高价效应，在消费者心目中树立高档、高价、优质的产品形象。

整数定价策略适用于需求的价格弹性小、价格高低不会对需求产生较大影响的商品，如流行品、时尚品、奢侈品、礼品、星级宾馆、高级文化娱乐城等，由于其消费者都属于高收入阶层，也甘愿接受较高的价格，所以，整数定价得以大行其道。

（三）声望定价策略

声望定价策略是整数定价策略的进一步发展。消费者一般都有求名望的心理，根据这种心理行为，企业将有声望的商品制定比市场同类商品价高的价格，即为声望定价策略。它能有效地消除购买心理障碍，使顾客对商品或零售商形成信任感和安全感，顾客也从中得到荣誉感。

声望定价往往采用整数定价方式，其高昂的价格能使顾客产生一分价钱一分货的感觉，从而在购买过程中得到精神的享受，达到良好效果。

例如金利来领带，一上市就以优质、高价定位，对有质量问题的金利来领带他们决不上市销售，更不会降价处理。给消费者这样的信息，即金利来领带绝不会有质量问题，低价销售的金利来绝非真正的金利来产品，从而极好地维护了金利来的形象和地位。如德国的奔驰轿车，售价 20 万马克；瑞士莱克司手表，价格为五位数；巴黎里约时装中心的服装，一般售价 2000 法郎；我国的一些国产精品也多采用这种定价方式。当然，采用这种定价法必须慎重，一般商店、一般商品若滥用此法，弄不好便会失去市场。

（四）招徕定价策略

招徕定价是指将某几种商品的价格定得非常之高，或者非常之低，在引起消费者的好奇心理和观望行为之后，带动其他商品的销售。这一定价策略常为综合性百货商店、超级市场甚至高档商品的专卖店所采用。

招徕定价运用得较多的是将少数产品价格定得较低，吸引顾客在购买"便宜货"的同时，购买其他价格比较正常的商品。美国有家"99 美分商店"，不仅一般商品以 99 美分标价，甚至每天还以 99 美分出售 10 台彩电，极大地刺激了消费者的购买欲望，商店每天门庭若市。一个月下来，每天按每台 99 美分出售 10 台彩电的损失不仅完全补回，企业还有不少的利润。

将某种产品的价格定得较低，甚至亏本销售，而将其相关产品的价格定得较高，也属于招徕定价的一种运用。比如，美国柯达公司生产一种性能优越、价格低廉的相机，市场销路很好。这种相机有一个特点，即只能使用"柯达"胶卷。"堤内损失堤外补"，销售相机损失的利润由高价的柯达胶卷全部予以补偿。

在实践中，也有故意定高价以吸引顾客的。珠海九洲城里有种 3000 港元一只的打火机，引起人们的兴趣，许多人都想看看这"高贵"的打火机是什么样子。其实，这种高价打火机样子极其平常，虽无人问津，但它边上 3 元一只的打火机却销路大畅。

北京商场的招徕定价

北京地铁有家每日商场，每逢节假日都要举办 1 元拍卖活动，所有拍卖商品均以 1 元起价，报价每次增加 5 元，直至最后定夺。但这种由每日商场举办的拍卖活动由于基价定得过低，最后的成交价就比市场价低得多，因此会给人们产生一种卖得越多，赔得越多的感觉。岂不知，该商场用的是招徕定价术，它以低廉的拍卖品活跃商场气氛，增大客流量，带动了整个商场的销售额上升，这里需要说明的是，应用此术所选的降价商品，必须是顾客迫切需要而且市场价为人们所熟知的才行。

值得企业注意的是，用于招徕的降价品，应该与低劣、过时商品明显地区别开来。招徕定价的降价品，必须是品种新、质量优的适销产品，而不能是处理品。否则，不仅达不到招徕顾客的目的，反而可能使企业声誉受到影响。

四、差别定价策略

所谓差别定价，也叫价格歧视，就是企业按照两种或两种以上不反映成本费用的比例差异的价格销售某种产品或劳务。

使用差别定价的条件：

表 8-6　使用差别定价的条件

序号	条件
1	该市场必须是可以细分的，这些细分的子市场必须显示出不同的需求程度。
2	支付低价的细分市场将有关产品转手给须付高价的细分市场。
3	竞争者不能在须付高价的细分市场将产品按低价售给顾客。
4	市场细分和管理监控市场的成本不应超过从价格差别中获得的额外收入。

序号	条件
5	这种做法不应该使顾客产生不满和不高兴的情绪。
6	这种差别定价必须合法。

差别定价有四种形式：

1. 顾客差别定价

即企业按照不同的价格把同一种产品或劳务卖给不同的顾客。例如，某汽车经销商按照价目表价格把某种型号汽车卖给顾客 A，同时按照较低价格把同一种型号汽车卖给顾客 B。这种价格歧视表明，顾客的需求强度和商品知识有所不同。

2. 产品形式差别定价

即企业对不同型号或形式的产品分别制定不同的价格，但是，不同型号或形式产品的价格之间的差额和成本费用之间的差额并不成比例。

3. 产品部位差别定价

即企业对于处在不同位置的产品或服务分别制定不同的价格，即使这些产品或服务的成本费用没有任何差异。

例如剧院，虽然不同座位的成本费用都一样，但是不同座位的票价有所不同，这是因为人们对剧院的不同座位的偏好有所不同。

4. 销售时间差别定价

即企业对于不同季节、不同时期甚至不同钟点的产品或服务也分别制定不同的价格。

蒙玛公司的时间差定价

蒙玛公司在意大利以无积压商品而闻名，其秘诀之一就是对时装分多段定价。它规定新时装上市，以 3 天为一轮，凡一套时装以定价卖出，每隔一轮按原价削 10%，以此类推，那么到 10 轮（一个月）之后，蒙玛公司的时装价就削到了只剩 35% 左右的成本价了。这时的时装，蒙玛公司就以成本价售出。因为时装上市还仅一个月，价格已跌到 1/3，谁还不来买？所以一卖即空。

🏠 训练营

训练任务：选择一种产品进行定价策略分析。

训练目的：掌握定价策略以及不同定价策略的特点、优缺点和使用范围。

训练步骤：

1. 分组查找一种电子产品、保健品、护肤品以及日常消费品，进行资料收集和整理。
2. 对所选择的产品定价策略进行讨论研究。
3. 每组推荐一名学生就分析结果进行阐述。

表8-7 训练成绩考核表

训练评估指标	训练评估标准	分项成绩
所选产品的介绍（市场份额、利润以及品牌等）30%	1. 该产品的市场现状及利润 15% 2. 该产品的品牌形象 15%	
所选产品的定价策略系统分析 40%	1. 属于哪种定价策略 10% 2. 优缺点 10% 3. 适用范围 10% 4. 使用条件 10%	
陈述 30%	1. 语言表达流畅 10% 2. 陈述准确、清晰 10% 3. 重点突出 10%	
总成绩 100%		

🏠 超链接

定价的步骤

成功的定价并不是一个最终结果，而是一个持续不断的过程。它应经历以下几个步骤：

一、数据收集

定价策略常常因为没有考虑到所有关键因素而失败。由于市场人员忽视成本，其定价决策仅仅是市场份额最大化，而不是利润最大；由于财务人员忽视消费者价值和购买动机，其定价忽略了分摊固定成本。没有收集到足够的有关竞争对手的信息而做出的定价决策，短期看起来不错，一旦竞争者采取出乎意料的行动就不行了。好的定价决策需要成本、消费者和竞争者三方面的信息——这是定价成功与否的决定信息。因此，任何定价分析要从下面开始：

1. 成本核算：与特定的定价决策相关的增量成本和可避免成本是什么？

包括制造、顾客服务和技术支持在内的销售增量变动成本（不是平均成本）是什么？

在什么样的产量水平下固定成本将发生变化，这个改变值是多少？

以某个价格销售产品，什么是可避免的固定成本？

2. 确认消费者：哪些是潜在的消费者，他们为什么购买这个产品？

对消费者来讲，产品或服务的经济价值是什么？

其他因素（比如：很难在替代品之间做比较，购买产品代表一种地位和财富，预算限制，全部或部分成本可以由他人分担等）是如何影响消费者的价格敏感性的？

顾客感受到的价值的差异以及非价值因素的差异是如何影响价格敏感性的？如何根据差异将消费者划分成不同的市场？

一个有效的营销和定位战略如何影响顾客的购买愿望？

3. 确认竞争对手：目前或潜在的能够影响该市场盈利能力的竞争对手是谁？

谁是目前或潜在的关键竞争对手？

目前市场上，竞争对手的实际交易价格（与目录价格不同）是多少？

从竞争对手以往的行为、风格和组织结构看，他们的定价目标是什么？他们追求的是最大销售量还是最大利润率？

与本公司相比，竞争者的优势和劣势是什么？他们的贡献毛益是高还是低？声誉是好还是坏？产品是高档还是低档？产品线变化多还是少？

数据收集阶段的三个步骤要分别独立完成。否则，如果负责收集顾客信息（第二步）的人员相信增量成本相对于价值来讲比较低（第一步），就会倾向于保守地估计经济价值。如果计算成本（第一步）的人员相信消费者价值很高（第二步），就会倾向于将产品的成本定得较高。如果收集竞争信息的人员（第三步）知道消费者目前偏爱的产品是什么（第二步），就会忽略那些尚未被广泛接受的高新技术带来的威胁。

二、战略分析

战略分析阶段也包括成本、消费者和竞争三方面。不过此时各种信息开始相互关联起来。财务分析通过价格、产品和目标市场的选择来更好地满足顾客需要或者创造竞争优势。公司选择目标市场要考虑为市场细分服务的增量成本以及公司比竞争者更有效地或者成本更低地服务于该市场的能力。竞争者分析一定程度上是为了预测竞争者对某个以深入到顾客细分为目的的价格变动的反映。将这些信息综合起来需要三个步骤：

1. 财务分析：对于潜在的价格、产品或促销变动，销售量需要变化多少才能增加利润？对于新产品或新市场，销量应至少达到多少才能回收增量成本？

在基准价格水平下，贡献毛益是多少？

为了从减价中获取更多的贡献毛益，销售量应该增加多少？

在提价变得无利可图之前，可以允许销量减少多少？

为了覆盖与决策相关的追加固定成本（如广告、审批的费用），销量须提高多少？

已知与销售水平相联系的增量固定成本，销售新产品或将老产品打入新市场需要达到什么样的销售水平才是有利可图的？

2. 市场细分：不同细分市场的顾客的价格敏感度不同，购买动机不同，为他们服务的增量成本也不同，如何给不同的细分市场定价？如何能够最有效地向不同细分市场的顾客传达产品的价值信息？

如何在购买之前区分不同细分市场的顾客？

如何在市场细分之间建立"隔离栅栏"，使低价市场不影响产品在高价市场的价值？

公司如何避免违反有关价格细分（price segmentation）的一些法定规则？

3. 竞争分析：竞争者对公司将要采取的价格变动会做出什么反应？他们最可能采取什么行动？竞争者的行动和反应将如何影响公司的盈利和长期生存能力？

已知竞争者的生产能力和意图，公司在盈利的前提下能达到什么样的目标？

公司如何利用竞争优势选择目标市场，以避开竞争对利润的威胁？

如果不能从无法避免的竞争对抗中获取利润，公司应该从什么样的市场上战略性地撤回投资？

公司如何利用信息来影响竞争者的行为，使公司的目标更具有可达到性和可盈利性？

三、制定战略

财务分析阶段的最终结果是得到一个价格–价值战略（a price-value strategy），一个指导未来业务的规划。正像前面讲过的一样，没有在任何情况下都"正确"的策略。一些战略错误正是由于将一个行业的策略强加于成本、消费者或竞争条件完全不同的另一个行业造成的。

决策过程不必像如上所说的那样非常程序化。不过建议大公司将这一过程规范化。在大公司中，成本、顾客和竞争的信息分别由不同的人掌握，只有规范的决策过程才能使管理当局确信所有的信息都体现在定价决策中了。对于小公司来讲，这个过程则往往采取不太正式的形式来完成。为了获得成功，任何一个定价的管理者必须知道它要达到的目的是什么，做出正确结论需要了解什么信息，进行什么分析。

任务四　价格调整

案例先导

疫情下石油价格暴跌

今年以来，原油价格普遍下降 50%，截止到完稿时间布伦特原油价格已经降至 25.38 美元/桶，WTI 降至 21.42 美元/桶。

原油因何持续暴跌？原因主要有两方面：

1. 受全球疫情影响，石油需求量下降

目前，疫情仍在全球范围内发展蔓延，受此影响，全球经济下滑，市场对石油的需求量大大减少。其中比较明显的表现是人们出行减少，汽车、飞机等交通工具的使用率降低，导致对燃油需求量大幅下降。造成这种现象的原因一方面是由于疫情管控需要限制出行，另一方面是人们对经济的信心不足，消费的能力和欲望都有所下降——还没等来报复性消费，先来的是一波报复性存款。

2. 主要石油输出国未受减产协议影响，产量居高不下

产量的减少速度赶不上需求量的减少速度是原油价格大跌的根本原因。而关于原油产量，三个国家和一个组织对全球整体产量的变化起到了很大影响。

（1）美国、俄罗斯、沙特原油价格战。美国自从有了页岩油以后，一下从石油进口大国变成了出口大国，产能大大提高。美国石油产量增加，日出口量已经快比肩俄罗斯，传统的石油输出国竞争压力变大，价格下跌也是必然——在需求量不变的前提下，供给增多，只能靠更低的价格获取竞争优势——也就是俗称的价格战。

如果不降价，只能减产——不能靠抢占市场的方式来开源，只能用节流的方式来节省成本。而其他国家又不傻，自己减产了，市场份额就会白白让给美国。所以要减产大家一起减产。

（2）OPEC+减产计划。OPEC 是石油输出国组织，今年 4 月，为了缓解石油产能过剩的局面，OPEC 牵头推出了减产协议。这次减产协议与以往不同——面对疫情导致的原油需求下降、油价崩盘的紧迫局面，G20 也加入了共同减产的行列。

因为这次协议包含了非 OPEC 成员，所以就被称为 "OPEC+减产协议"。

该协议自 2020 年 5 月 1 日起执行，在理想的状态下，减产协议将使得接下来的两个月（5 月、6 月）OPEC+国家总共减产 1000 万桶，非 OPEC+国家减产 500 万桶，全球供应总共减少 1500 万桶（以上均是日产量）。

（资料来源：2020 年 11 月 9 日同花顺财经。）

请思考：

1. 国际石油价格为什么会下跌？

2. OPEC 为什么要牵头退出减产协议？

3. 谈谈价格调整对企业发展的意义有哪些？

由于各种营销环境因素不断变化，企业需要对已有的产品价格进行必要的调整和改变。调整价格的主要原因有两种：一是市场供求环境发生了变化，企业认为有必要对自己产品的价格进行调整；二是竞争者的价格发生了变动，企业不得不做出相应的反应，以适应市场竞争的需要。前一种调整称为主动调整，后一种调整称为被动调整。在营销管理中，企业需要对价格调整的时机、条件、竞争者可能对价格变动做出的反应等进行分析，才能保证价格变动达到预定的营销目标。

知 识 库

一、价格调整形式

1. 降价

企业的生产能力过剩，需要增加销售，但运用其他手段不能达到目的；企业面临激烈的价格竞争并且市场占有率正在下降；企业的成本低于竞争者，但在市场上并未处于支配地位。

2. 提价

由于通货膨胀引起成本增加，企业无法在内部自我消化这部分成本；企业的产品供不应求，无法满足所有顾客的需要，通过提价可将产品卖给需求强度最大的顾客。

二、价格变动的市场反应

（一）顾客对调价的反应

通常情况下，顾客对于不同价值产品价格的变动反应是有所不同的（具体见表8-8），企业价格的调整一定要关注对市场顾客认知和行为的影响。

1. 消费者对降价的反应

（1）此产品式样已老，将会被新型产品所取代。

（2）此产品有某些缺点，销售不畅。

（3）企业财务困难，难以继续经营下去。

（4）价格还会进一步下跌，等一等再买。

（5）此产品的质量下降了。

2. 消费者对提价的反应

（1）这种产品很畅销，不赶快买就买不到了。

（2）这种产品很有价值。

（3）此产品价格上涨，将来一定很贵，先买下来保值。

（4）卖方想尽量取得更多利润。

表8-8　企业价格的调整对市场顾客认知和行为的影响

降价/提价	顾客眼中的降价	顾客眼中的提价
顾客对商品的认识	式样陈旧	数量有限
顾客对商品的心理	有缺点	有价值
金钱态度	财务困难	赚大钱
商品价格的涨与跌	还要跌	还要涨

（二）竞争者对价格变动的反应

竞争者对价格变动的反应是指竞争者在价格变化之后可能表现的态度和采取的行动。企业怎样预计竞争者的可能性反应呢？

如果企业面对的是一个大的竞争者，并且如果该竞争者趋向于用一种固定的方式对价格改动做出反应，那么就很容易预计竞争的反应了。但是，如果该竞争者将每一次价格变动都作为新的挑战，并根据当时的自我利益做出反应，那么企业将不得不弄清楚当时竞争者的自我利益是什么。

当存在几个竞争者时，企业必须预测每个竞争者的可能性反应。如果所有竞争者的行为很相似，就可以当作一个典型的竞争者来分析。相反，如果竞争者的行为不相似，或许仅仅是因为规模、市场份额或策略的不同，则需要分别加以分析。

1. 竞争者对企业提价的反应

当产品供不应求的时候，竞争者一般都会追随企业提价。

当企业由于通货膨胀导致成本上升时，只要有一个竞争者认为能在企业内部全部或部分地消化增加的成本，或认为提价不会使自己得到好处，因而不提价或提价幅度较小，那么企业和追随者提价的企业产品销售都将受到影响，可能不得不降价。

2. 竞争者对企业降价的反应

竞争者不降价：企业降价，竞争者不追随降价，本企业产品销量会上升。

竞争者追随降价：当企业是因为成本低于竞争者而降价时，企业拥有一定的竞争优势；当是缺乏低成本为依托的降价时，谁也不能从降价中得到好处。

（三）企业对竞争者变价的反应

在产品高度同质的市场，如果竞争者降价，企业可能就需要降价了，不然顾客就会选择竞争者的产品；在异质的产品市场上，一个企业对竞争者的价格变更所做的反应有更多的自由，因为买主选择卖主时会考虑多方面的因素：服务、质量、可靠性和其他因素。这些因素减少了买方对较小的价格差异的敏感度。

1. 在同质产品市场上，企业应付竞争者变价的反应

（1）维持原价。

（2）追随降价。

（3）提价并推出新品牌。

（4）推出更廉价的产品。

2. 在异质产品市场上，企业应付竞争者变价的反应

在异质市场上，企业对竞争者价格变动的反应则有更大的回旋余地。在这种市场上，消费者对于较小的价格差异没什么反应或反应不敏感。准确地预料竞争者可能的价格变动，并预先准备适当的对策，是企业缩短价格反应决策时间的唯一途径。

那么，企业在做出反应前，必须考虑下面这些问题：竞争者为什么要变动价格？竞争者的价格变动是临时的还是长期的？如果企业对竞争者的变价不理睬，将会受到什么影响？详细的应对情况如图8-4所示。

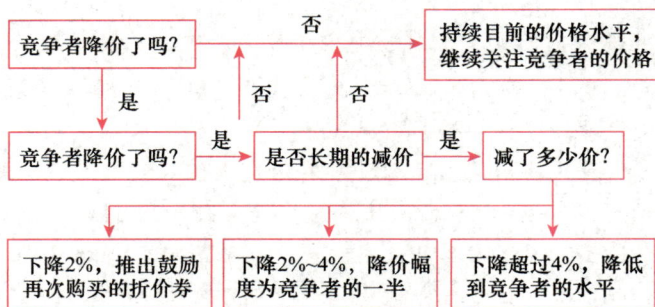

图8-4 企业应对价格变动流程

训练营

训练任务： 了解不同群体对价格变动的策略。

训练目的： 掌握不同群体如何应对市场中价格的变动。

训练步骤：

1. 分组查找一种电子产品、保健品、护肤品以及日常消费品，进行资料收集和整理。

2. 对所选择的产品价格变动进行讨论研究。

3. 每组推荐一名学生就分析结果进行阐述。

表8-9 训练成绩考核表

训练评估指标	训练评估标准	分项成绩
所选产品的介绍（市场份额、利润以及品牌等）30%	1. 该产品的市场现状及利润 15% 2. 该产品的品牌形象 15%	
所选产品的价格表的系统分析 40%	1. 属于哪种价格变动 10% 2. 优缺点 10% 3. 适用范围 10% 4. 使用条件 10%	
陈述 30%	1. 语言表达流畅 10% 2. 陈述准确、清晰 10% 3. 重点突出 10%	
总成绩 100%		

超链接

疫情对猪肉价格变动的影响

2020年6月北京新发地蔬菜批发市场查出新型冠状病毒，最初人们怀疑是进口三文鱼携带了冠状病毒疫情，于是，对进口海鲜、猪牛羊肉、禽类产品实施最严厉的检验检疫，进口冷冻肉类可能一时受到冲击，很难过海关了，几乎与北京新发地蔬菜批发市场关闭的同时，国内獐子岛三文鱼价格出现了大涨，接着就是生猪、猪肉价格反弹。

1. 受消息面利好和"端午节行情"双重影响，生猪、猪肉价格出现反弹行情。受进口冷冻牛羊猪肉和水产品、禽类产品的检验检疫严厉的影响，市场预期在未来的一段时间里进口猪肉会大量减少，国内猪肉可能依靠国内生猪屠宰来供应，生猪、猪肉市场将出现利好，"端午节"前消费需求量会小幅攀升，也会刺激生猪和猪肉价格上涨。

前天，我去我们当地农贸市场上购买猪肉，发现猪肉价格从5月底23元/斤，上涨至25元/斤，上涨了2元/斤。本轮猪价反弹，是利好消息释放，也是"端午节"行情使然，但反弹力度有限，"端午节"之后，生猪、猪肉价格可能再次开始震荡下行。6月18日下午，中央冷冻储备猪肉再次投放1万吨到市场，累计投放39万吨了，不排除"端午节"前再次投放冷冻猪肉。另外，既然怀疑冷冻进口肉类产品携带新型冠状病毒，那么谁还敢吃冷冻肉类制品？恐怕猪肉消费需求量会再次进入"寒冬"，猪肉价格后期上涨乏力，猪价格上涨也没有持续性。

2. 生猪产能恢复势头良好，7月到8月会有一批商品猪出栏屠宰，市场供应有保障。农业农村部消息：5月份能繁母猪存栏环比增长3.9%，连续8个月增长，增幅23.3%，种猪和仔猪产销两旺，全国生猪存栏3800万头，环比增长3.9%，连续4个月增长。

农业农村部5月份对16家500头以上规模养殖场监测数据显示：新生仔猪数量环比增长5.4%，连续4个月增长，增幅26.2%，仔猪价格回落1500元/头左右，一大批改扩建养殖场陆续投产。去年底补栏仔猪在7到8月份可能有一批集中出栏，7月份开始生猪供应量会开始增长，集中出栏，势必冲击生猪价格。进入 7 月，天气炎热，猪肉消费开始进入淡季，生猪供应会出现短期相对平衡，7 月到 8 月份生猪、猪肉价格以震荡下行为主。仔猪价格开始回落，各地出台补贴奖励办法，将刺激增养复养，秋后将再次掀起补栏护饲热潮，年出栏万头规模养殖场扩建在全国各地普遍展开，仅上海市就有 9 家年出栏万头规模养殖落户，生猪产业链通过 2019—2020 年规范整顿，养殖、屠宰市场提档升级，秩序井然，健康发展，2020 年猪肉供应有保障，年底达到正常年份产能水平有望实现，本轮生猪、猪肉价格上涨不具备持续性，是短期炒作行为。

3. "端午节" 前出栏生猪是养殖户最佳时机，压栏惜售不可取，风险不可控生猪产能恢复至正常年份 80% 以上了，利好消息释放 "端午节" 后会戛然而止，生猪价格继续进入下行模式，"端午节" 前选择出栏是养殖户明智之举，2020 年没有压栏惜售资本了，多养一天，有可能多亏 100 元/头，目前生猪盈利 1500 元/头，养殖户还等什么？后期生猪压栏风险加大，是中小养殖场不可控制的。天气炎热，养殖户还要加强疾病预防和非洲猪瘟疫情防控，尽量减少压栏标猪，后期天气热，也给生猪长途运输带来风险，猪价反弹可能是 "昙花一现"。

课后练习

一、单项选择题

1. 在企业产量过剩、面临激烈竞争或试图改变消费者需求的情况下，企业的主要定价目标是（　　）。
   A. 维持企业生存　　　　　　　　B. 当期利润最大化
   C. 市场占有率最大化　　　　　　D. 产品成本最小化

2. 某种产品的最低价格取决于该种产品的（　　）。
   A. 市场需求　　　　　　　　　　B. 成本费用
   C. 市场占有率　　　　　　　　　D. 竞争产品价格

3. 某种产品的最高价格取决于该种产品的（　　）。
   A. 市场需求　　　　　　　　　　B. 成本费用
   C. 市场占有率　　　　　　　　　D. 竞争产品的价格

4. 企业实现利润最大化时，价格与边际成本的关系是（　　）。
   A. 价格大于边际成本　　　　　　B. 价格等于边际成本
   C. 价格小于边际成本　　　　　　D. 无确定关系

5. 低档食品、低档服装的需求收入弹性（　　）。
   A. 较大　　　　　B. 较小　　　　　C. 是负值　　　　　D. 为零

6. 购买者对价格变动较敏感的商品是（　　）。
   A. 价值高，经常购买的商品
   B. 价值低，经常购买的商品

C. 价值高，不经常购买的商品

D. 价值低，不经常购买的商品

7. 制造商往往会给某些批发商或零售商一种额外折扣，促使他们愿意执行某种市场营销功能。这种折扣方式叫作（　　　）。

A. 让价策略　　　　　　　　　　B. 现金折扣

C. 数量折扣　　　　　　　　　　D. 功能折扣

8. 在成本加成定价法中"加成"的含义是指（　　　）。

A. 一定比率的利润　　　　　　　B. 一定比率的价格

C. 固定比率的利润　　　　　　　D. 固定比率的成本

9. 利用顾客求廉的心理，特意将某几种商品的价格定得较低以吸引顾客，是采用的（　　　）。

A. 招徕定价　　　　　　　　　　B. 撇脂定价

C. 价格歧视　　　　　　　　　　D. 折扣定价

10. 某汽车制造商给全国各地的汽车经销商一种额外的折扣，以促进他们执行配件提供、免费咨询、售后服务等更多的功能。这种折扣属于（　　　）。

A. 现金折扣　　　　　　　　　　B. 数量折扣

C. 功能折扣　　　　　　　　　　D. 季节折扣

二、多项选择题

1. 需求可能缺乏弹性的情况有（　　　）。

A. 市场上没有替代品

B. 市场上没有竞争者

C. 购买者对较高价格不在意

D. 购买者改变购买习惯较慢，也不积极寻找较便宜的东西

E. 购买者认为产品质量有所提高或者存在通货膨胀等，所以价格较高是应该的

2. 成本加成定价法的优点有（　　　）。

A. 大大简化定价程序　　　　　　B. 感觉公平

C. 价格竞争可能减至最低限度　　D. 定价准确

E. 有利于利润最大化

3. 顾客对于企业的某种产品的降低价格可能会有这样的理解（　　　）。

A. 这种产品的样式过时了，将被新产品所代替

B. 这种产品有缺点，销售不畅

C. 企业财务困难，难于继续经营下去

D. 价格还要进一步下跌

E. 这种产品的质量下降了

4. 竞争导向定价法主要有（　　　）。

A. 成本加成定价法　　　　　　　B. 随行就市定价法

C. 投标定价法　　　　　　　　　D. 目标定价法

E. 认知价值定价法

5. 企业定价导向大体上有以下几种（　　　）。

    A. 成本导向   B. 需求导向

    C. 竞争导向   D. 效益导向

    E. 批量导向

6. 下列哪些商品具有正的需求收入弹性（　　　）。

    A. 高档商品   B. 低档商品

    C. 生活必需品   D. 耐用消费品

7. 影响市场需求的变动因素，主要有（　　　）。

    A. 价格   B. 心理

    C. 供给   D. 收入

8. 需求弹性一般分为（　　　）。

    A. 需求交叉弹性   B. 需求供给弹性

    C. 需求收入弹性   D. 需求价格弹性

9. 需求收入弹性大的产品通常是一些（　　　）。

    A. 高档食品   B. 耐用消费品

    C. 娱乐支出   D. 中档产品

10. 下列定价方法中，哪些属于成本导向定价法（　　　）。

    A. 目标利润率定价法   B. 随行就市定价法

    C. 成本加成定价法   D. 边际贡献定价法

三、判断题

1. 在异质的产品市场上，一个企业对竞争者的价格变更所做的反应有更多的自由，因为买主选择卖主时会考虑多方面的因素：服务、质量、可靠性和其他因素。（　　　）

2. 招徕定价是指将某几种商品的价格定得非常之高，或者非常之低，在引起消费者的好奇心理和观望行为之后，带动其他商品的销售。（　　　）

3. 市场份额定价目标即把保持和提高企业的销售额作为一定时期的定价目标。（　　　）

4. 公司选择目标市场要考虑为市场细分服务的增量成本以及公司比竞争者更有效或者成本更低地服务于该市场的能力。（　　　）

5. 商业折扣是对在规定的时间内提前付款或用现金付款者所给予的一种价格折扣，其目的是鼓励顾客尽早付款，加速资金周转，降低销售费用，减少财务风险。（　　　）

6. 产品差异化使购买者对价格差异的存在不甚敏感。因此，在异质产品市场上企业有较大的自由度决定其价格。（　　　）

7. 基础价格是单位产品在计入折扣、运费等之后的生产地或经销地价格。（　　　）

8. 销售中的折价无一例外地遵循单位价格随订购数量的上升而下降这一规律。（　　　）

9. 从市场营销的实践看，当市场有足够的购买者，且对商品的需求缺乏弹性时，企业往往能成功地实施撇脂定价。（　　　）

10. 在市场营销实践中，有实力的企业率先降价往往能给弱小的竞争对手以致命的打击。
（　　）

四、案例分析题

北京地铁有家每日商场，每逢节假日都要举办"1元拍卖活动"，所有拍卖商品均以1元起价，报价每次增加5元，直至最后定夺。但这种由每日商场举办的拍卖活动由于基价定得过低，最后的成交价就比市场价低得多，因此会让人们产生一种"卖得越多，赔得越多"的感觉。实际上，该商场用的定价术，是以低廉的拍卖品活跃商场气氛，增大客流量，带动整个商场的销售额上升。

试问：该商场采用的是何种定价策略？

项目九

渠道策略

学习目标

知识目标:

1. 理解分销渠道的含义与特点。

2. 了解中间商的概念、类型及作用。

3. 掌握渠道的设计步骤。

4. 了解渠道的管理手段与原则。

能力目标:

1. 能运用所学知识具体分析企业的分销策略。

2. 能根据渠道的设计步骤为企业设计符合其需要的简单的渠道结构,并进行管理。

3. 通过让学生观察市场上的产品或品牌销售渠道并加以分析,培养学生的逻辑分析能力。

任务一　分销渠道

案例先导

"雅芳"的直销队伍

"雅芳"牌化妆品，打入广州市场后，未见他们举办轰轰烈烈的促销活动，静悄悄地占领了广州这个化妆品名牌荟萃的市场，其成功的秘诀是，它拥有一支庞大的直销队伍——"雅芳美容顾问"。"雅芳"就是以此打入市场，赢得顾客的。"雅芳"是以直销为特点的企业，它的产品不经批发、零售等环节，而直接由"美容顾问"销给顾客。

"雅芳"美容顾问的招聘方法，也与其他的企业不同。应聘人员不受年龄、语种、学历等条件的限制。只要有兴趣充当美容顾问，无论在职，还是待业均可应聘。

"雅芳"对"美容顾问"的管理也别具风格，富有特色。应聘人员接受短期培训后，可开始工作，其工作时间，可自由安排。按销售数额计算聘金，超过一定数量计发奖金。至于"美容顾问"以什么方式，通过什么渠道推销"雅芳"产品，公司不给指示，但有一条限制，即"雅芳"产品不得进入商店柜台摆买。"雅芳"正是在这支庞大的直销队伍推销下，使自己的产品静悄悄地占领市场。

（资料来源：http://h.795.com.cn/yingxiao/a/9045.html。）

请思考：

雅芳成功的经验带给我们什么启示？

知识库

一、分销渠道的含义与职能

1. 分销渠道的含义

分销渠道指产品或服务从生产者向消费者或用户转移过程中所经过的通道或线路，由在这一转移过程中取得产品或服务的所有权或帮助转移所有权的所有企业和个人组成。

（1）分销渠道包含了协助提供产品储存、运输等物流服务的辅助企业。

（2）分销渠道是由参与产品或劳务所有权转移或买卖活动过程的中间商组成的商品流通渠道。

分销渠道所涉及的是商品实体和商品所有权从生产向消费转移的整个过程。在这个过程中，起点为生产者出售商品，终点为消费者或用户购进商品，位于起点和终点之间的为中间环节。中间环节包括参与从起点到终点之间商品流通活动的个人和机构，如生产者、各种类型的中间商、运输公司、仓储公司和用户等，但不包括供应商、辅助商。

2. 分销渠道的特征

（1）分销渠道反映某一特定产品价值实现的全过程所经由的通道。

（2）分销渠道是一些相关经营组织或个人的组合，他们因共同的经济和社会利益结成共生伙伴关系，但这种关系也会发生矛盾和冲突。

（3）在分销渠道中，产品的运动以其所有权的转移为前提。

（4）在分销渠道中，除商品所有权转移方式外，还隐含物流、信息流、货币流、促销流等。

3. 分销渠道的职能

分销渠道的职能在于它是联结生产者和消费者或用户的桥梁和纽带。企业使用分销渠道是因为在市场经济条件下，生产者和消费者或用户之间存在空间分离、时间分离、所有权分离、供需数量差异以及供需品种差异等方面的矛盾。分销渠道的意义表现在它能够提高企业的工作效率，降低企业的交易成本。从经济理论的观点来看，分销渠道的基本职能在于把自然界提供的不同原料根据消费者的需要转换成有价值的产品。分销渠道将产品从生产者转移到消费者所必须完成的工作加以组织，其目的在于调节生产与消费数量、品种、时间和地点等方面的矛盾。

具体来说，分销渠道的主要职能有如下几种：

（1）收集信息。收集企业制订计划和进行交换所必需的信息。

（2）促销。对中间商或消费者进行说服性、教育性的沟通。

（3）接洽。寻找潜在中间商或者购买者并与其进行有效沟通。

（4）配合。使所提供的产品符合购买者需要，包括制造、分等、装配、包装等过程。

（5）谈判。为了转移所供货物的所有权而就其价格及有关条件达成最后协议的过程。

（6）物流。从事产品的运输、储存、配送，使产品从分销渠道上游流通到下游的过程。

（7）融资。为补偿分销成本而取得资金并支付相关费用，通常从第三方金融机构获得。

（8）风险承担。

4. 分销渠道的作用

（1）中间渠道组织是流通中的专家。中间渠道组织由专门从事商品销售的专家实施设备和网络，并熟悉消费者和营销技巧。它可以弥补生产者将产品直接销售给最终消费者所缺乏的必需的资源和能力。所以中间渠道组织的作用有两点：一是能提高工作效率；二是能节约投资，利于扩大再生产。

（2）中间商的介入起到经济节约的作用。从图9-1对比中可以看出，通过中间环节，不仅交易关系简单化，而且可节约交易次数，减少了生产者的工作量和购买者的购买时间从而节约社会劳动。

（3）中间渠道能更好地发挥信息功能。由于直接与生产者和消费者打交道，渠道成员更了解市场供求，并可通过信息沟通促使生产者更有效地组织生产经营活动。同时，也能

生产者　　　　消费者　　　生产者　　　　消费者
M1　　　　　　C1　　　　　M1　　　　　　C1
M1　　　　　　C1　　　　　M1　　　D　　C1
M1　　　　　　C1　　　　　M1　　　　　　C1
　　交易次数多　　　　　　　　交易次数少

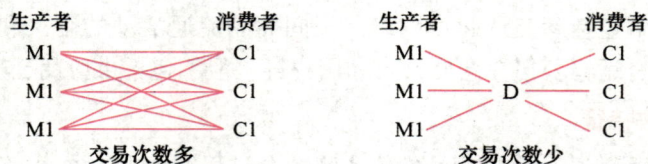

图9-1　中间商作用

便利消费者购买和使用产品。

二、分销渠道的类型

1. 按照商品在销售过程中是否经过中间环节这一标准来划分，可以把分销渠道划分为直接销售渠道和间接销售渠道

（1）直接销售渠道：指产品从生产者流向最终消费者的过程中不经过任何中间商转手的分销渠道。（主要是分销生产资料。）

（2）间接销售渠道：生产者通过若干中间环节（如批发商、零售商、经销商或代理商），把商品销售给用户。（它是消费品分销途径的主要类型，是两个环节以上的较长的渠道。）

康师傅的营销渠道

康师傅的渠道主要分为两种：直营和经销。一方面通过办事处、营业所等直接将产品铺向终端，部分地区则通过中间经销商发展终端网点。其业务人员也因此分为两种：直营业代和经销业代。直营业代又分工很细，有的专门负责商场、超市、量贩店等大卖场，有的则专门负责众多零售店的管理；经销业代则主要负责经销商的开发管理和维护。在中间经销商管理这一块，康师傅一方面非常严格，在价格控制、窜货等事情处理方面毫不手软，另一方面康师傅又大力扶持经销商成长，让经销商把康师傅当作一种主要事业来经营。

康师傅通常把经销商当作物流环节中的中间仓储中心，除有效利用经销商自有网点以外，康师傅业务人员会经常性地帮助经销商开发新网点并维护老的网点。

康师傅对渠道网点的促销力度很大，超市等大卖场会经常争取采用大面积堆头陈列，并尽可能张贴、悬挂更多的产品海报，烘托现场气氛同时往往也会回馈给超市更多的利益，而且还会定期组织大型特卖活动、免费试吃等来促进卖场销量，维系大卖场对经销康师傅产品的信心。

康师傅同时进行如下规划：

（1）在省地级城区，产品到达消费者的流转环节，从省地级总经销大中型批发市场→小批发商→零售店的四级通路，变为批发商→零售店的二级通路，提高了流转速度。

（2）在县级市场（片区）产品到达消费者的流转环节，从省地级总经销→地级大中型批发市场→县级分销代理→县城批发商→零售店（乡镇客户）的五级通路变为县级经销商（三阶客户）→批发商→零售的三级通路，控制了县城乡镇市场，以利于低价面在农村市场的推广和低价面的市场占有率的提升。

（3）细分区域形成责任区，设立专属经销商，控制货流，建立长期的渠道合作伙伴，增强了渠道的竞争力。

（4）全国直接交易的客户由一千多家变为精耕初期的一万四千多家，拓展了渠道的宽度和规模，有效地提升了业绩。

（5）渠道精耕在方便面的渠道模式的建立和管理模式的形成后，成功地复制在康师傅饮料和饼干产品推广上，使它们迅速地成为中国饮料及饼干类产品的领导品牌。

2. 按照商品在流通过程中经过流通环节或层次的多少，可以把分销渠道划分为长渠道和短渠道

（1）长渠道：商品分销过程中，经过多少中间商的转卖。主要体现在中间商的类型及数量，是对分销渠道垂直方向的度量。

（2）短渠道：商品分销过程中经过的环节少、层次少的渠道。直接销售渠道为最短渠道。（长渠道与短渠道的区别在于分销渠道中是否有批发商。）

生产者—消费者（最短渠道）

生产者—零售商—消费者（短渠道）

生产者—批发商—零售商—消费者（长渠道）

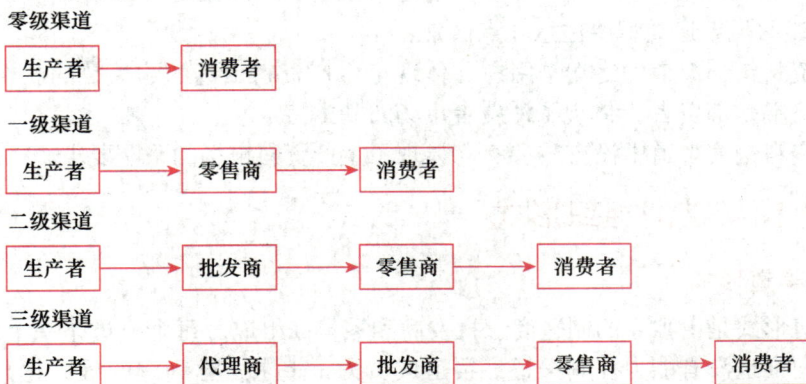

图9-2　渠道流程图

3. 按照商品在流通过程中同一层次选择中间商数量的多少，可以把分销渠道划分为宽渠道和窄渠道

（1）宽渠道。宽渠道是指生产者在每一层级上选择许多中间商推销产品。如一般的日常生活用品（毛巾、牙刷、洗涤剂等），由多家批发商经销，它们又转卖给更多的零售商，这些零售商能够大量接触消费者，从而大批量地销售该类产品。见图9-3，某饮料产品其渠道长度为一级的宽渠道模式。

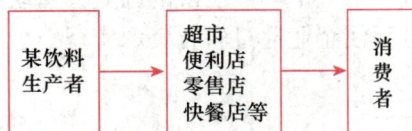

图9-3　某饮料产品宽渠道模式

对宽渠道的理解：商品在分销过程中，生产者通过多个中间商才将产品转卖的销售渠道较宽。

（2）窄渠道。窄渠道是指生产者在中间环节上只选择一家中间商为之推销商品。一般适用于专业性比较强的产品，或者贵重耐用消费品。见图9-4，某饮料产品其渠道长度为一级的窄渠道模式。

```
┌──────┐      ┌────┐      ┌────┐
│某饮料│ ───▶ │超  │ ───▶ │消费 │
│生产者│      │市  │      │者  │
└──────┘      └────┘      └────┘
```

图 9-4　某饮料产品的窄渠道模式

对窄渠道的理解：生产企业只通过一个中间商来销售其产品，或在某地区只委托一家中间商经营其产品。

4. 按照分销渠道所经营商品用途的不同可以把分销渠道划分为生产资料分销渠道和消费资料分销渠道

（1）生产资料和消费资料销售渠道都有零级渠道、一级渠道、二级渠道、三级渠道。

（2）上述两类渠道类型要注意几点区别：

①生产资料销售渠道的终端是用户（体现了生产资料市场的购买目的），而消费资料销售渠道的终端是消费者（体现了消费者市场的基本特点）。

②生产资料销售渠道中没有零售商（体现了生产资料市场的采购要求）。

三、分销渠道的组织形式

1. 传统渠道形式

传统渠道形式是由独立的制造商、批发商和零售商组成。每个成员是一个独立的经济实体，成员间谁也没有能力控制渠道。渠道成员为了追求自己利润的最大化，讨价还价，自行其是，以致使整个渠道的利润减少。

2. 垂直营销渠道

垂直营销渠道是一种现代营销渠道类型，渠道系统由制造商、批发商和零售商联合形成一个统一体，渠道中实力最强的渠道成员成为领导者，渠道成员统一规划，协调行动。这种渠道模式可以有效控制渠道行为，消除系统各成员间的冲突。其类型又可以分为以下几种：公司式、管理式、契约式。

3. 水平式营销系统

水平式营销系统由两个或两个以上同一层次的独立公司联合起来，共同开拓新的市场机会，通过合作实现互补，从而使企业通过联合资源实现一个企业不能单独完成的工作或目标，如对渠道的控制。

4. 多渠道模式

多渠道模式指企业利用两个或两个以上的分销渠道形式分销产品给其目标消费者的方

式。这种方式可以扩大企业市场覆盖率，增加销量，但也易产生渠道冲突，增加渠道管理的难度。

训练营

训练任务：直接进货还是代理？

训练目的：掌握如何选择分销渠道。

训练步骤：

李民在某地区从事某国外品牌电脑的销售工作，每个城市都有一两家实力相对较强的经销商，他们也都成了每个厂家的首选目标。这些经销商目前或多或少都在做李民的产品，但随着他们经销的品牌数量逐步增多，李民品牌的销售能力的增长却十分有限。

今年李民有很多优秀的产品上市，但销售量提高也很有限。所以，现在已经到了非改不可的地步了。目前已有很多其他经销商想卖李民的产品，或者提出要直接从李民这边进货，将代理商这一层给扁平掉。

李民现在应该何去何从？如果你就是李民，你将采取什么方法，解决这一难题。

模拟要点：

如果我是李民，我可以采取变革四"步"曲：

第一步是增加经销商的数量。

第二步是提高经销商的单店业绩。

第三步是进行经销商的结构优化。

第四步是渠道改制，这一步实际上指的就是"渠道扁平化"。之所以最后一步才提出渠道改制，是因为这一步难度最高、风险也最大，这个问题不是李民能够解决的，它要求公司高层审时度势，为如此重大的变革进行充分的准备和相机导入。

表 9-1 训练成绩考核表

训练评估指标	训练评估标准	分项成绩
准备工作 10%	1. 准备语言措辞 10%	
整体表现 50%	1. 声音洪亮 5% 2. 语言流畅 10% 3. 表情自然、大方 30% 4. 没有不必要的小动作 5%	
思考总结 40%	1. 文字简洁、流畅 20% 2. 特点突出、针对性强 20%	
总成绩 100%		

超链接

春兰公司是如何维系经销商的

江苏春兰集团实行的"受控代理制"是一种全新的厂商合作方法。代理商要进货，供销员必须提前将货款以入股方式先交春兰公司，然后按全国规定，提走物品。这一高明的营销战术，有效地稳定了销售网络，加快了资金周转，大大提高了工作效率。当一些同行被"互相拖欠"拖得精疲力竭的时候，春兰却没有一分钱拖欠，几十亿流动资金动转自如。目前，春兰公司已在全国建立了 13 个销售公司，同时还有 2000 多家经销商与春兰建立了直接代理关系，二级批发，三级批发，加上零售商，销售大军已达 10 万之众。

春兰的经验虽然简单易行，但并不是所有的企业都能一下子学到手。因为春兰用于维系经销商的手段并非单纯是"金钱"（即预付货款），更重要的是质量、价格与服务。春兰空调的质量，不仅在全国同行首屈一指，而且可以同国际上最先进的同类产品媲美。

其次，无论是代理商还是零售商，都要从销售中获得理想的效益，赔本交易谁也不会干的。而质量第一流的春兰没有忘记给经销商更多的实惠。公司给代理商大幅度让利，有时甚至高达售价的 30%，年末还给予奖励。这一点，许多企业都难以做到。有的产品稍有点"名气"就轮番提价，想把几年的利润在一个早晨就通通挣回来，根本不考虑代理商和经销商的实际利益。再次是服务。空调买回来如何装？出了毛病找谁？这些问题不解决，要想维系经销商也是很难的。春兰为了免除 10 万经销商的后顾之忧，专门建立了一支庞大的售后服务中心，近万人的安装、调试、维修队伍。他们实行 24 小时全天候服务。春兰正是靠这些良好的信誉维系经销商的。10 万经销商也给了春兰优厚的回报；他们使春兰空调在国内市场上的占有率达到了 40%，在同行各企业中遥遥领先。

春兰的成功是在于协调和维护好与企业相关利益者的利益。这些利益相关者超越了传统的顾客与股东的关系，现在它将上级供应商、员工、股东、销售商、顾客等相关人的利益都纳入了自己的体系之中。出现容易涨价、单纯货款的关系，实质上就是将下级销售商、代理商等与自己的利益区分开，只要将货卖出去就好，不管以后。而现在春兰的做法实际上就是所谓的关系营销。许多实践之中，商品在同质严重的情况之下打的是规模战，其实是一种节约成本的思想，在能省的情况之下就不会多支出，这也注定了许多企业不会做太多的让利和建立良好的服务体系（这个体系意味着成本上升），这是一种短视的行为，因为大势所趋的商品交易是"商品+服务"与顾客建立长久的关系，赚的是顾客生命周期价值的钱。

思考：

1. 春兰公司维系经销商的成功经验给我们哪些启示？
2. 企业怎样正确看待经销商拖欠货款与维持拓展渠道网络的关系？

任务二　中间商类型

戴尔：网上直销先锋

计算机销售最常见的方式就是由庞大的分销商进行转销。这种方式似乎坚不可摧，也令许多计算机制造厂商的直销屡屡受挫，因为广大的消费者似乎已经认同了这种销售形式。而戴尔却抗拒了这种潮流，决定通过网络直销 PC 机，并接受直接订货，精彩地演绎了业界的经典故事。

一、戴尔直销理念的诞生

在戴尔刚刚接触电脑的时候，他用自己卖报纸存的钱买了一个硬盘驱动器，用它来架设一个 BBS，与其他对电脑感兴趣的人交换信息。在和别人比较关于个人电脑的资料时，他突然发现电脑的售价和利润空间没什么规律。

当时一部 IBM 的个人电脑，在店里的售价一般是 3000 美元，但它的零部件很可能只花六七百美元就买得到，而且还不是 IBM 的技术。他觉得这种现象不太合理。意识到这点后，戴尔开始买进一些和 IBM 机器里的零件一模一样的零部件，把他的电脑升级之后再卖给认识的人。他说："我知道如果我的销售量再多一些，就可以和那些电脑店竞争，而且不只是在价格上的竞争，更是品质上的竞争。"同时他意识到经营电脑"商机无限"。于是，他开始投身于电脑事业，在离开家进大学那天，他开着用卖报纸赚来的钱买的汽车去学校，后座载着三部电脑。

二、戴尔直销模式的运用及成功

1988 年，戴尔公司股票公开上市发行，直销模式正式宣告开始。从一开始，戴尔公司的设计、制造和销售的整个过程，就以聆听顾客意见、反映顾客问题、满足顾客所需为宗旨。他们在建立与顾客的直接关系时，是从电话拜访开始，接着是面对面的互动，现在则借助于网络沟通。这些做法让他们可以得到顾客的反应，及时获知人们对于产品、服务和市场上其他产品的建议，并知道他们希望公司开发什么样的产品。与传统的间接销售模式相比，直销模式真正发挥了生产力的优势。因为间接模式必须有两个销售过程：一是从制造商向经销商，二是从经销商向顾客。而在直销模式中只有销售人员，并使企业得以把重心完全放在顾客身上。在这一点上，戴尔公司并没有以同一种方式面对所有顾客，他们把顾客群进行细分，一部分人专门针对大企业进行销售，而其他人则分别负责联邦政府、州政府、教育机构、小公司和一般消费者。

这样的架构对于销售大有好处，因为销售人员因此成为专才。他们不必一一搞懂多家不同制造商所生产的不同产品的全部细节，也不必记住每一种形态的顾客在产品上的所有偏好，而在处理自己客户的问题时则成了行家里手，这使得戴尔公司与客户之间合作的整体经验更为完善。

同时，按单订制的直销模式使戴尔公司真正实现了"零库存、高周转"。正如戴尔所说："人们只把目光停留在戴尔公司的直销模式上，并把这看作是戴尔公司与众不同的地方。但是直销只不过是最后阶段的一种手段。我们真正努力的方向是追求零库存运行模式。"由于戴尔公司按单订制，它的库存一年可周转 15 次。相比之下，其他依靠分销商和转销商进行销售的竞争对手，其周转次数还不到戴尔公司的一半。对此，波士顿著名产业分析家 J.威廉·格利说："对于零部件成本每年下降 15%以上的产业，这种快速的周转意味着总利润可以多出 1.8%到 3.3%。"

在过去 10 年里，许多计算机制造厂商都想绕过零售商而进行直接销售，但大多都以失利告终，而戴尔却成功了。总结起来，其直销模式特点如下：

1. 直接同顾客联系。整个设计、制造和销售过程都是以聆听顾客意见、反映顾客需求为出发点。

2. 利用最流行的网络进行直销，销售的效率也大大提高。

3. 价格优势也是直销最具竞争力的因素之一。价格较为低廉，真正发挥了生产力的优势。

（资料来源：戴尔，《网上直销先锋》，MBA 智库。）

请思考：

1. 戴尔直销模式成功的原因是什么？
2. 结合网上购物体验，分析网上直销的优势。

知 识 库

中间商指处于生产者与消费者之间，参与商品交换，促进买卖行为发生和实现的具有法人资格的经济组织和个人，也就是把生产者的商品销售给消费者和其他企业的批发商、零售商和代理商。

中间商的作用：

1. 简化流通过程。
2. 集中商品、平衡供求、扩散商品（从社会角度看）。
3. 节约成本，提高效率（从生产的角度看）。
4. 方便购买（从消费角度看）。

一、批发商

（一）批发商的含义

批发是指一切将物品或服务销售给为了转卖或者商业用途而进行购买的人的活动。我们把主要从事批发业务的组织，称为批发商。批发商不同于零售商，它的主要任务是把生产企业所制造的商品销售给零售商或其他商业组织，并按照生产布局、各地区经济发展水平，在合理组织商品流通和调配中，把生产部门和消费者联系起来，加强国民经济各部门、各地区、各企业之间的联系，参与商品的流转。

批发商的类型很多。按其分销的地域划分，有地方批发商、区域批发商和全国批发商；按其在流通领域的位置，可分为产地批发商、中转地批发商和销地批发商；按其业务范围，又可分为专业批发商、综合批发商等。

（二）批发商的功能

批发的功能是由它在分销渠道中的角色地位决定的。批发商可以参与分销渠道的一部分或全部业务流程。这些流程包括实物流、所有权流、促销流、洽谈流、融资流、风险流、订货流、支付流等在产品（服务）分销系统中，批发商承担功能的多少，取决于系统满足不同市场对产品花色品种、编配和储运的需求等情况。就总体而言，由于产品品种层出不穷，中间消费和最终消费者需求多变，更多地发挥批发商功能，有利于企业为市场提供更多的选择机会，如规模、市场细分融资、提供服务、选择运输模式等。

其功能是实现商品在空间和时间上的转移，将购进的商品批量转售给各类组织购买者，并提供仓储、运输、融资等服务。

其特点：批发业务是大批量的（大进大出），覆盖的市场区域大；其地理位置要求交通、通信条件良好；主要的促销方式是人员推销；批发商大多专营一定范围的产品；批发商在其专营的产品范围内，通常经销多个，甚至所有同类企业相互竞争的产品。

（三）批发商的类型

1. 商人批发商

商人批发商是指自己进货，取得产品所有权再批发出售的商业企业，即人们通常所说的独立批发商。商人批发商是批发商的最主要的类型。商人批发商可按其职能和提供的服务是否完全分为两种类型：①完全服务批发商，这类批发商执行批发商的全部职能，他们提供的服务主要有保持存货，雇用固定的销售人员，提供信贷，送货和协助管理等；②有限服务批发商，这类批发商为了减少成本费用，降低批发价格，往往只执行一部分服务。

2. 经纪人和代理商

经纪人和代理商是从事购买或销售或二者兼备的洽谈工作，他们均不取得产品所有权。他们通过促成买卖双方商品的交易，从而获得佣金作为报酬，因而不承担商品流通过程中所带来的风险。与商人批发商不同的是，他们对其经营的产品没有所有权，所提供的服务比有限服务商人批发商还少，其主要职能在于促成产品的交易，借此赚取佣金作为报酬。与商人批发商相似的是，他们通常专注于某些产品种类或某些顾客群。

经纪人和代理商主要分为以下几种：

①产品经纪人。经纪人的主要作用是为买卖双方牵线搭桥，协助他们进行谈判，买卖达成后向雇用方收取费用。他们并不持有存货，也不参与融资，不承担风险。

②制造商代表。制造商代表比其他代理批发商人数更多。他们代表两个或若干个互补的产品线的制造商，分别和每个制造商签订有关定价政策、销售区域、订单处理程序、送货服务和各种保证以及佣金比例等方面的正式书面合同。他们了解每个制造商的产品线，并利用其广泛关系来销售制造商的产品。制造商代表通常在服饰、家具和电气产品等产品线的销售方面使用。

③销售代理商。销售代理商是在签订合同的基础上，为委托人销售某些特定产品线或全部产品的代理商，对价格、条款及其他交易条件可全权处理。这种代理商在纺织、木材、某些金属产品、某些食品、服装等行业中常见。

④采购代理商。采购代理商一般与顾客有长期关系，代他们进行采购，往往负责为其收货、验货、储存，并将物品运交买主。例如服饰市场的常驻采购员，他们为小城市的零售商采购服饰产品。他们消息灵通，可向客户提供有用的市场信息，而且还能以最低的价格买到好的。

⑤佣金商。佣金商是指对产品实体具有控制力并参与产品销售协商的代理商。大多佣金商从事农产品的代理业务。农场主将其生产的农产品委托给佣金商代销，付给一定佣金，委托人和佣金商的业务一般只包括一个收货和销售环节。佣金商通常备有仓库，替委托人储存、保管物品。此外，佣金商还执行替委托人发现潜在买主、获得最好价格、打包、送货、给委托人和购买者以商品信用（即预付货款和赊销）、提供市场信息等职能。

二、零售商

零售包括将商品或服务直接出售给最终消费者，供其非商业性使用的过程中所涉及的一切活动。零售商是指主要从事零售业务的企业。任何从事这一销售活动的机构，不论是制造商、批发商还是零售商，都进行着零售活动，尽管他们销售自己的商品。服务的方式有很大不同，如，通过个人、邮售、电话销售、网络销售、自动售货机等。

（一）零售业态

1. 零售业态及连锁经营

零售业态是指零售企业为满足不同的消费需求而形成的不同经营形式。按国家国内贸易部（已并入商务部，下同）标准，零售业态可分为九种（见图9-5）：百货商店、超市、综合超市、便利店、专业店、专卖店、购物中心、大卖场和家居中心。

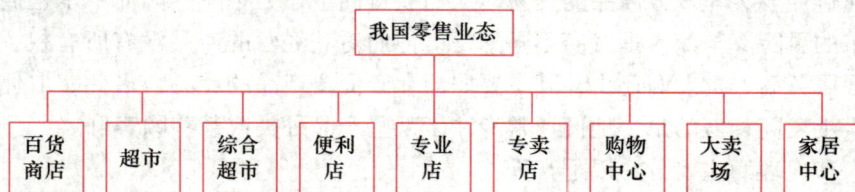

```
                    我国零售业态
  ┌─────┬─────┬─────┬─────┬─────┬─────┬─────┬─────┬─────┐
 百货   超市  综合  便利  专业  专卖  购物  大卖  家居
 商店         超市   店    店    店   中心   场   中心
```

图9-5　零售业态

在各零售业态中，综合超市、便利店、专业店、专卖店、大卖场通常采用连锁经营方式。根据国内贸易部《连锁店经营管理规范意见》规定，连锁店指经营同类商品，使用统一商号的若干门店，在同一总部的管理下，采取统一采购或授予特权等方式，实现规模效益的经营组织形式。

连锁店包括下列三种形式：

（1）直营连锁：连锁店的门店均由总部全资或控股开设，在总部的直接领导下统一经营。

（2）自愿连锁：连锁店的门店均为独立法人，各自的资产所有权关系不变，在总部的指导下共同经营。

（3）特许连锁（或称加盟连锁）：连锁店的门店同总部签订合同，取得使用总部的商标、商号、经营技术及销售总部开发商品的特许权，经营权集中于总部。实际工作中，直营连锁、自愿连锁和特许连锁这三种形式，可以在个别连锁企业中相互交叉存在。

2. 主要零售业态特征

（1）百货商店。指在一个大建筑物内，根据不同商品部门设销售区开展进货、管理、运营，满足顾客对商品多样化选择需求的零售业态。其基本特征是：选址在城市繁华区、交通要道；商店规模大，营业面积在5000平方米以上；商品结构以经营男装、女装、儿童服装、服饰、衣料、家庭用品为主，种类齐全、少批量、高毛利；商店设施豪华，店堂典雅、明快；采取柜台销售与自选（开架）销售相结合方式；采取定价销售，可以退货；服务功能齐全。

（2）超市。指采取自选销售方式，以销售食品、生鲜食品、副食品和生活用品为主，满足顾客每日生活需求的零售业态。特征：选址在居民区、交通要道、商业区；以居民为主要销售对象，10分钟左右可到达；商店营业面积在1000平方米左右；商品构成以购买频率高的商品为主；采取自选销售方式，出入口分设，结算由设在出口处的收银机统一进行；营业时间每天不低于11个小时；有一定面积的停车场地。

（3）便利店。是满足顾客便利性需求为主要目的的零售业态。特征：选址在居民住宅区、主干线公路边，以及车站、医院、娱乐场所、机关团体、企业事业所在地；商店营业面积在100平方米左右，营业面积利用率高；居民徒步购物5到7分钟可到达，80%的顾客为有目的地购买；商品结构以速成食品、饮料、小百货为主，有即时消费性、小容量、应急性等特点；营业时间长，一般在10小时以上，甚至24小时，终年无休日；以开架自选货为主，结算在收银机处统一进行。

（4）专业店。是指经营某一大类商品为主，并且具备丰富专业知识的销售人员和适当的售后服务，满足消费者对某大类商品的选择需求的零售业态。特征有：选址多样化，多数店设在繁华商业区、商店街或百货店、购物中心内；营业面积根据主营商品特点而定；商品结构体现专业性、深度性、品种丰富，选择余地大、主营商品占经营商品的90%；经营的商品、品牌具有自己的特色；采取定价销售和开架面售；从业人员须具备丰富的专业知识。

（5）购物中心。指企业有计划地开发、拥有、管理运营的各类零售业态、服务设施的集合体。由发起者有计划地开设、布局统一规划，店铺独立经营；选址为中心商业区或城乡接合部的交通要道；内部结构由百货店或超级市场作为核心店，与各类专业店、专卖店、快餐店等组合构成；设施豪华、店堂典雅、宽敞明亮，实行卖场租赁制；核心店的面积一般不超过购物中心面积的80%；服务功能齐全，集零售、餐饮、娱乐为一体；根据销售面积，设相应规模的停车场。

3. 无门市零售形式

虽然大多数商品是通过商店销售的，但非商店销售却发展很快，成为零售商店的最重要的竞争对手。由于没有门市让消费者选择和购买，因此，商品信息沟通就成为非商店零售商最重要的职能。

"无人"现阶段有四种经营模式

超市里熙熙攘攘的顾客排队等待结账；餐厅里的食客望眼欲穿等待服务员点单上菜；电影院里的观影者长久等待验票入场，这些场景早已司空见惯。可是现在，它们逐渐开始向"无人"化进军。

1. 无人娱乐服务

无人娱乐服务是指在一些娱乐场所采用"无人"经营、顾客全程自助的模式。这样对于商家来说，可以减少人力资源管理费用，降低成本；对于顾客来说，消费更加自如、方便。

（1）无人电影院。2020年7月，由成都市本土创业公司青柠影咖打造的UMS无人值守系统1.0版本正式上线。其开发的初衷是为使观影者更加方便快捷地观看影片，由该系统支持的无人店最大优势就是免去传统影院排队购票、排队检票，同时符合年轻人喜好的特色，鲜明的包间使观影时不受拘束更加自由，避免受到邻座干扰的烦恼。拿起手机，打开微信小程序，自主选择主题包间及想看的电影，选择好后来到门店，用手机扫描包间门口的二维码，包间门自动打开，窗帘自动关闭，包间灯光由亮自动变暗，同时投影幕布自动播放电影。

（2）迷你KTV。一个2平方米左右的小亭子，两个麦克风，两把椅子，两个耳机，一个点歌台构成了时下热门的迷你KTV。目前市场上存在的迷你KTV品牌主要有咪嗒minK、友唱MBAR、聆嗒minK、WoW屋等。迷你KTV消费时间灵活，巧妙利用起人们等餐、候机等碎片时间，受众度高，同时占地面积小，地理位置不受限制，商场、候机大厅、游戏厅、学校、餐厅、户外都可以。迷你KTV与微信同步，可用微信登录、点歌、付费，全程自助，还可以将自己唱的歌曲上传至朋友圈分享。

（3）无人球房。台风体育（CCBS台球联盟）就已经推出"自助球房""共享台球"概念，大部分消费者都是90后、00后，走进球房，直接来到球台面前，手机一扫二维码球台灯就亮了，打完球，直接手机一键结账，球台灯就自动熄灭，全程不用和工作人员有任何交集。即使过程中需要下单喝点什么，也是手机点餐，随后有人把商品送上，和无人超市比真是有过之而无不及。在台风体育的"无人球房"打球还会有额外的活动：二人扫码登台对战，赢家有机会获得现金奖励，这些都是台风体育通过大数据分析给予深度玩家的福利，是全球首创。

（4）无人健身房。24 小时健身房，无人值守，全程自助。晚上或者凌晨通过微信公众号或手机 APP，购买了会员卡之后，马上就可以开卡使用，不需要像传统健身房一样。这类 24 小时健身房，也被外界戏称为"健身界的摩拜"，采用了时下最为流行的共享模式。除了有饮料自动售卖机，角落里还摆放了纸巾和矿泉水，让消费者自行留下零钱，或者是扫描二维码付款，完全考验个人的自觉性。

2. 无人餐饮

美国一家名叫 Eatsa 的餐厅没有任何柜台，在餐厅里看不到一个员工。整个点餐、取餐流程都由顾客自行操作，依靠机器自动完成。只需在点餐区的 Ad 上选择好自己所想要的食材、菜式和饮料。然后提交订单，刷卡支付即可。付款后，机器会提示你到取餐区取餐。取餐区的墙面上布满装有玻璃门的小格间和一个大屏幕，大屏幕会通知你在哪一格取餐，小格间的玻璃门也是个电子触屏，上面显示取餐信息，顾客直接点击屏幕打开柜门，拿出用一次性饭盒装好的食物。这个餐厅的运营成本比传统行业低很多，食物售价也比传统餐厅的价格要便宜 20%。目前，餐厅仅厨师还是人工。

3. 无人酒店

在北京中关村中钢国家广场，中国第一家无人酒店开门迎客。24 小时营业没有一个服务员，没有押金、没有额外计费，不用登记身份证，开门就睡。打开手机，登录微信扫描二维码，就能有一个独立空间。每人免费领取一套一次性的被套、枕套，还有可循环使用的太空毯。用完有专门的地方可回收，床内空间大约有 3 平方米。里面配备有 USB 接口、充电口、电风扇、免费 Wi-Fi，为帮助睡眠，房间里还有一个蓝色的开关灯。平常时段，5 分钟 1 块钱；高峰时段，3 分钟 1 块钱，每天 58 元封顶，直接微信支付。

4. 无人零售

自动贩卖机是最早的无人零售方式，但是其不能满足顾客与商品之间的"体验性"，人们只能隔着玻璃去选择商品，不能直接触摸到、嗅到、听到商品以让消费者的体验更加完善。而无人便利店就像传统商店超市一样，顾客直接对商品进行挑选和购买。

（1）Amazon Go。2016 年 12 月，美国电商巨头亚马逊在西雅图开张了第一家无人零售便利店——Amazon Go。Amazon Go 利用时下最热门的机器视觉、深度学习算法和传感器融合技术，使顾客不再需要排队结账，直接在其亚马逊账户里确认购买商品付款即可。

（2）Take。阿里巴巴旗下的芝麻信用已经与深兰科技合作推出快猫无人值守便利店和拿了就走，免现场结算的 takeO 信用结算系统。它没有设置 APP，消费者在进行购买时，进店前需要进行静脉识别，直接购物，拿了就走、无须结账、自动扣款。

（3）淘咖啡。阿里旗下咖啡馆，占地达 200 平方米线下实体店，集商品购物、餐饮于一身，可容纳用户达 50 人以上，扫码进店、自行选购、自动扣款。全程不用掏手机，所有消费自动记录，离开时自动扣款。

（4）神奇屋智能便利店。神奇屋智能便利店通过"无人技术+物联网+大数据"组合实现24小时365天无人值守。主要销售饮料、日用品、生活用品、零食、烟酒、水果、成人用品、应急非处方药等商品。同时实现ATM存取款，快递收发，复印打印，证件照拍摄，便民支付，手机充电等功能。

（5）小e微店。被上班族称作"贴心服务站"的小e微店，主要解决企业员工日常工作中休闲购物的需求。目前，小e微店已成功入驻宏碁、海尔、智联、51job、小米等百余家公司。通过官方APP、微信公众号及微信小程序，顾客通过上述入口扫描门店二维码进入无人店，选好商品后，用手机扫描商品的二维码，进行结算支付，然后离开。

（6）便利蜂。便利蜂与缤果盒子类似，下载便利蜂APP或微信内的便利蜂小程序，通过APP或者小程序扫描商品二维码（自助模式下最多支持9件商品），然后线上利用支付宝或者微信支付，后续还须扫描支付凭证，经确认后即可离开。

（7）罗森&7-11。罗森是利用火星兔子APP、微信公众号及罗森点点APP三个入口，自动定位到当前所在的门店，顾客通过扫描所选商品的二维码后，确认所选的商品后系统会自动进入支付页面，可选择支付宝或者微信进行支付，支付后每个顾客会有个聚合码，将聚合码给工作人员扫描后即可离店。

（8）缤果盒子。缤果盒子是一家24小时无人值守便利店。顾客进店扫描二维码，选好商品后将其放置在收银台检测区，检测区自动出现收费二维码。顾客直接微信或者支付宝扫码完成付账即可。缤果盒子无法做到"即拿即走"，技术相对简单，但是却可以大大减少消费者作弊欺骗的行为。

（9）F5未来商城。F5未来商城是一家利用机器自动化结合算法替代人工的24小时智能无人便利店。所有烹饪、冲调饮品、取货、结算、库存盘点、清洁工作均由机器自动完成。截至目前，已获得3000万元A+轮融资。

（10）24爱购智能便利店。24爱购是一款手机APP和线下实体店铺相结合的24小时无人售卖的移动便利店，顾客通过在APP下单购买，手机支付成功后，服务器控制无人超市售货机器人进行备货，用户在线下店取货。

我们从无人娱乐服务、无人餐饮到无人酒店和无人零售几个方面对当今的无人业态进行了调研。无人业态的兴起到热门，一定程度上反映了人们消费方式的改变，自由新鲜的自主消费是大势所趋，商家在其中也减少了人力成本，这是一次"双赢"的转变。

如何看待"无人"模式？能否大面积推广这一新的模式？

🏠 训练营

训练任务：以小组为单位，结合某一具体行业产品（如副食品类，主要供应本省的某个品牌厂商），开展调研，并分析讨论如何建立分销渠道。

训练目的：要求做详细的方案。

训练步骤：制定具体的渠道策略，详细说明你们采取相关渠道策略的原因。并附带必须考虑：如果采取电子商务的形式，其渠道方式你们有什么具体建议？

表 9-2　训练成绩考核表

训练评估指标	训练评估标准	分项成绩
准备工作 10%	1. PPT 制作等准备工作 10%	
整体表现 50%	1. 声音洪亮 5% 2. 语言流畅 10% 3. 表情自然、大方 30% 4. 没有不必要的小动作 5%	
思考总结 40%	1. 文字简洁、流畅 20% 2. 特点突出、针对性强 20%	
总成绩 100%		

超链接

家电网购——营销渠道的创新

2013 年伊始，备受关注的电商在 2012 年的销售数据纷纷出炉。天猫商城公布的数据显示，2012 年，网购市场增长迅速，大家电产品销售额同比增长 168%，小家电产品同比增长 15%，手机、电脑的同比增长则超过了两倍。传统连锁卖场苏宁已用"苏宁易购"使出新招。近日，国美的"2013 年—2015 年企业战略规划"终于揭开面纱。国美的新战略中去掉了"电器"二字，新更名的"国美在线"涉及的行业将包括家具、家纺、母婴、文化、体育、户外以及健康医疗等诸多方面。国美希望其电商平台可以在未来 2 到 3 年内占到销售额的 20% 到 30%，并能够"反哺"实体店，实体店线下的采购能够支持电商的发展，形成符合各自成本的盈利结构。

统计表明，2012 年家电网购这一新兴渠道，打破了原有的国美、苏宁等"渠道为王"的产业链格局，大部分家电企业开始与电商平台开展深度合作。2012 年，网购在家电销售中的比重已经占到 10% 以上，而在一年以前，这一比例还仅为 4%。平衡线上线下的关系对网络销售的参与力度一般，销售规模小的企业对网络销售的参与力度要更大一些。广东某家电企业副总裁表示："虽然在与电商等新渠道的合作方面还处于摸索、试探阶段，但希望可以有新的渠道格局出现，摆脱目前连锁独大的局面。"

电子商务的快速增长已对实体店增长形成一定的压力，网购重新定义了 3C 产业链格局，3C 企业深度介入网络销售，议价能力显著提升。电商已不仅仅是一个产品销售的渠道，而是一个捕捉用户需求、与用户互动的大社区平台，"B2C+实体店"代表了国美未来 5 年甚至 10 年的盈利模式方向。全国消费电子渠道商联盟秘书长吴建认为，2013 年，家电行业将进入品牌为王时代，参与网络直销的家电企业将享受到网络高毛利、低费用的渠道红利。如果未来实体店甚至是家电制造商能够借助现代网络、移动智能科技实现交易的自助化、支付的在线化，并最终实现"虚实结合，软硬兼备"的门店智能化，网购将不仅仅是实体店备受打击的凶器，很有可能也成为实体店的"第二销售方式"。

221

请思考：

1. 家电网购，意义何在？

2. 当前，网购蓬勃发展，请问卖家在工作中存在什么不足？

课后练习

一、单项选择题

1. 消费品分销渠道按中间商的多少分为四个渠道，其中最直接、最简短的分销渠道模型是（   ）。

   A. 零级渠道　　　　　B. 一级渠道　　　　　C. 二级渠道　　　　　D. 三级渠道

2. 一级渠道是指在销售中只经过一个中间商，这个中间商是（   ）。

   A. 代理商　　　　　　B. 批发商　　　　　　C. 零售商　　　　　　D. 生产者

3. 分销渠道中，按企业在销售中使用中间商的多少分类，分销渠道可分为宽渠道和窄渠道，下列选项中属于宽渠道的缺点的是（   ）。

   A. 竞争程度不高　　　　　　　　　B. 不利于企业和分销渠道的进步

   C. 竞争激烈，极易爆发渠道冲突　　D. 市场覆盖面较低

4. 批发商最主要的类型是（   ）。

   A. 商人批发商　　　　　　　　　　B. 经纪人

   C. 代理商　　　　　　　　　　　　D. 制造商销售办事处

5. 购物中心的特点不包括（   ）。

   A. 属于商业群体　　　　　　　　　B. 有庞大的停车场设备

   C. 占地面积大　　　　　　　　　　D. 价格相对很便宜

6. 在分销渠道"长度"理论中，不属于产品因素影响条件的是（   ）。

   A. 产品的属性　　　　　　　　　　B. 产品的时尚性

   C. 产品的技术性　　　　　　　　　D. 产品所引起的竞争

7. 三级渠道的三个中间商不包括（   ）。

   A. 代理者　　　　　　B. 生产者　　　　　　C. 批发商　　　　　　D. 零售商

8. 如果市场不够均衡，用户每次的购买量较小，就有必要利用经销商分散存货，以满足用户小批量多批次的购货要求。则选择哪种渠道模式（   ）。

   A. 零级渠道　　　　　B. 一级渠道　　　　　C. 二级渠道　　　　　D. 三级渠道

9. 不属于零售新形态的是（   ）。

   A. 连锁商店　　　　　B. 百货商店　　　　　C. 连锁超市　　　　　D. 商业街

10. 根据环境因素选择渠道长度，下列选项中不是属于环境因素的是（   ）。

    A. 国家经济政策　　　　　　　　　B. 市场竞争状况

    C. 经济形势变化　　　　　　　　　D. 国家法规

二、多项选择题

1. 分销渠道的功能和作用是 (　　)。
   A. 分销渠道是实现产品销售的重要途径
   B. 分销渠道是了解企业掌握市场需求的重要来源
   C. 分销渠道是提高企业经济效益的重要手段
   D. 分销渠道可以减少销售时间过程

2. 消费品分销渠道模式按中间商的多少分为哪些模式 (　　)。
   A. 零级渠道　　　　B. 一级渠道　　　　C. 二级渠道　　　　D. 三级渠道

3. 批发商的作用 (　　)。
   A. 销售更具效果、沟通产销信息　　　　B. 有效集散产品
   C. 产品储存，运输保证　　　　D. 帮助资金融通，为零售商服务

4. 无店铺零售的主要形式有 (　　)。
   A. 直复市场销售　　　　B. 直接销售
   C. 电话电视销售　　　　D. 自动售货

5. 选择渠道长度的产品因素包括 (　　)。
   A. 产品的属性　　　　B. 产品的时尚性
   C. 产品的技术性　　　　D. 产品的生命周期

6. 选择渠道长度的市场因素包括 (　　)。
   A. 市场的集中程度　　　　B. 消费者的购买习惯
   C. 国家法令法规　　　　D. 需求的季节性

7. 选择渠道长度的环境因素包括 (　　)。
   A. 国家经济政策　　　　B. 国家法令法规
   C. 经济形势变化　　　　D. 市场需求性质

8. 企业根据产品本身的特点、市场容量忽然需求面的宽窄可相应选择有利的渠道策略，讲策略分为三类，下列哪三个是正确的？(　　)。
   A. 广泛性分销渠道策略　　　　B. 特殊性分销渠道策略
   C. 专营性分销渠道策略　　　　D. 选择性分销策略

9. 包装的功能包括 (　　)。
   A. 保护功能　　　　B. 定量功能　　　　C. 便利功能　　　　D. 效率功能

10. 根据企业因素选择渠道长度，下列选项中属于企业因素的是 (　　)。
    A. 企业的规模　　　　B. 企业的营销经验及能力
    C. 企业控制渠道的愿望　　　　D. 市场竞争状况

三、判断题

1. 分销渠道就是完成产品从生产者到消费者的转移，起到桥梁作用。产品分销渠道连接生产者和消费者，既是生产者的"排水渠"，又是消费者的"引水渠"。　　(　　)
2. 零级渠道又称直接渠道，是最直接、最简短的分销渠道模式。故有利于降低流通

成本，利于专业化分工和企业在人力、财力上的投资较少。　　　　　　　（　　）

3. 三级渠道是指生产者和消费者之间有代理商、批发商和零售商三个中间环节，是我国消费品分销渠道中最常用的模式。　　　　　　　　　　　　　　　（　　）

4. 二级渠道是指生产者通过制造商代表将产品卖给经销商，再由经销商将产品卖给用户。一般买的是购买量小、散装的存货。　　　　　　　　　　　　（　　）

5. 直复营销则是借助各种双向沟通的广告媒体向顾客传递信息并接受顾客订货，企业以邮寄、送货上门方式完成商品运送，最终完成交易。　　　　　　　　（　　）

6. 窄渠道是同层次的分销渠道的成员很少，多为垄断性独家经营。缺点是竞争激烈，极易爆发渠道冲突。　　　　　　　　　　　　　　　　　　　　　　（　　）

7. 批发商的交易对象一般比较稳定，他们对交易产品的规格、性能等有比较深刻的了解，但不一定具备一定的专业知识。　　　　　　　　　　　　　　　　（　　）

8. 在分销渠道中，中间环节的多少表示渠道的长度。环节越多，渠道越长；环节越少，渠道越短。　　　　　　　　　　　　　　　　　　　　　　　　　（　　）

9. 横向比较法是将每一个中间商的销售额与上一期的销售额进行比较。　（　　）

10. 配送是指在经济合理区域范围外，根据客户的要求，对物品进行拣选、加工、包装、分割、组配等作业。　　　　　　　　　　　　　　　　　　　　　（　　）

四、案例分析题

现今的中国流通领域，制造商和连锁销售企业在合作中存在着激烈的对抗。从表象上来看，主要是源于在产品价格和营销政策上的分歧，但实际上却是源于对渠道控制权的争夺，以及由此而带来的对产品资源、营销资源和人力资源的抢夺和攫取。连锁销售企业以压低进价、迟付货款以及收取进场费、节日促销费等方式企图尽量占有厂家资源，并将成本转嫁给制造商。而制造商为了避免失去主动，不得不继续保持原有的效率不高的自有渠道，以最大限度地维持对产品价格和货物走向的控制，以期对连锁销售企业进行战略制衡。这样你来我往，双方的成本自然居高不下，收益能力和成长性均受到严重制约。而"宝洁-沃尔玛模式"告诉我们，要改变这一现状，制造商和销售商必须摒弃"冷战思维"，应在建立充分信任关系的基础上，把对渠道资源的抢夺和攫取转移到对供应链的再造和价值的增值上来。

分析：

宝洁和沃尔玛是怎样从制造商和销售商的敌对关系转化为双赢的合作关系的？此案例对中国的企业有何借鉴意义？

项目十

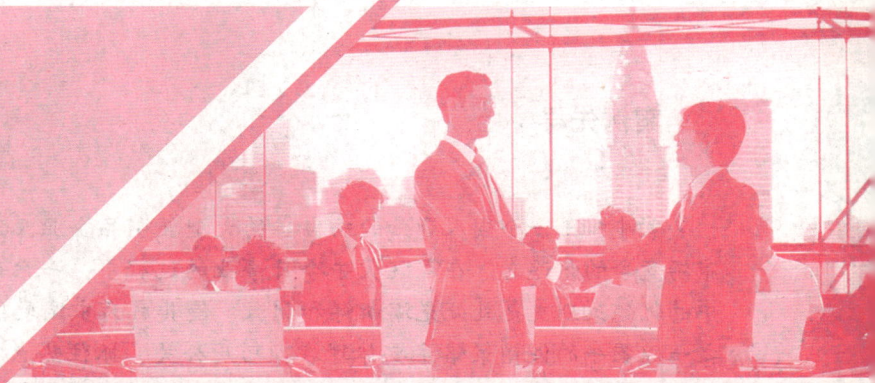

促销策略

学习目标

知识目标：

1. 掌握促销的方法和概念。
2. 了解广告促销、销售促进与公共关系的特点和联系。

能力目标：

1. 在掌握广告词特点的基础上，学会为某店或某产品设计广告词。
2. 通过节假日去人口密集地方推销某日用品，来提高推销的技能。

任务一　促销组合

案例先导

蒙牛的促销策划

蒙牛，是一个国人皆知的响当当的大型乳制品企业，也是中国诞生较迟的乳制品市场竞争的角逐者。在成就蒙牛今日事业的过程中，一系列的营销策略功不可没。其中的促销策划更是处处充满新鲜和刺激，使其成为中国乳制品行业中最具活力的企业之一。蒙牛的促销策略主要体现在：巧用公关、抓住热点、制造轰动。中国第一次载人飞船"神舟五号"成功发射和着陆的那一刻，许多人都注意到了，在央视的直播节目中，关于"神舟五号"的贴片广告中，频频出现蒙牛牛奶的广告。要知道，"神舟五号"承载了多少中国人遨游太空的梦想！紧接着就是蒙牛连篇不断的中国宇航员"指定饮用牛奶"的广告；而在各地的销售终端，悬挂有航天标志的 POP 广告更是把视觉冲击的影响力带到了顾客的面前；与此同时，启动了包括新产品试用和赠品助威的促销攻势；在电视、报纸、杂志、互联网、路牌等广告媒体上，关于蒙牛的各种积极的软、硬广告向各类顾客涌来，让零售商、经销商、顾客目不暇接。经过与"神舟五号"的成功"联姻"，蒙牛逐渐成为中国乳制品行业最年轻最有市场影响力的三大企业之一。

（资料来源：https：//wenku.baidu.com/view/e24d2bc8af02de80d4d8d15abe23482fb4da02f1.html。）

请思考：

1. 蒙牛公司促销的成功之处？
2. 谈下你对促销的认识。

知 识 库

一、促销的概念

促销是将有关产品服务等企业相关信息传播给目标消费者，以帮助消费者认识产品（利益等）和企业，引起消费者的注意和兴趣，激发消费者的购买欲望，影响其购买决策，促其采取购买行为的营销活动。因此促销的实质就是企业与目标消费者的信息沟通，通过信息沟通以促进销售。促销具有以下几层含义：

1. 促销工作的核心是沟通和传递信息

在促销的信息沟通过程中，各类企业的市场营销管理机构是促销推广的主体；信息的接收者是促销推广的对象。在信息沟通过程中，信息接收者对媒体传递的信息做出反应并回传给推广主体，是信息的反馈过程。促销主体可以通过反馈检验推广的效果，并以此为依据改进或调整企业的营销计划和实施方案，以保证信息的有效沟通和企业促销目标的实现，见图10-1。

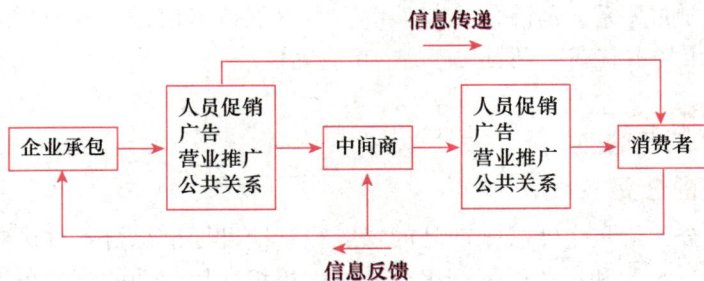

图10-1　促销工作的信息传递流程

2. 促销的基本目的是引发、刺激消费者产生购买行为

促销能够吸引消费者对企业的形象或产品产生注意和兴趣，激发其购买欲望，促使其采取购买行为。在一般情况下，消费者的态度直接影响和决定着消费者的行为。所以，要促进消费者的购买行为的产生，就必须充分利用各种方式，通过信息的传播和沟通，影响或转变消费者的态度，使其对本企业的产品产生兴趣和偏爱，进而做出购买决策。

3. 促销方式有人员促销和非人员促销

（1）人员促销。指推销人员通过与消费者面对面的口头洽谈说明，帮助、说服消费者产生购买的促销活动。人员促销是一种传统的推广方式，也是一种最普遍、最基本的促销方法。它的针对性强，但影响面较窄。

（2）非人员促销。指企业借助一定的媒介，传递企业或产品信息，促使消费者产生购买欲望和购买行为的一系列活动，包括广告、公共关系等方式。非人员促销是一种间接的促销途径，它的针对性较差，但影响面较宽。

二、促销的作用

1. 提供信息，疏通渠道

企业要通过有效的方式向目标消费者和中间商及时提供有关产品和服务的信息，以引起他们的注意，激发他们的购买欲望，促使其购买本企业的产品和服务，并要及时了解中间商和消费者对产品的意见，畅通销售渠道，加快产品流通。

2. 诱导消费，扩大销售

企业针对消费者和中间商的购买心理和特点来从事促销活动，不但可以诱导、刺激需求，使无需求变成有需求，而且还可以创造新的欲望和需求。

3. 突出特点，强化竞争优势

要使消费者在众多的同类产品中将本企业的产品区别出来，就需要通过有效的促销活动，宣传、介绍并突出本企业的产品服务的特点，能给消费者带来特殊利益，以增强消费者对本企业产品的印象和好感，强化竞争优势，从而达到促进其购买的目的。

4. 提高声誉，稳定市场

企业通过促销活动，不仅可以传递商品信息，扩大企业及其产品的知名度，而且有利于协调企业与各方的关系，消除偏见与误解，赢得支持与信任，从而树立企业的良好形象，稳定企业的市场占有率，巩固其产品的市场地位。

三、促销组合

1. 促销组合的含义

所谓促销组合，就是企业根据产品的特点和营销目标，综合各种影响因素，对各种促销方式的选择、编配和运用。促销组合是一种组织促销活动的策略思路，主张企业运用广告、人员推销、公关宣传、营业推广等四种基本促销方式组合成一个策略系统，使企业的全部促销活动互相配合、协调一致，最大限度地发挥整体效果，从而顺利实现企业目标。

2. 促销组合的方式

（1）人员促销。指推销人员在一定的推销环境里，运用一定的推销技术与手段，实现自身推销目标的沟通协调活动的过程。

（2）广告促销。指企业按照一定的预算方式，支付一定数额的费用，通过不同的媒体对产品进行广泛宣传，促进产品销售的传播活动。

（3）营业推广。指企业为刺激消费者购买，由一系列具有短期诱导性的营业方法组成的沟通活动。

（4）公共关系促销。指企业通过开展公共关系活动或通过第三方在各种传播媒体上宣传企业形象，促进与内部员工、外部公众良好关系的沟通活动。

3. 选择促销组合需要考虑的因素

（1）促销目标。它是企业从事促销活动所要达到的目的。在企业营销的不同阶段和适应市场营销活动的不断变化，要求有不同的促销目标。因此，促销组合和促销策略的制定要符合企业的促销目标，根据不同的促销目标采用不同的促销组合和促销策略。

（2）企业的实力。企业资金实力是影响企业经营十分重要的因素，当然，企业能够用于促销活动的费用也总是有限的。因此，在满足促销目标的前提下，要做到效果好而费用省。企业确定的促销预算额应该是企业有能力负担的，并且是能够适应竞争需要的。

（3）产品的性质。不同性质的产品，购买者的购买目的不相同，因此，对不同性质的产品必须采用不同的促销组合策略。一般说来，在对消费品促销时，因市场范围广而更多地采用拉式策略，尤其以销售促进和广告形式促销为多；在对工业品或生产资料促销时，因购买者购买批量较大，市场相对集中，则以人员推销为主要形式。

（4）产品的生命周期。促销目标在产品市场生命周期的不同阶段是不同的，这决定了在市场生命周期各阶段要相应选配不同的促销组合，采用不同的促销策略，具体如表10-1所示。

表10-1　产品生命周期各阶段的促销组合

产品市场生命周期	促销目标重点	促销组合
投入期	建立产品知晓度	各种介绍性广告、人员推销
成长期	提高产品知名度，树立品牌形象，增进顾客对本企业产品的购买兴趣	改变广告形式，注重宣传企业产品特色，辅助公关手段
成熟期	增加产品的美誉度，增进购买兴趣与偏爱	广告作用在于强调本产品与其他产品的细微差别，配合运用营业推广
衰退期	维持信任、偏爱	销售促进为主、提示性广告
整个周期阶段	消除顾客的不满意感	利用公共关系

（5）市场条件。市场条件不同，促销组合与促销策略也有所不同。从市场地理范围大小看，若促销对象是小规模的本地市场，应以人员推销为主；而对广泛的全国甚至世界市场进行促销，则多采用广告形式。从市场类型看，消费者市场因消费者多而分散，多数靠广告等非人员推销形式；而对用户较少、批量购买、成交额较大的生产者市场，则主要采用人员推销形式。

4. 促销组合的作用

在现代市场营销活动中，通过促销活动，不仅帮助或说服潜在消费者购买，而且刺激了消费需求的产生。现代市场营销需要的，不仅是开发价廉物美的产品，方便消费者购买，而且要有高效率的促销活动与之相配合。一件出色的产品，只有为消费者所欣赏并惬意地购买，才能成为现实的产品，造福于公众和社会。由于竞争和消费者的购买特性，市场日益广阔，潜在消费者不断形成，使促销策略变得十分重要。促销组合的作用主要体现在以下几个方面。

（1）传递消息。产品进入市场或即将进入市场，企业通过促销手段及时向中间商和消费者提供情报，引起社会公众广泛的注意，吸引他们注意这些产品和劳务的存在。通过传递产品信息，把分散、众多的消费者与企业联系起来，便于消费者选择购买，成为现实的买主。

（2）唤起需求。在促销活动中向消费者介绍产品，不仅可以诱导需求，有时还可以创造需求。消费需求产生的原始动机，是由人类生存和发展的需要而引发的。随着经济发展和人民生活水平的提高，人们生存、发展需要的内容和范围也在不断扩展，从而形成不断发展的潜在需求。促销的重要作用就在于通过介绍新的产品，展示合乎潮流的消费模式，提供满足消费者生存和发展需要的承诺，从而唤起消费者的购买欲望，创造出新的消费需求。

（3）突出特点。在同一类商品市场上，一种商品基本上是满足消费者某一方面的需求，商品的基本功能大体上也是相同的。面对市场上琳琅满目的商品，消费者往往难以准确地识别商品的性能、效用。企业通过促销活动，可以显示自身产品的突出性能和特点，或者显示产品消费给消费者带来的满足程度，或者显示产品购买给消费者提供的附加价值等，这都会促使消费者加深对本企业产品的了解，从而增加购买。

（4）稳定销售。由于商品市场的激烈竞争，企业本身的产品销售可能起伏不定，企业的市场份额呈现不稳定状态，有时甚至可能出现较大幅度的滑坡。通过有效实施促销活动，企业可以得到反馈的市场信息，及时做出相应的对策，加强促销的目的性，使更多的消费者对企业及产品由熟悉到偏爱，形成对本企业产品的惠顾动机，从而稳定产品销售，巩固企业的市场地位。

四、促销组合的策略

促销组合是指企业有计划、有目的地把人员推销、广告、公共关系、营业推广等促销形式进行适当配合和综合运用，形成一个完整的促销系统。

促销组合是市场营销组合的第二个层次。促销方式分为人员推销、广告、公共关系及营业推广等，四种方式或手段各有长处和短处，促销的重点在不同时期、不同商品上也有区别。因此，在实际的策划过程中，就需要根据企业现实要求，对四种促销方式进行适当选择，综合编配，形成不同的促销组合。如果从促销活动运作的方向来区分，则所有这些促销策略都可以归结为两种基本的类型：推动策略和拉引策略。

1. 推动策略

推动策略是通过以人员推销方式为主的促销组合，把商品推向市场的促销策略。推动策略的目的在于说服中间商和消费者，使他们接受企业的产品，从而让商品一层一层地渗透到分销渠道中，最终抵达消费者。

2. 拉引策略

拉引策略是通过以广告方式为主的促销组合，把消费者吸引到企业特定的产品上来的促销策略。拉引策略的目的在于引起消费者的消费欲望，激发其购买动机，从而增加分销渠道的压力，进而使消费需求和购买指向一层一层地传递到企业。

推动策略和拉引策略都包含了企业与消费者双方的能动作用。但前者的重心在推动，着重强调企业的能动性，表明消费需求是可以通过企业的积极促销而被激发和创造的；后者的重心在拉引，着重强调消费者的能动性，表明消费需求是决定生产的基本要素。企业的促销活动必须顺应消费需求，符合购买指向，才能取得事半功倍的效果。企业经营过程中要根据客观实际的需要综合运用上述两种基本的促销策略。

🏠 训练营

训练任务： 以小组为单位，选择某种产品分析其处于生命周期的哪一阶段？并分析其促销组合特征。

训练目的： 要求做详细的方案。

训练步骤： 选择商品，分工查资料，做好 PPT，进行汇报。

表 10-2　训练成绩考核表

训练评估指标	训练评估标准	分项成绩
汇报情况 60%	1. PPT 制作是否合理 10% 2. 准备语言措辞是否准确 20% 3. 声音洪亮 5% 4. 表情自然、大方 20% 5. 没有不必要的小动作 5%	
思考总结 40%	1. 文字简洁、流畅 20% 2. 特点突出、针对性强 20%	
总成绩 100%		

超链接

非凡的推销员——乔·吉拉德

乔·吉拉德，因售出 13 000 多辆汽车创造了商品销售最高纪录而被载入《吉尼斯世界纪录大全》。他曾经连续 15 年成为世界上售出新汽车最多的人，其中 6 年平均每年售出汽车 1300 辆。

销售是需要智慧和策略的事业。在每位推销员的背后，都有自己独特的成功诀窍。那么，乔的推销业绩如此辉煌，他的秘诀是什么呢？

1. 250 定律：不得罪一个顾客

在每位顾客的背后，都大约站着 250 个人，这是与他关系比较亲近的人：同事、邻居、亲戚、朋友。如果一个推销员在年初的一个星期里见到 50 个人，其中只要有 2 个顾客对他的态度感到不愉快，到了年底，由于连锁影响就可能有 500 个人不愿意和这位推销员打交道，他们知道一件事：不要跟这位推销员做生意。这就是乔·吉拉德的 250 定律。由此，乔得出结论：在任何情况下，都不要得罪哪怕是一个顾客。

在乔的推销生涯中，他每天都将 250 定律牢记在心，抱定生意至上的态度，时刻控制着自己的情绪，不因顾客的刁难，或是不喜欢对方，或是自己心绪不佳等原因而怠慢顾客。乔说得好："你只要赶走一个顾客，就等于赶走了潜在的 250 个顾客。"

2. 名片满天飞：向每一个人推销

每一个人都使用名片，但乔的做法与众不同：他到处递送名片，在餐馆就餐付账时，他要把名片夹在账单中；在运动场上，他把名片大把大把地抛向空中。名片漫天飞舞，就像雪花一样，飘散在运动场的每一个角落。你可能对这种做法感到奇怪。但乔认为，这种做法帮他做成了一笔笔生意。

乔认为，每一位推销员都应设法让更多的人知道他是干什么的，销售的是什么商品。这样，当他们需要他的商品时，就会想到他。乔抛撒名片是一件非同寻常的事，人们不会忘记这种事。当人们买汽车时，自然会想起那个抛撒名片的推销员，想起名片上的名字：乔·吉拉德。同时，要点还在于，有人就有顾客，如果你让他们知道你在哪里，你卖的是什么，你就有可能得到更多生意的机会。

3. 建立顾客档案：更多地了解顾客

乔说："不论你推销的是什么东西，最有效的办法就是让顾客相信——真心相信——你喜欢他，关心他。"如果顾客对你抱有好感，你成交的希望就增加了。要使顾客相信你喜欢他、关心他，那你就必须了解顾客，搜集顾客的各种有关资料。

乔中肯地指出："如果你想把东西卖给某人，你就应该尽自己的力量去收集他与你生意有关的情报……不论你推销的是什么东西，如果你每天肯花一点时间来了解自己的顾客，做好准备，铺平道路，那么，你就不愁没有自己的顾客。"

乔认为，推销员应该像一台机器：具有录音机和电脑的功能，在和顾客交往过程中，将顾客所说的有用情况都记录下来，从中把握一些有用的材料。乔说："在建立自己的卡片档案时，你要记下有关顾客和潜在顾客的所有资料，他们的孩子、嗜好、学历、职务、成就、旅行过的地方、年龄、文化背景以及其他任何与他们有关的事情，这些都是有用的推销情报。所有这些资料都可以帮助你接近顾客，使你能够有效地跟顾客讨论问题，谈论他们自己感兴趣的话题。有了这些材料，你就会知道他们喜欢什么、不喜欢什么，你可以让他们高谈阔论，兴高采烈，手舞足蹈……只要你有办法使顾客心情舒畅，他们就不会让你大失所望。"

4. 猎犬计划：让顾客帮助你寻找顾客

乔认为，干推销这一行，无论你干得多好，别人的帮助总是有用的。乔的很多生意都是由"猎犬"（那些会让别人到他那里买东西的顾客）帮助的结果。乔的一句名言就是，"买过我汽车的顾客都会帮我推销"。

在生意做成之后，乔总是把一叠名片和猎犬计划的说明书交给顾客。说明书告诉顾客，如果他介绍别人来买车，成交之后，每辆车他会得到25美元的酬劳。几天之后，乔会寄给顾客感谢卡和一沓名片，以后至少每年他会收到乔的一封附有猎犬计划的信件，提醒他乔的承诺仍然有效。如果乔发现顾客是一位领导人物，其他人会听他的话，那么，乔会更加努力促成交易并设法让其成为猎犬。实施猎犬计划的关键是守信用——一定要付给顾客25美元。乔的原则是：宁可错付50个人，也不要漏掉一个该付的人。

猎犬计划使乔的收益很大。1976年，猎犬计划为乔带来了150笔生意，约占总交易额的十分之一。乔付出了1400美元的猎犬费用，收获了5000美元的佣金。

5. 推销产品的味道：让产品吸引顾客

每一种产品都有自己的味道，乔特别善于推销产品的味道。与"请勿触摸"的做法不同，乔在和顾客接触时总是想方设法让顾客先"闻一闻"新车的味道。他让顾客坐进驾驶室，握住方向盘，自己触摸操作一番。如果顾客住在附近，乔还会建议他把车开回家，让他在自己的太太、孩子和领导面前炫耀一番，顾客会很快地被新车的"味道"陶醉了。根据乔本人的经验，凡是坐进驾驶室把车开上一段距离的顾客，没有不买他的车的。即使不当即买，不久后也会来买。新车的"味道"已深深地烙印在他们的脑海中，使他们难以忘怀。

乔认为，人们都喜欢自己来尝试、接触、操作，人们都有好奇心。不论你推销的是什么，都要想方设法展示你的商品，而且要记住，让顾客亲身参与。如果你能吸引住他们的感官，那么你就能掌握住他们的感情了。

6. 诚实：推销的最佳策略

诚实，是推销的最佳策略，而且是唯一的策略。但绝对的诚实却是愚蠢的。推销容许谎言，这就是推销中的"善意谎言"原则，乔对此认识深刻。

诚为上策，这是你所能遵循的最佳策略。可是策略并非法律或规定，它只是你在工作中用来追求最大利益的工具，因此，诚实就有一个程度的问题。

推销过程中有时需要说实话，一是一，二是二。说实话往往对推销员有好处，尤其是推销员所说的，顾客事后可以查证的事。乔说："任何一个头脑清醒的人都不会卖给顾客一辆六汽缸的车，而告诉对方他买的车有八个汽缸。顾客只要一掀开车盖，数数配电线，你就死定了。"

如果顾客和他的太太、儿子一起来看车，乔会对顾客说："你这个小孩真可爱。"这个小孩也可能是有史以来最难看的小孩，但是如果要赚到钱，就绝对不可以这么说。乔善于把握诚实与奉承的关系。尽管顾客知道乔所说的不尽是真话，但他们还是喜欢听人拍马屁。几句赞美，可以使气氛变得更愉快，没有敌意，推销也就更容易成交。

7. 每月一卡：真正的销售始于售后

乔有一句名言："我相信推销活动真正的开始是在成交之后而不是之前。"

推销是一个连续的过程，成交既是本次推销活动的结束，又是下次推销活动的开始。推销员在成交之后继续关心顾客，将会既赢得老顾客，又吸引新顾客，使生意越做越大，客户越来越多。

"成交之后仍要继续推销"，这种观念使得乔把成交看作是推销的开始。乔在和自己的顾客成交之后，并不是把他们置于脑后，而是继续关心他们，并恰当地表示出来。

乔每月要给他的 1 万多名顾客寄去一张贺卡。一月份祝贺新年，二月份纪念华盛顿诞辰日，三月份祝贺圣帕特里克日……凡是在乔那里买了汽车的人，都收到了乔的贺卡，也就记住了乔。

正因为乔没有忘记自己的顾客，顾客才不会忘记乔·吉拉德。

思考题：

1. 乔·吉拉德的推销业绩如此辉煌，其成功的诀窍是什么？

2. 怎样理解诚实是推销的最佳策略，而且是唯一的策略？其他促销手段是否需要诚实？

任务二　人员促销策略

案例先导

推销员要拘小节

俗语说："人不跌于山，而跌于蚁冢。"推销员便是这样，只是多数人没有意识到而已。有一位成功的推销员，每次登门推销总是随身带着闹钟，交谈一开始，他便说："我打扰您10分钟。"然后将闹钟调到10分钟的时间。时间一到闹钟便自动发出声响，这时他便起身告辞："对不起，10分钟时间到了，我该告辞了。"如果双方商谈顺利，对方会建议继续谈下去，那么，他便说："那好，我再打扰您10分钟"。于是闹钟又调了10分钟。

大部分顾客第一次听到闹钟的声音，很是惊讶，他便和气地解释对不起，是闹钟声，我说好只打扰您10分钟，现在时间到了。"而顾客对此的反应是因人而异，仁者见仁，智者见智，绝大部分人会说："嗯，你这人真讲信用。"也有人说："你这人真死脑筋，再谈会儿吧"。

推销员重要的是赢得顾客信赖，然而不管采用何种方法达到此目的，都离不开从一些微不足道的小事做起，守时只是其中一个小例子，这是用小小的信用来赢得顾客对推销员的大信用。因为一开始答应会谈10分钟，到点便告辞，就表示你百分之百地信守诺言。

要想赢得顾客的认可和信赖并不是什么轰轰烈烈的大事，只要在那些小事上用心，百分之百考虑顾客所关心的事情，然后加以满足便可以了，因为推销工作不是像影视歌星一样，一出戏，一段台词，一首歌，便能打动广大的观众。

推销员不仅需要雄辩的口才和演技，而且需要随时随地去揣摩顾客的心理，"唱独角戏"的人绝不能当推销员。推销员赢得顾客的技巧不妨新奇，但无须过于好做惊人之举，好出惊人之语，否则会适得其反。只有在平凡的小事中表现出不平凡，才是真正伟大的推销员。

（资料来源：https://iask.sina.com.cn/b/6jiH1bCJNwx.html。）

请思考：你认为一个优秀的推销员需要具备什么技能？

知　识　库

一、人员促销

人员推销是指企业的营销人员直接与中间商或消费者接触、洽谈，介绍产品，以达到促进销售的活动过程。人员推销是一种最古老的促销方式，但在现今社会仍是最重要的促销方式之一。

在人员推销活动中，推销人员、推销对象和推销品是三个基本要素。推销人员和推销对象是推销活动的主体，而推销品是推销活动的客体。

人员推销是人类最古老的促销手段。同非人员促销相比，人员推销的最大特点是具有直接性。

1. 人员促销的优点

人员推销的优点主要表现在以下方面：

（1）灵活性。推销人员与顾客保持直接联系，在促销过程中可以直接展示商品进行操作表演，帮助安装调试，并且根据顾客反映出来的欲望、需求、动机和行为，灵活地采取必要的协调措施，对顾客表现出来的疑虑和问题，也可以及时进行讨论和解答，诱发购买欲望，促成购买。

（2）针对性。采取广告方式等非人员推销手段，面对的是广泛的社会公众，他们可能是也可能不是该产品的顾客。而人员推销在作业之前往往要事先对顾客进行调查研究，选择潜在顾客，直接针对潜在顾客进行促销活动。针对性强可以减少浪费，促销绩效也比较明显。

（3）完整性。人员推销过程是从市场调查开始，经过选择目标顾客，当面洽谈，说服顾客购买，提供服务，最后促成交易，反馈顾客对产品及企业的信息。这也就是企业产品销售的完整过程。人员推销的完整性是其他促销方式所不能具备的，因此，人员在收集、传递、反馈市场信息，指导市场营销，开拓新的市场领域等方面，具有特殊的地位和作用。

（4）情感性。推销人员在与顾客长期反复的交往过程中，往往培养出亲切友好的关系。一方面，推销人员在帮助顾客选择称心如意的商品，解决产品使用过程中的种种问题，使顾客对销售人员产生亲切感和信任感；另一方面，顾客对推销人员的良好行为予以肯定和信任，也会积极宣传企业的产品，帮助销售人员扩展业务，从而形成长期稳定的关系。

人员推销最主要的缺点表现在：当市场广阔而又分散时，推销成本较高；同时，推销人员的管理也比较困难；此外，理想的推销人员也很难得。

2. 推销人员的工作职责

人员推销是指企业通过派出推销人员与一个或一个以上可能成为购买者的人交谈，进行口头陈述，以推销商品，促进和扩大销售。各行业的人员推销都有不同的任务，但归纳起来，大致有以下六个方面：

（1）探寻市场。推销人员应该寻求机会，发现潜在顾客，创造需求，开拓新的市场。

（2）传递信息。推销人员要及时向消费者传递产品和劳务信息，为消费者提供购买决策的参考资料。

（3）推销产品。包括接近顾客、介绍产品、回答顾客问题以及达成交易。

（4）收集情报。推销人员在推销过程中还要进行市场调研、收集情报、反馈信息。

（5）提供服务。为消费者开展售前、售中、售后服务。

（6）分配产品。当企业的某些产品短缺不能满足全部顾客的需要时，分析和评估各类顾客，然后向企业提出如何分配短缺产品、安排发货顺序的建议。

3. 推销队伍的管理

（1）招聘和选择销售人员。招聘和选择销售人员是销售队伍管理成功的关键。一项调查显示，27%的销售员创造了公司52%的销售额。销售人员必备的素质是选择销售人员的依据，但看法却并不完全统一。罗伯特·迈克默里说："我认为一个具有高效率推销个性的销售员是一个习惯性的追求者，一个怀有赢得和抓住他人好感的迫切需求的人。"他列出了超级销售员的五项品质：旺盛的精力，强烈的使命意识，对金钱的追求，坚韧不拔的毅力，挑战异议跨越障碍的癖好。

（2）销售人员培训。对推销人员培训的花费是一种投资，也是销售人员促销成功的关键。企业培训的内容有：公司各方面的情况；本公司的产品情况；了解本公司各类顾客和竞争对手的特点；如何做有效的推销展示；懂得实地的促销工作程序和责任。

目前，销售人员的培训方法有：讲授培训（课堂教学）、模拟培训（如角色扮演）、实践培训（在职锻炼）、会议培训（可以内部经验交流）等。企业仍在不断探索着新的培训方法，通过培训，销售人员应该在心态、知识、技巧和习惯四个方面有更大改善。销售人员首先应培养良好心态，因为销售成功的80%来自积极的心态；其次，扩大知识面，多一门知识，就多一个和客户交流的平台；掌握一定的销售技巧可以事半功倍，一切好的心态、行为、技巧只有内化为无意识的本能反应，即习惯，才能有助于提高销售业绩。

（3）销售人员的激励。

①物质性激励。通过物质报酬来增加刺激员工行为动机，调动其积极性。这类激励方法是企业最常使用的，包括金钱激励（工资、资金、优先认股权、公司支付的保险金等）、奖品激励、生活奖励等。

②非物质激励。非物质激励是对员工能力认可、价值尊重的重要体现，如梦想激励、弹性工作时间激励、选择工作区域激励、决策激励、家庭激励（帮助优秀销售人员解决家庭后顾之忧）、荣誉激励、提升激励、文化激励。

③逆向激励。逆向激励即表现为处罚性措施，主要是对于业绩长期欠佳的员工进行必要的处罚。其作用是让员工感觉到更大的压力，自动寻找更好的解决方案。目前，经常采取的逆向激励方法有：自动淘汰、罚款、降薪、辞退甚至除名等。

（4）销售员评价。

①考评资料主要从以下四个途径获得：推销人员销售工作报告；企业销售记录；顾客及社会公众的评价；企业内部员工的意见。

②考评标准的建立。常用的推销售货员绩效考核指标主要有：销售量、毛利、访问率（每天的访问次数）、访问成功率、平均订单数目、销售费用及费用率、新客户数目等。

③绩效评估方法。绩效评估有三个方法：横向评估，销售人员之间进行比较；纵向评估，销售人员现在和过去比较；工作评价，包括对企业、产品、顾客、竞争者、本身职责

的了解程度，也包括销售售货员的言谈举止、修养的个性特征等。

二、人员促销的过程

一般来说，人员推销的工作步骤包括这样几个：寻找顾客、事前准备、约见、接近、介绍、应对异议、成交、事后追踪（见图10-2）。

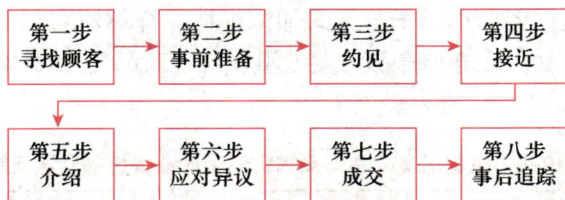

```
第一步      第二步      第三步      第四步
寻找顾客 → 事前准备 → 约见  →  接近
                                    │
第五步      第六步      第七步      第八步
介绍   →  应对异议 → 成交  →  事后追踪
```

图10-2　人员促销的过程

1. 寻找顾客

推销工作的第一步就是找出潜在顾客，即准顾客。准顾客是指可以获益于某种推销的商品，又有能力购买这种商品的组织和个人。寻找顾客的方法有很多，如地毯式访问法、连锁介绍法、中心开花法、个人观察法、广告开拓法、市场咨询法、资料查询法等。例如，保险公司的推销人员可利用报纸上登载的新婚、毕业、出生等消息，或者查阅工商名录、电话号码簿等寻找潜在顾客。

2. 事前准备

在推销之前，推销人员必须具备三个方面的基本知识：

（1）产品知识，包括本企业基本情况、企业产品特点及用途。

（2）顾客知识，包括潜在顾客的个人情况、所在企业的情况等。

（3）竞争者知识，包括竞争对手的产品特点、竞争能力和竞争地位等。真正做到知彼知己。

3. 约见

约见指推销人员事先征得顾客的同意并接见的行动过程。一般来说顾客都不大欢迎推销人员来访。在美国的机构门口，甚至挂着这样的牌子："推销人员、狗、小偷、闲人请勿入内。"有人说推销始于"拒绝"，作为推销人员来说一定要跨越这个障碍。

4. 接近

接近指与潜在顾客开始面对面交谈。此时推销人员的头脑里要有三个主要目标：

（1）给对方一个好印象。

（2）验证在准备阶段得到的全部情况。

（3）为后面谈话做好准备

接近顾客要注意选择最佳的接近方式和访问时间。接近的方法很多，一般包括产品接近法、利益接近法、问题接近法、馈赠接近法等。推销人员接近顾客时，一定要信心十足，面带微笑。国外推销人员平时非常注意微笑训练，甚至有人发明了所谓"G字微笑练习法"，即每天早晨起床后对着镜子念英文字母 G，以训练笑脸，把微笑变成一件十分自然的事情。日本的著名保险推销员原一平认为，婴儿的微笑因为其纯真无邪而给人留下的印象最好。原一平通过苦练，终于练就了著名的"价值百万美元的微笑"。

5. 介绍

介绍是整个推销过程的关键性环节。任何产品都可用某种方法介绍，甚至那些无形产品也可用一些图表、坐标图、小册子等形式加以说明。介绍时可以调动顾客的多种感官，其中视觉是最重要的一种。在介绍产品时要着重说明该产品能给顾客带来什么利益，切忌夸大其词，脱离实际。

表 10-3　销售人员应在商品销售演示时准备好的关键问题

序号	问题	回答
1	"我为什么要听你讲?"	激起顾客的兴趣
2	"这是什么?"	从顾客利益方面回答
3	"对我有什么好处?"	针对顾客的需要，说明能解决什么问题
4	"那又怎么样?"	解释你所说的优势，能给顾客带来什么利益
5	"谁这样说的?"	某位有声望的人也说你的产品好，不能自卖自夸
6	"还有谁买过?"	如果有大批感到满意的顾客，会使其感到放心

6. 应对异议

在推销中有一条黄金法则：不与顾客争吵。在面谈中，顾客往往会提出各种各样的购买异议，异议是顾客走向成交的第一信号。若顾客对你的介绍提出异议，实际上是给你一些宝贵的提示。它表明顾客对推销员的提议有了反应，有些问题需要重新解释清楚。一个有经验的推销员应当具有与持不同意见的买方洽谈的技巧，要善于倾听反对意见，同时应注意语言技巧。如汽车加油站的工作人员，与其说"您需要多少油?"不如说"我为您把油加满吧"。饭店服务员把"您喝点什么?"改为选择问句"您喝咖啡还是喝橙汁?"，这样的问话使顾客感到难以拒绝。

7. 成交

成交指推销人员接受买方订货购买的阶段。有人说成交是推销过程中最困难的阶段。成交的关键是六个字：主动、自信、坚持。

（1）主动，即推销员应假设生意已有希望，主动请求顾客成交。许多推销员失败的原因仅仅是他没有开口请求顾客订货。据调查，有 17% 的推销员未能适时地提出成交要求。美国施乐公司前董事长彼得·麦克考芬说，推销员失败的主要原因是不要订单。不向顾客提出成交要求就好像瞄准了目标却没有扣动扳机一样。

（2）自信，即要充满自信地向顾客提出成交要求。美国十大推销高手之一的谢飞洛说，自信具有传染性，推销员有信心，会使客户自己也觉得有信心。客户有了信心，自然能迅速做出购买的决策。如果推销员没有信心，就会使客户产生许多疑虑，客户会怀疑自已做出的购买决策是否正确。

（3）坚持，要坚持多次地向顾客提出成交要求。一些推销员在向顾客提出成交要求遭到顾客拒绝后，就认为成交失败，便放弃了努力。这种期望向顾客提出一次成交要求便能达到目的的想法是错误的。事实上一次成交要求即能成功的可能性很低，一次成交失败并不意味着整个成交工作失败。推销员可以通过反复的成交努力来促成最后的交易。一位优秀推销员指出，一次成交的成功率为10%左右，他总是期待着两次、三次、四次等多次的成交努力来达成交易。推销员要认识到，顾客的"不"字并不意味着推销活动结束，顾客的"不"字是一个挑战书，而不是阻止推销员前进的红灯。

8. 事后追踪

如果推销人员希望确保顾客满意并重复购买，那么事后追踪就必不可少。推销人员应认真对待订单中保证的条件，诸如交货期和安装、维修等。跟踪访问的直接目的在于了解买主是否对自己的选择感到满意，发现可能产生的各种问题，表示推销员的诚意和关心，以促使顾客产生对企业有利的购后行为，培养顾客对企业和产品的忠诚度。

三、人员促销的模式

1. 吉姆模式

"吉姆"是三个英语单词推销品（Goods）、公司（Enterprise）、推销员（Man）第一个字母的组合 GEM 的译音。该模式强调培养推销员的自信心。要求推销人员必须相信自己所推销的产品，相信自己所代表的企业，相信自己能在推销活动中取得成功。

2. 爱达模式

爱达模式是西方推销学中一个重要的公式。它是世界著名的推销专家海因兹·M. 戈德曼在《推销技巧——怎样赢得顾客》一书中首次总结出来的推销公式。它是最具代表性的推销模式之一。爱达分别代表推销的四个步骤：

（1）A 指 Attention（注意），即引起客户关注。

（2）I 指 Interest（兴趣），即唤起客户兴趣。

（3）D 指 Desire（欲望），即激起客户的购买欲望。

（4）A 指 Action（行动），即促成购买。

3. 费比模式

费比模式是美国俄克拉荷马大学企业管理博士郭昆漠教授总结并推荐的推销模式。费比是四个英语单词的第一个字母组合"FABE"的译音。

（1）F 指 Feature（特征），即将商品的特征详细地列出来。

（2）A 指 Advantage（优点），即罗列商品的优点。

（3）B 指 Benefit（利益），即阐明商品带给客户的利益。

（4）E 指 Evidence（证据），即保证满足消费者需要的证据，如样品、商品展示说明、证明书等。

训练营

训练任务：巩固推销人员的工作步骤。

训练目的：要求做详细的方案。

训练步骤：

1. 两人一组，选择一种商品模拟推销人员从寻找顾客到事后追踪的全部情景。

2. 各环节要连贯，产品可以由角色扮演者自定。

3. 观看的学生可以对模拟情况提出意见和建议。

表10-4　训练成绩考核表

训练评估指标	训练评估标准	分项成绩
模拟表演过程40%	1. 推销人员工作步骤的完整性15% 2. 结合产品进行推销的准确性15% 3. 结合产品进行推销的灵活性10%	
表演的情感效果30%	1. 表演具有真实感15% 2. 表演自然，融入其中15%	
表演的语言效果30%	1. 语言表达流畅10% 2. 陈述准确、层次清晰10% 3. 重点突出10%	
总成绩100%		

超链接

销售队伍的规模与报酬

确定销售队伍规模的步骤：

第一步，将顾客按销售量分成大小类别；

第二步，确定每类客户需要的访问次数；

第三步，每类客户数乘以各自需要的访问次数，再相加，得到的总的访问工作量，即每年总的访问次数；

第四步，确定一个销售代表每年可进行的平均访问次数；

第五步，将总的年访问次数除以每个销售代表的平均年访问次数，即得到年需销售人员数量。确定报酬方案。销售人员报酬由四个部分组成：固定金额（薪金）、变动金额（包括奖金、红利或利润分成）、费用津贴、福利补贴。固定和变动报酬产生三种基本的销售队伍定酬办法：纯薪金制、纯佣金制和薪金佣金混合制。只有14%的公司采用纯薪金制和纯佣金制，34%的公司采用混合制。但是，薪金与佣金的比例各个公司相关很大。

假设一个公司估计将有A类顾客1000个，B类顾客2000个。每一A类顾客年需要访问36次，B类顾客需12次。这就意味着公司第一年需要进行60 000次访问。假设每个销售代表平均每年可以做100次访问，那么该公司需要60名专职销售人员。

任务三　销售促进

案例先导

促销有奇招

有一天，在香港一条平素冷清的街道上，一家很不起眼的小店门口显得热闹非凡。这是一家经营强力胶水的小店，这天在店堂里当着众多顾客和摄像机镜头，店主右手拿起一瓶胶水，左手拿起一枚金币，先在金币背面涂上一层薄薄的胶水，又在店堂一面光洁的墙面上也均匀地涂了一处，略等片刻，便把金币往墙上一粘，然后，他环顾四周，大声宣布："这块金币是本店特意定制的，价值4500美元，现在已用本店出售的强力胶水粘在墙上，如果哪位先生能用手把它揭下来，这块金币就归他所有了！"人群顿时骚动起来，人们一个接一个满怀自信地上去试运气，又一个个心有不甘地退下来，连一位气功师也徒叹奈何。从此，这家小店的强力胶水声名远扬，天天门庭若市。

这家小店采用的是营业推广策略。此种促销方式的突出优点是方式灵活多样、针对性强、效果明显。营业推广是一种能够迅速刺激需求和购买的促销策略，它包含多种推广形式，是企业常用的促销手段。通常企业在实施营业推广策略时应遵循以下的步骤：确定营业推广的目标，选择适当的推广形式，制订推广方案，实施推广方案并进行效果评估。

（资料来源：https://zhidao.baidu.com/question/1732082561575804747.html。）

请思考：

你认为该店营业推广的方式有无新颖性？

知 识 库

一、销售促进的认知

销售促进又称营业推广，是指企业运用各种短期诱因鼓励消费者或中间商购买、经销（代理）企业产品或服务的促销活动。销售促进是与人员推销、广告、公共关系相并列的四种促销方式之一，是构成促销组合的一个重要方面。

销售促进是除人员推销、广告和公共关系以外的能刺激需求、扩大销售的各种促销活动。销售促进具有以下特点：

1. 即时效果显著

在开展销售促进活动的过程中，可选用的方式多种多样。一般来说，只要能选择合理的销售促进方式，就会很快地收到明显的增销效果，而不像广告和公共关系那样需要一个较长的时期才能见效。因此，销售促进适合于在具有一定限定时期和一定任务的短期性的促销活动中使用。

2. 是一种辅助性的促销方式

人员推销、广告和公共关系都是常规性的促销方式，而多数销售促进方式则是非正规性和非经常性的，只能是它们的补充方式。也就是说，使用销售促进方式开展促销活动，虽能在短期内取得明显的效果，但它一般不能单独使用，常常要配合其他促销方式使用，运用能使与其配合的促销方式，更好地发挥作用。

3. 有贬低产品或品牌之意

采用销售促进方式促销似乎迫使消费者产生"机会难得、时不再来"之感，进而能打破消费者需求动机的衰变和购买行为的惰性。不过，销售促进的一些做法也常使消费者认为卖者有急于抛售的意图。若频繁使用或使用不当，往往会使消费者对产品质量、价格产生怀疑。因此，企业在开展销售促进活动时，要注意选择恰当的方式和时机。

二、对消费者的销售促进

销售促进是刺激和鼓励成交的手段。它包括对消费者的销售促进、对中间商的销售促进和对推销人员的销售促进。对消费者的营业推广通常为生产厂家或中间商所采用，主要目的是刺激消费者购买。对中间商的销售促进是生产厂家针对中间商所采用的促销手段，目的在于取得中间商合作与支持购买、销售企业产品，增强中间商的品牌忠诚度。对推销人员的销售促进是鼓励推销人员推销企业产品，刺激他们去寻找更多的潜在消费者，努力提高推销业绩。

销售促进的手段是多种多样的，企业在某些时期为了一定的需要而对消费者或用户开展一些营业推广活动，特别是厂商和零售商以及某些服务业更热衷于直接针对消费者开展推广活动。其推广的方式主要有以下几种：

1. 赠送样品

企业将一部分产品免费赠予目标市场的消费者，使其试尝、试用及试穿，样品可直接赠送，也可销售其他商品时附送或凭企业广告的附条领取。这种方式对新产品的介绍和推广最为有效。通过向消费者免费赠送样品来获取信息，了解使用效果，也是扩大销售量的做法。能让消费者真实感觉到新产品的特性所在。赠送的时机也要恰当，应与广告宣传同步，但这种促销方式所花代价很大，对一些使用周期长、易碎、体积庞大、笨重的商品和已经建立品牌地位的商品以及与竞争商品相比无明显优越性的商品不适宜采用。

2. 发放优惠券

企业向目标市场的部分消费者发放一种优惠券，消费者持优惠券到指定商店购买商品，可享受折价优惠，这种方式通常用在市场上已有一定影响力且是一次性使用的、周期较短需要经常购买的商品。优惠券可分别采取直接赠送或广告附赠的方法发放，是最能引起消费者兴趣的营业推广手段，但厂商要去和零售商配合，零售商因减价而造成的损失须给予必要的补充。

3. 有奖销售

企业对购买某些商品的消费者设立特殊的奖励。如凭该商品中的某种标志（如瓶盖）可免费或以很低的价格获取此类商品或得到其他好处；按购买商品的一定数量（如10个以上），可赠送消费者一件礼品。奖励的对象可以是全部购买者，也可用抽签或摇奖的方式奖励一部分购买者。这种方式的刺激性很强，常用来推销一些品牌成熟的日用消费品。

4. 产品展销

通过参与和举办各种形式的商品展销，将一些能显示企业优势和特征的产品集中陈列，边展边销，由于展销可使消费者在同时同地看到大量的优质商品，有充分挑选的余地，所以对消费者吸引力很强。展销可以以一个企业为单位举行，也可由众多生产同类产品的企业联合举行。若能对某些展销活动赋予一定的主题，并同广告宣传活动配合起来，则促销效果会更佳。常见的展销形式有为适应消费者季节购买的特点而举办的季节性商品展销；以名优产品为龙头的名优产品展销；为新产品打开销路的新产品展销等。

5. 附赠赠品

消费者在购买某一指定商品后，可以免费或以低价购得赠品。附赠赠品既可以从竞争者那里吸引更多的消费者使用本企业产品，也可以防止竞争者涉足本企业产品的市场。对一些儿童、妇女用品，特别是食品赠送小礼品是一种常见的营业推广措施，它能有效地刺激销售，给消费者留下深刻印象。

6. 赠品印花

当消费者购买某一产品时，企业给予一定数量的交易印花，购买者将印花累积到一定数额时，可到指定的地点换取赠品。企业通过这种赠品印花的方式来招徕生意，扩大销售。赠品印花的实施，可刺激消费者大量购买本企业的产品，扩大企业的市场占有率。

7. 折价券

折价券（或优惠券）就是给持有人一个保证，即持有人在购买某种商品时可凭此券免付一定金额的钱。折价券可以邮寄，附加在其他商品中，或在广告中附送，多被厂商采用。消费卡多被零售业、服务业采用，持卡人凭卡消费可以享受一定的折扣。消费卡既可以免费有目的地发放也可以收取一定的费用售出。这种形式可以培养固定的消费者。

8. 消费信贷

这是通过赊销、分期付款等方式向消费者推销产品，消费者不用支付现金或只支付部分现金即可先期拥有商品使用权。对商品房、汽车等大件特殊商品，消费信贷有明显的促销作用，消费信贷的形式有分期付款、信用卡等。

9. 竞赛、游戏

这是通过生产厂家或零售商组织消费者参与有关活动，让消费者有某种机会去赢得一些奖品，作为他们参与活动的回报。赢得的奖励有现金、实物和免费旅游等。这种方法可以扩大企业和产品的知名度，引起消费者的兴趣。

10. 特价销售

为度过某些销售淡季或迎接某些特定的节日，厂商或零售商往往会开展一些优惠酬宾、折扣让利等特价销售活动。这是一种向消费者提供低于常规价格的商品销售方法，用以刺激消费者购买，是企业较常用的方法之一。企业应根据实际需要灵活设定商品的销售价格、销售时间和品种数量等。这种方式不能经常使用，否则会给消费者带来清仓处理的感觉，不利于企业的长远发展。

三、对中间商的销售促进

1. 展览会和交易会

同对消费者的营业推广一样，制造商可以通过举办或参加各种商品交易会或展览会的方式来向中间商展示其产品，并进行操作示范表演。这种推广手段可以使展览会举办单位和展出产品的厂家更好地联系老消费者，发展、招徕新消费者。由于这类交易会或展览会能集中大量优质产品，并能形成对促销有利的现场环境效应，对中间商有很大的吸引力，所以也是一种对中间商进行营业推广的好形式。展览会中的营业推广如果配以广告和公关措施，则会取得更好的促销效果。

2. 批发折扣

企业为争取批发商或零售商更多购进自己的产品，在某一时期内可按批发商购买企业产品的数量给予一定的折扣，以鼓励购货者大量购买商品。批发折扣可吸引中间商增加对本企业产品的进货量，尤其是促使他们购进原先不愿经营的新产品。中间商可以利用这种批发折扣得到立即实现的利润，以及广告或价格上的补偿，从而可以提高中间商销售产品的积极性。

3. 经销津贴

企业为促进中间商增购本企业产品，鼓励其对购进产品开展促销活动，并帮助企业推销产品，可支付给中间商一定的经销津贴，以鼓励和酬谢中间商在推销本企业产品方面做的努力。经销津贴对于激励中间商的推销热情是很有效的。经销津贴主要包括新产品津贴、清货津贴、广告津贴和降价津贴等。

4. 销售竞赛

企业如果在同一个市场上通过多家中间商来销售本企业的产品，就可以发起由这些中间商参加的销售竞赛活动。根据各个中间商销售本企业产品的实际业绩，分别给优胜者以不同的奖励，如现金奖、实物奖，或是给予较大的批发回扣。这种竞赛活动可鼓励中间商超额完成其推销任务，从而使企业产品的销售量大增。此外，对中间商的营业推广还包括生产厂家对中间商赠送样品、纪念品，增进和稳定相互关系；发放刊物以交流经验；开座谈会，从而帮助中间商改善经营管理、提高效率等。

四、对推销人员的销售促进

针对本企业推销人员展开营业推广，其目的是鼓励推销人员积极开展推销活动。

1. 红利提成

红利提成的做法主要有两种：一是推销人员的固定工资不变，在固定薪资外，从企业的销售利润中提取一定比例的金额，对推销人员的努力工作给予现金奖励；二是推销人员没有固定工资，每达成一笔交易，推销人员按销售利润的多少提取一定比例的金额，其提成比例与销售利润成正比，即销售利润越大，提取的百分比率越大。

2. 销售竞赛

目的在于刺激推销人员在一定时期内增加销售量，销售竞赛的内容主要包括推销数额、推销费用、市场渗透和推销服务等。企业明确规定奖励的级别、比例与奖金的数额，成绩优异、优胜者可以获得一定的现金、实物、称号、度假、进修、深造、晋升和精神奖励等，以激发推销人员的工作热情。

3. 教育与培训

教育与培训是指向推销人员提供免费的业务培训和技术指导。

五、制订销售促进方案

（1）要指定参与的条件。优惠券等物品可向每个人或者经挑选的团体提供，赠品可以提供给那些能证明购买的消费者等。

（2）要确定促销持续的时间。时间过短，许多客户可能来不及再次购买，感觉不到促销带来的好处；时间过长，会失去其应有的效力。调查显示：最佳的频率是每季有三周的促销活动，最佳持续时间是产品平均购买周期的长度。

（3）要选择好分发的方式和途径，营销人员必须确定怎样去促销和分发促销方案。

（4）要准确把握促销时机。

（5）要拟定促销预算，根据所选用的各种促销预算和促销工具来估算他们的总费用。

训练营

训练任务：销售促进的策划。

训练目的：熟悉销售促进推广方案。

训练步骤：

1. 以小组为单位，为某品牌的矿泉水设计一种销售促进推广方案。
2. 活动主题自定，活动范围为自己所在学校。
3. 观看的学生可以对活动情况提出意见和建议。

表 10-5　训练成绩考核表

训练评估指标	训练评估标准	分项成绩
策划内容 40%	1. 策划内容的新颖性 20% 2. 策划内容的可行性 10% 3. 策划内容的完整性 10%	

训练评估指标	训练评估标准	分项成绩
PPT 的制作 30%	1. 简明扼要 15% 2. 设计美观、重点突出 15%	
策划的陈述 30%	1. 语言表达流畅 10% 2. 陈述准确、层次清晰 10% 3. 重点突出 10%	
总成绩 100%		

超链接

广告促销

什么是广告促销？

广告是一种由特定赞助者出资，透过传播媒体商的语言、文字、图画或影像等，针对某个目标群体来进行沟通的促销方式。

广告促销的目标是什么？

首先，销售产品与销售信息截然不同。营销目标的基本点是销售额与利润，而广告目标则代表了对目标顾客传达销售信息，并达到某种传播效果的标准。测定营销目标的具体形式就是销售金额和利润数量，而广告目标则是以公司及产品在消费者中知名度的提升、态度或观念的转变，并最终促动消费行为来认定的。

其次，即时效果与延时效果也不一致。营销目标往往以单一的时间段来作为衡量标准，比如通常企业根据产品销售和财务核算确定一个月或一年是一个周期。而广告在一般情况下都有一个迁延特性，这个迁延特性包括两方面含义：其一是广告费用的投入一般情况下并不是立竿见影，大多数广告效果的显现要在广告运行相当时间之后才有所表露；其二是广告作为一种对消费者心理及观念的影响，它的有效性往往具有相当长时间的持续，即使在广告运动结束之后，仍旧在消费者中存在着以往广告运动的影响。

其三，有形结果与无形结果殊有差异。营销目标通常是一些具体的措施和明确的数字，它以准确无误的计量单位来说明，如销售渠道和网点、利润数字、上货率等。广告目标虽然也力求定量化，但在实施之后所得到的结果常常很难具体化，如消费者态度的转变、意见的改变、信心的激发等，许多属于心理状态，很难用具体数字来对这种模糊性质加以测定。

不同类型广告促销的优缺点：

根据广告的内容和目的划分为：商品广告、企业广告、公益广告。

广告一般是运用广告媒体（广告媒介），即广告主与广告接受者之间的连接物质。目前应用比较广泛的广告媒体有：报纸、杂志、广播、电视、互联网、户外广告、邮寄等。

表 10-6　不同广告媒体优缺点对比

广告类型	优点	缺点
印刷媒体（报纸和杂志等）	1. 涵盖面广 2. 能容纳相当多的信息 3. 有多人传阅的机会 报纸优点：有弹性，可快速反应市场变化 杂志优点：广告寿命长，同时读者群的特性明确，有某种程度的目标市场选择功能	都是静态的呈现方式，引人注意的程度不如电视 报纸缺点：广告的寿命较短，加上印刷欠佳、版面过于拥挤 杂志缺点：广告无法弹性反应市场变化
广电媒体（电视和电台）	具有某种程度的目标市场选择功能 电视优点： 1. 触角广泛，较能够灵活表现广告内容 2. 十分具有吸引力、感染力和说服力 电台优点： 1. 制播比电视简单便宜 2. 可快速回应市场变化 3. 可接近电视未接触的群体	时间性强，不易存查 电视缺点：成本昂贵、广告播出时易受干扰 电台缺点：只有声音没有影像，不易吸引注意力
户外媒体（看板、公车广告、海报等）	1. 低成本 2. 较能重复接触	1. 无法针对目标市场传递信息 2. 表达方式易受限 3. 也易破坏景观，甚至有安全问题
网络媒体（电子报、电子邮件、搜索引擎、网站推广等）	1. 成本低廉 2. 范围广泛 3. 有良好互动性	1. 使用者集中在年轻群体 2. 浏览自主性很强 3. 信息停留时间不长 4. 垃圾邮件和弹出广告等问题也逐渐招致用户反感

任务四　公共关系

案例先导

制造"抢劫"风波

在美国某州公路上，一辆面包车疾驰着，这个州发生了水灾，粮食紧张，面包脱销，到处缺货。汽车走到半路上，被饥饿的人们发现，车子被团团围住，人们抢着要买车上的面包。押货员感到十分为难，说怎么也不会把过期的面包卖给这些人。

这时，恰巧有记者跑来，探询发生的事情。他们一听，觉得很有趣，一方是亟须购买面包，一方是押货员碍于公司规定，怎么也不卖车上过期的面包。"不是我不肯卖，"押货员说，"我们老板规定太严格，她规定不论在任何时候，任何情况下，也不许卖过期面包。如果有人明知故犯，把过期面包卖给了顾客，一律开除。我要是把过期面包卖给他们，我的饭碗就给砸了呀！"

他的话虽然能引起人们的同情，但怎么能止得住饥饿者们往外直冒的口水？记者说："先生，现在是非常时期，你就把这车面包卖了吧，总不能让这些饥饿者失望吧！"押货员无奈，灵机一动，以神秘的表情，凑到记者面前说："卖，我是说什么也不敢的，如果他们强行上车去拿，我就没责任了。"

"那岂不是抢劫吗？"记者说。

"他们把面包强行拿走，凭良心留下应交的几个钱，岂不就不是抢劫，而是强买吗？"

大家恍然大悟。片刻，一车面包就这样被强买光了。几天后，这条消息便在报上详细地被披露出来了。这家面包公司的信誉陡然上升。

（资料来源：http://blog.sina.com.cn/s/blog_a2dd279601014hdh.html。）

请思考：

案例里押货员是如何提高面包公司的信誉的？

知识库

一、公共关系认知

公共关系，又称公众关系，是指企业在从事市场营销活动中正确处理企业与社会公众的关系，以便树立企业的良好形象，从而促进产品销售的一种活动。"公共关系"一词来自英文 Public Relations，简称"公关"或 PR。公共关系是一种社会关系，但又不同于一般社会关系，也不同于人际关系，因为它独有的特征。公共关系是社会关系的一种表现形态，科学形态的公共关系与其他任何关系都不同，有其独特的性质，了解这些特征有助于我们深入理解公共关系的概念。公共关系的基本特征表现在以下几个方面：

1. 情感性

公共关系是一种创造美好形象的艺术，它强调的是成功的人和环境和谐的人事气氛、最佳的社会舆论，以赢得社会各界的了解、信任、好感与合作。公共关系就是我国古时讲究的"天时、地利、人和"中的"人和"，在营销中企业应注意处理内部与外部的各种关系，做到"人和"。

2. 双向性

公共关系是以真实为基础的双向沟通。在营销中，企业一方面要对外传播，使公众认识和了解企业及其产品；另一方面应积极吸收市场或客户对企业产品的意见或建议，根据市场或客户的需求及建议完善产品使企业产品更能满足市场需要。

3. 广泛性

公共关系无处不在，无时不在，任何个人、群体和组织之间都可以建立这样或那样的联系。企业在营销中应充分利用公共关系的这个特点建立企业客户群，拓宽潜在客户数量。

4. 整体性

公共关系的宗旨是使公众全面地了解自己，从而建立起自己的声誉和知名度。对企业来说，公共关系不单纯是传递信息，宣传自己的地位和社会威望，更重要的是使人们对企业的各方面要有所了解，树立企业及产品的整体形象。

5. 长期性

公共关系的实践告诉我们，不能把公共关系人员当作救火队，而应把他们当作常备军。公共关系的管理职能应该是经常性与计划性的，这就是说公共关系不是水龙头，想开就开，想关就关，它是一种长期性的工作。

二、公共关系促销的方式

要把公共关系主题表达出来，必须借助于一些公共关系模式，还要选择传播媒介，把握好策略和时机。企业开展公共关系促销，可采用以下几种方式：

1. 创造和利用新闻

公共关系部门可编写一些有关企业、产品和雇员的新闻，可举行活动创造机会以吸引新闻界和公众的注意，扩大影响，提高知名度。如三菱电梯在上海寻找"三菱娃娃"、法国白兰地在美国的精彩"亮相"等都是企业扩大影响的好创意。

2. 举行各种会议

企业可以举行产品和技术方面的展览会、研讨会和演讲会，以及各种有奖比赛、纪念会等。这是提高企业和产品知名度的另一种方法。如美国克莱斯勒公司曾举行大规模的演讲会，促进了该公司汽车的销售，并刺激了投资者购买该公司股票。

3. 参与社会活动

企业是社会的一分子，在主要从事生产经营的过程中，也应积极参加广泛的社会活动，以赢得社会公众的爱戴。如参与上级和社会组织的各类文化、娱乐、体育活动；参与免费产品咨询、维修、保养等服务活动；参与赞助办学、扶贫、救灾等公益性质的活动等。

4. 建设企业文化

好的企业形象与企业文化的建设是分不开的。企业可以有计划、有步骤、有重点地建设企业文化，提高员工素质，活跃文化氛围，美化企业环境，从深层次有效地开展公共关系活动。如撰写书面材料、编制音像材料来介绍、宣传自己；定期举行员工文化娱乐活动；利用清晨升国旗、表彰大会等形式增强企业凝聚力等。

除了以上列举的活动外，企业还可以通过导入 CS 来树立形象，开展公共关系活动。

三、公共关系的作用

公共关系是一门"内求团结、外求发展"的经营管理艺术，是一项与企业生存发展休戚相关的事业。其作用主要表现在以下几方面：

1. 收集信息，检测环境

企业可以运用各种公关手段采集相关信息，监测企业所处内部和外部的环境。企业公关需要采集的信息包括：政府的有关法律及决策信息、社会需求信息、产品形象信息、企业形象信息及其他社会信息，这些信息起到了"组织环境监测器"的作用。

2. 舆论宣传，创造气氛

这一职能是指公共关系作为企业的喉舌，将企业的有关信息及时准确、有效地传送给特定的公众对象，为企业树立良好形象创造良好的舆论气氛。如公关活动，能提高企业的知名度、美誉度，给公众留下良好形象；能持续不断、潜移默化地完善舆论气氛，因势利导，引导公众舆论朝着有利于企业的方向发展；能适当地控制和纠正对企业不利的公众舆论，及时将改进措施公之于众，避免扩大不良影响，从而收到化消极为积极、尽快恢复声誉的效果。

3. 协调关系，增进合作

公共关系的重要职能就是通过协调使企业所有部门的活动同步化与和谐化，使企业与环境相适应。只有交往协调，才能实现信息沟通，使企业的内部信息有效地输向外部，使外部有关信息及时地输入企业内部，从而使企业与外部各界达到相互协调。协调关系，不仅要协调企业与外界的关系，还要协调企业内部关系，包括企业与其成员之间的关系、企业内部不同部门成员之间的关系等，要使全体成员与企业之间达到理解和共鸣，增强凝聚力。

4. 咨询建议，参与决策

公共关系的这一职能是利用所收集到的各种信息进行综合分析，考察企业的决策和行为在公众中产生的效应及影响程度，预测企业决策和行为与公众可能意向之间的吻合程度，并及时、准确地向企业的决策者进行咨询，提出合理而可行的建议。

5. 教育引导，社会服务

公共关系具有教育和服务的职能，是指通过广泛、细致、耐心的劝服性教育和优惠性、赞助性服务，来诱导公众对企业产生好感。对企业内部，公关部门代表社会公众，向企业内部成员输入公关意识，令企业内部各部门及全体成员都重视企业整体形象和声誉。对企业外部各界公关部门代表企业，通过劝服性教育和实惠性社会服务，使社会公众认同和接受企业的行为、产品等。

四、公共关系的活动方式

公共关系的活动方式是指以一定的公关目标和任务为核心，将若干种公关媒介与方法有机地结合起来，形成一套具有特定公关职能的工作方法系统，按照公共关系的功能不同，公共关系的活动方式可分为五种。

1. 宣传性公关

这种方式是运用报纸、杂志、广播、电视等传播媒介，采用撰写新闻稿、演讲稿、报告等形式，向社会各界传播企业有关信息，以形成有利的社会舆论导向，其特点是传播面广，推广企业形象效果较好。

2. 征询性公关

这种方式主要是通过开办各种咨询业务、制定调查问卷、进行民意调查、设立热线电话、聘请兼职信息人员、举办信息交流会等形式，逐步形成效果良好的信息网络，再将获取的信息进行分析研究，为经营管理决策提供依据，为社会公众服务。

3. 交际性公关

这种方式是通过语言、文字的沟通，为企业"广结良缘"，巩固传播效果，可采用宴会、座谈会、招待会、谈判、专访、慰问、电话、信函等形式。交际性公关具有直接、灵活、亲密、富有人情味等特点，能深化交往层次。

4. 服务性公关

这种方式就是通过各种实惠性服务，以行动获取公众的了解、信任和好评，以实现既有利于促销又有利于树立和维护企业形象与声誉的活动。企业可以通过各种方式为公众提供服务，如消费指导、消费培训、免费修理等。事实上，只有把服务提到公关这一层面上来，才能真正做好服务工作，也才能真正把公关转化为企业全员行为。

5. 赞助性公关（社会性公关）

这种方式是通过赞助文化、教育、体育、卫生等事业，支持社区福利事业，参与国家社区重大社会活动等形式来塑造企业的社会形象，以此提高企业的社会知名度和美誉度的活动。其特点是公益性强、影响力大，但成本较高。企业的赞助活动可以是独家赞助，也可以是联合赞助。

训练营

训练任务：公共关系的策划。

训练目的：认识公共关系的活动方式。

训练步骤：

1. 以小组为单位，为某品牌电子产品（例如手机、电脑、平板等）设计一种公关活动。

2. 活动主题自定，活动范围为自己所在学校。

3. 观看的学生可以对活动情况提出意见和建议。

表 10-7　训练成绩考核表

训练评估指标	训练评估标准	分项成绩
策划内容 45%	1. 策划内容的新颖性 20% 2. 策划内容的可行性 10% 3. 策划内容的完整性 15%	
PPT 的制作 25%	1. 简明扼要 10% 2. 设计美观、重点突出 15%	
策划的陈述 30%	1. 语言表达流畅 10% 2. 陈述准确、层次清晰 10% 3. 重点突出 10%	
总成绩 100%		

超链接

海尔空调星级服务万里行

目前，海尔空调有限总公司规模浩大的星级服务万里行活动在全国同时拉开了序幕。据悉，此次海尔空调星级服务万里行活动将遍布全国 23 个省、自治区、4 个直辖市，同时在全国 35 个中心城市拉开序幕，其目的一是为所到之处的消费者普及消费者权益保护法；二是推出海尔空调的亲情服务，无偿星级服务，有偿征求意见，通过亲情服务让广大消费者亲身感受来自海尔最真诚的体贴与关心，这是我国企业界首次服务承诺以亲情式推出，它的推出将彻底改变目前我国简单式的承诺，而融入情感式交流，使服务标准又有了质的飞跃。

这次海尔空调星级服务万里行活动加强了用户与企业的联系，使企业服务工作围绕用户的需求得到加强。它的推出将对我国目前简单的标准式承诺产生深远的影响，将推动我国服务竞争向更高层次发展。这次活动还得到了中国消费者协会的大力支持。

请思考：

你如何看待青岛海尔空调有限总公司的公共关系活动？

课后练习

一、单项选择题

1. 促销工作的核心是（　　　）。
   - A. 出售商品
   - B. 沟通信息
   - C. 建立良好关系
   - D. 寻找顾客

2. 促销的目的是引发刺激消费者产生（　　　）。
   - A. 购买行为
   - B. 购买兴趣
   - C. 购买决定
   - D. 购买倾向

3. 下列各因素中，不属于人员推销基本要素的是（　　　）。
   - A. 推销员
   - B. 推销品
   - C. 推销条件
   - D. 推销对象

4. 公共关系是一项（　　　）的促销方式。
   - A. 一次性
   - B. 偶然
   - C. 短期
   - D. 长期

5. 人员推销的缺点主要表现为（　　　）。
   - A. 成本低，顾客量大
   - B. 成本高，顾客量大
   - C. 成本低，顾客有限
   - D. 成本高，顾客有限

6. 在产品生命周期的投入期，消费品的促销目标主要是宣传介绍产品，刺激购买欲望的产生，因而主要应采用（　　　）促销方式。
   - A. 广告
   - B. 人员推销
   - C. 价格折扣
   - D. 营业推广

7. 人员推销活动的主体是（　　　）。
   - A. 推销市场
   - B. 推销品
   - C. 推销人员
   - D. 推销条件

8. 公关活动的主体是（　　　）。
   - A. 一定的组织
   - B. 顾客
   - C. 政府官员
   - D. 推销员

9. 一般日常生活用品，适合于选择（　　　）媒介做广告。
   - A. 人员
   - B. 专业杂志
   - C. 电视
   - D. 公共关系

10. 公共关系（　　　）。
    - A. 是一种短期促销战略
    - B. 直接推销产品
    - C. 树立企业形象
    - D. 需要大量的费用

二、多项选择题

1. 促销的具体方式包括（　　　）。
   - A. 市场细分
   - B. 人员推销
   - C. 广告
   - D. 公共关系
   - E. 营业推广

2. 促销组合和促销策略的制定影响因素较多，主要应考虑的因素有（　　　）。
   - A. 消费者状况
   - B. 促销目标
   - C. 产品因素
   - D. 市场条件
   - E. 促销预算

3. 推销人员一般应具备如下素质（　　　）。

    A. 态度热忱，勇于进取   B. 求知欲强，知识广博

    C. 文明礼貌，善于表达   D. 富于应变，技巧娴熟

    E. 了解企业、市场和产品知识

4. 推销员应具备的知识有以下几个方面（　　　）。

    A. 企业知识   B. 产品知识   C. 市场知识   D. 心理学知识

    E. 生活知识

5. 人员推销的基本形式包括（　　　）。

    A. 上门推销   B. 柜台推销   C. 会议推销   D. 洽谈推销

    E. 约见推销

6. 广告最常用的媒体包括（　　　）。

    A. 报纸   B. 杂志   C. 广播   D. 电影

    E. 电视

7. 销售促进向消费者进行推广的方式有（　　　）。

    A. 赠送样品   B. 批发折扣

    C. 折价券   D. 消费信贷

    E. 赠品印花

8. 人员推销活动中的三个基本要素为（　　　）。

    A. 需求   B. 购买力   C. 推销人员   D. 推销对象

    E. 推销品

9. 公共关系的活动方式可分为（　　　）。

    A. 宣传性公关   B. 征询性公关

    C. 交际性公关   D. 服务性公关

    E. 社会性公关

10. 常用的推销人员绩效考核指标有（　　　）。

    A. 销售量与毛利   B. 访问率和访问成功率

    C. 销售费用及费用率   D. 订单数目

    E. 新客户数目

三、判断题

1. 人员促销亦称直接促销，它主要适合于消费者数量多、比较分散情况下进行促销。

           （　　　）

2. 企业在其促销活动中，在方式的选用上只能在人员促销和非人员促销中选择其中一种加以应用。（　　　）

3. 促销组合是促销策略的前提，在促销组合的基础上，才能制定相应的促销策略。因此促销策略也称促销组合策略。（　　　）

4. 由于人员推销是一个推进商品交换的过程，所以买卖双方建立友谊、密切关系是公共关系而不是推销活动要考虑的内容。（　　　）

5. 促销的目的是与顾客建立良好的关系。（　　　）

6. 因为促销是有自身统一规律性的，所以不同企业的促销组合和促销策略也应该是相同的。（　　　）

7. 人员推销的缺点在于支出较大、成本较高，同时对推销人员的要求较高，培养较困难。（　　　）

8. 推销员除了要负责为企业推销产品外，还应该成为顾客的顾问。（　　　）

9. 广告最常用的媒体包括报纸、杂志、广播等。（　　　）

10. 推销人员一般应态度热忱，勇于进取。（　　　）

四、案例分析题

屈臣氏的促销在 2004 年 6 月以前为第一阶段，在这段时间里，屈臣氏主要以传统节日促销活动为主，屈臣氏非常重视情人节、万圣节、圣诞节、春节等节日，促销主题多式多样，例如"说吧说你爱我吧"的情人节促销，"圣诞全攻略""真情圣诞真低价"的圣诞节促销，"劲爆礼闹新春"的春节促销，还有以"春之缤纷""秋之野性""冬日减价""10 元促销""SALE 周年庆""加 1 元多一件""全线八折""买一送一""优惠券折扣——满 100 元送现金折扣优惠券""自有品牌商品免费加量33%不加价""60 秒疯狂抢购""买就送"等为主题的促销活动。

第二阶段是在 2004 年 6 月提出"我敢发誓，保证低价"承诺后，以宣传"逾千件货品每日保证低价"为主题，我们发现在这阶段，每期《屈臣氏商品促销快讯》的封面都会有屈臣氏代言人高举右手传达"我敢发誓"信息，到了 2004 年 11 月，屈臣氏做出了宣言调整，提出"真货真低价"，并仍然贯彻执行"买贵了差额双倍还"方针，这样一直到 2005 年 8 月，"我敢发誓"一周年，屈臣氏一共举行了 30 期的促销推广，屈臣氏的低价策略已经深入人心。"销售比赛"也是屈臣氏一项非常成功的促销活动，每期指定一些比赛商品，分各级别店铺（屈臣氏的店铺根据面积、地点等因素分为 A、B、C 三个级别）之间进行推销比赛，销售排名在前三名的店铺都将获得奖励。第三阶段是 2005 年 6 月起，屈臣氏延续特有的促销方式并结合低价方针，淡化了"我敢发誓"的角色，特别是到了 2007 年，促销宣传册上几乎是不再出现"我敢发誓"字样，差价补偿策略从"两倍还"到"半倍还"最终不再出现，促销活动变得更是灵活多变，并逐步推出大型促销活动如："大奖 POLO 开回家""百事新星大赛""封面领秀""健与美大赛"。健与美大赛，这是由屈臣氏自创和举办的健康与美容护肤产品的大赛盛事，在数千种产品中，挑选出各个组别中的最佳产品，有"至尊金奖""银奖""铜奖""最具潜质新产品奖""最佳部门销售奖""最佳品类大奖"等等，并公布《健与美群英榜》，给顾客消费指引。一方面是对获奖品牌及产品的肯定，同时也能帮助消费者做出明智的选择，让顾客以最优惠的价格，买到最优质的产品。

要求：对屈臣氏的营业推广和公共关系推广进行分析。

参 考 文 献

[1] 杨芳玲. 市场营销原理与实务 [M]. 北京：中国传媒大学出版社，2017.

[2] 章金萍. 市场营销实务 [M]. 北京：中国人民大学出版社，2017.

[3] 朱洪春. 市场营销实务 [M]. 上海：上海交通大学出版社，2017.

[4] 孙琳. 市场营销实务 [M]. 北京：对外经贸大学出版社，2017.

[5] 章金萍. 市场营销实务 [M]. 杭州：浙江大学出版社，2018.

[6] 李文柱. 市场营销实务 [M]. 北京：机械出版社，2016.

[7] 李情民. 市场营销 [M]. 北京：北京出版社，2019.

[8] 张建华. 市场营销 [M]. 北京：高等教育出版社，2014.

[9] 邵尉. 市场营销实务 [M]. 武汉：武汉理工大学出版社，2019.

[10] 王方. 市场营销原理与实务 [M]. 北京：高等教育出版社，2013.